가톨릭 신학자가 본

조용기 목사의 신학과 목회

가톨릭 신학자가 본

조용기 목사의
신학과 목회

손정명 지음

교회의
사목적 쇄신을
위한 정리

동연

머리말

이 책을 접하면서 독자들은 왜 천주교 신학자가 조용기 목사의 신학과 목회에 관심을 두고 연구했는가에 의문이 들 것이라 생각한다.

필자는 몇 년 전에 오순절운동에 관한 논문을 준비하면서 이탈리아인 학자 마씨모 인트로비녜[1](Massimo Introvigne)가 오순절운동에 관해 쓴 작은 책자를 접하게 되었다. 그곳에서 놀라운 사실을 알았다. 남미와 아프리카에서 가톨릭교회의 세례는 받았지만 주일 미사 참례는 하지 않고 지내는 너무나 많은 이들이 지속적으로 오순절교회나 다른 종교로 이동하고 있다는 것이다.[2] 이런 내용을 보고 그 이유가 아주 궁금했다. 아파레시다 문헌(documento di Aparecida)에 의하면 '그들은 비가톨릭 그룹들의 믿음 내용이 마음에 들어 좇아가는 것이 아니다. 가톨릭교회에서 가르치는 교리나 신학에는 동의하지만, 가톨릭교회의 사목 방법에 불만을 품고 이동하고 있다'는 것이다. 특별히 그들은 가톨릭교회를 단순히 떠난다기보다 참으로 하느님을 찾고 있는 사람들이라는 점[3]에서 마음이 아팠다.

---

1 1955년 이탈리아 로마에서 출생했다. 신흥종교연구소(CESNUR, il Centro Studi sulle Nuove Religioni) 소장이며 많은 책의 저자 및 공동저자, 편집자이며 이탈리아 종교 백과사전을 공동 편집했다.

2 MASSIMO INTROVIGNE, *Pentecostali* (Torino: Elledici, 2004), 86.

3 TECLE VETRALI, *Verso Una lettura francescana dell'incontro con il Fratello pentecostale, in Studi Ecumenici* 27(Venezia, ISE, 2009), 439-440.

한국 가톨릭교회의 현실적인 문제의 하나는 세례자는 지속적으로 나오고 있지만 세례를 받은 후에 쉬는 신자들이 증가하고 있는 점이다. 그러나 남미에서처럼 그 쉬는 교우들이 오순절교회나 다른 개신교단으로 이동하고 있다고 보이지는 않는다.

이런 상황에서 자연스럽게 오순절교회에서는 어떻게 사목을 하고 있는가에 대해 알고 싶은 바람이 크게 일어났다. 또한 전 세계 그리스도인 인구 변화에 관한 내용도 접하면서 오순절운동에 관한 연구의 중요성을 가지게 되었다. 즉, 권위 있는 기독교 통계학자인 데이빗 바렛(D. B. Barrett)에 의하면 1996년 전체 그리스도인 인구(19억5천여 명) 가운데 24.5%가 오순절교회 교인들이었고, 2000년도 통계에서는 전 세계 그리스도인의 27.7%를 차지하고 있다. 2025년에는 약 30억 명의 그리스도인 인구 가운데 오순절교회 교인들이 37%(11억4천 명)로 증가함으로써 세계 그리스도교의 중심 세력이 될 것으로 전망하고 있다.[4]

오순절운동은 신학 운동이 아니라 체험 중심의 신앙 운동이므로 신학이 체계적으로 깊이 발달하지 않았다. 그러므로 이에 관한 연구를 위해 오순절 세계에서 국제적으로 커다란 영향을 준 조용기 목사를 중심으로 그의 신학과 목회를 정리해 보겠다는 생각이 들었다. 조용기 목사는 신학자는 아니지만, 그의 고유한 신학 내용과 목회 방법은 널리 알려져 있고, 많은 이들이 이에 관해 연구논문을 발표하기도 했다. 그러나 그의 신학에 대한 반응에는 긍정적인 부류도 있고 크게 부정적으로 보는 부류도 공존하기 때문에 조용기 목사에 관한 주제를

---

4 양재철, 『한국오순절교회의 신앙과 신학』(하늘목장, 2005), iv, 374.

논하는 것 자체가 아주 조심스러운 것도 사실이다.

이 책의 목적은 주님의 영광을 위해 가톨릭교회나 개신교나 모두 하느님께서 맡겨주신 양들을 그분께 바르게 인도하는 데 조금이나마 도움이 되고자 하는 것이다. 조용기 목사는 목회자였기 때문에 그가 전개한 신학은 어느 정도의 한계성이 있다. 그러므로 조용기 목사의 신학과 초대교회 때부터 발전해온 가톨릭교회의 신학을 직접 비교하는 데는 어려움이 있다. 따라서 이 책에서 다루는 주제에 따라 필요시 가톨릭교회의 신학이 이해하는 면을 함께 다루어 더 폭넓은 시야를 제시하고자 한다. 그리고 사목 분야에서는 특히 설교와 소공동체 면에서 조용기 목사의 목회 방법과 비교하여 한국 가톨릭교회에서는 어떠한 노력을 하는지를 살펴보면서 상대방의 좋은 면을 볼 수 있기를 기대한다.

그리스도인 일치 운동을 하다 보면 각 교파마다 같은 주제를 놓고 신학적인 해석을 달리하는 것을 아주 쉽게 접할 수 있다. 그러므로 평소에 개신교 신자들과 가톨릭교회 신자들이 상호 간에 가지는 오해나 편견이 이 책을 통해 조금이라도 감소되었으면 좋겠다. 또한 상대방의 신학과 삶의 방식을 있는 그대로 존중하면서 각자의 신앙 전통에 좀 더 충실한 삶을 살기를 희망한다. 그리스도인의 생활양식에는 다양한 방법이 있지만 중요한 것은 무엇보다 성령의 열매, 사랑의 열매를 사는 것이라고 생각한다. 따라서 결론 부분에서는 가톨릭교회의 사목적 쇄신을 위한 제안과 더불어 교황 프란치스코의 권고 말씀을 비롯해서 영적 성장과 실천에 필요한 내용을 다루겠다.

방법론적으로는, 사용된 원문의 내용을 먼저 요약하여 언급하고 나서 가능하면 원문을 있는 그대로 제시하겠다. 사용된 자료 가운데는 절판되거나 구하기 힘든 것들이 있기 때문에 원문의 내용을 직접 읽고 싶은 독자를 위한 배려 차원이다.

이 책에서 개신교와 가톨릭교회가 서로 달리 사용하는 용어에 대해서는 혼용해서 사용하겠다. 예를 들면 개신교의 내용을 인용할 경우는 '하나님'이며, 가톨릭교회의 경우는 '하느님'이라고 표기하겠다. 본인은 가톨릭교인이므로 '하느님'이라고 표기하겠다. 또한 그리스도인 일치 차원에서 '공동번역 성서'를 사용하지만 성경 표기법은 가톨릭교회 방식을 따르겠다.

들어가는 말

조용기 목사가 세운 여의도순복음교회는 오순절교회이다. 오순절교회라는 단일 교단은 없지만, 오순절운동이나 오순절 신학의 영향을 받은 교회를 일괄해 오순절교회라고 통칭한다. 오순절주의 학자들 간에는 언제, 어디서 오순절운동이 시작되었는지에 대해 의견차이가 있다. 역사학자들은 흔히 현대 오순절운동이 1901년 1월 1일에 미국 켄자스주의 토페카(Topeka, Kansas)에서 찰스 파함(Charles F. Parham, 1873~1929)으로부터 시작되었다고 주장한다.[1]

찰스 파함은 1900년 10월, 토페카에 선교사 훈련을 위해 '베델성경학교'를 세웠다. 그는 학생들에게 성경에서 성령 세례의 증거를 찾으라는 과제를 주었다. 학생들은 사도행전에서 성령 세례의 증거가 방언임을 발견하였다. 파함과 학생들은 밤낮으로 열심히 기도하였는데 1901년 1월 1일에 아그네스 오즈만이라는 여학생이 성령 세례를 체험하였고, 파함의 안수를 받고 기도하던 중에 방언을 말하기 시작하였

---

1 STANLEY M. BURGESS, ed., *Introduction, in The New International Dictionary of Pentecostal and Charismatic Movements* (revised and expanded edition) (Michigan: Zondervan, 2003), xviii.

다. 이것이 '20세기 오순절운동'의 시작이 되었다.

흑인 성결교 설교가인 시무어(William J. Seymour, 1870~1922)는 파함의 학생이었다. 그는 미국 LA의 아주사 거리 부흥(Azusa street revival)의 주역으로 오순절운동이 세계적으로 퍼져나가는 데 큰 공헌을 하였다.

시무어는 1906년에 LA에 있는 흑인 성결교회의 초청을 받고 집회를 인도하면서 성령 세례에 관해 설교했다. 그러나 성령 세례의 증거로써 방언의 교리를 받아들이지 못했던 교회의 반대에 부딪혀 설교를 할 수 없게 되자 가정집에서 집회를 열었다.

1906년 4월 9일, 초라한 가정집에 모인 사람들 가운데 몇몇 흑인 성도가 오순절 성령 세례를 받고 방언으로 말하기 시작하였다. 그들은 사흘 밤낮을 소리 지르며 기도했고, 소문이 퍼지자 사방에서 사람들이 몰려왔다.

그렇게 시작된 부흥회는 아주사 거리에서 3년간 밤낮없이 계속되었는데 그들은 방언과 방언 통역, 예언, 축사(逐邪, 구마, Exorcism), 신유(치유)들을 행하였다. 그리고 아주사 거리(Azusa street)를 방문한 순례자들에 의해 오순절의 불길은 미국 전역과 전 세계로 확산되었다.[2]

현대 오순절운동은 1906년에 캐나다, 1907년에 영국, 덴마크, 노르웨이, 스웨덴, 네덜란드, 독일, 폴란드, 인도, 1908년에는 중국, 1913년에 아프리카, 중남미, 멕시코, 일본 등으로 퍼져나갔다. 1960년대부터 신오순절운동, 즉 은사 운동이 시작되었고, 1980년대부터는 제3의 물결운동(Third Wave Movement)이 일어나면서 오순절운동은 더욱

---

2 양재철, 『한국오순절교회의 신앙과 신학』, 118-122.

확산되었다.3

　　정통 오순절주의자들은 전통적 오순절 교단에 참여하는 사람들
인데 기독교대한하나님의성회, 기독교한국성결회, 성서하나님의
교회, 대한예수교복음교회 등을 들 수 있다. 은사주의자들은 주류
교단들에 참여하고 있는 사람들을 지칭한다. 신은사주의자들은 독립
적, 초교파적, 무교파적 자생 그룹이나 기관들에 참여하는 사람들을
말한다.4 신은사주의 운동은 미국에서 확산되고 있는 제3의물결 운동
을 포함한다. 제3의물결운동의 대표적인 예로는 신사도 교회와 빈야
드교회를 들 수 있다. 제3의물결운동은 정통 오순절주의나 은사주의
로 분류할 수 없는 수많은 독립적이고 자생적(토착적)인 교회들과 그
룹들을 포함하므로 넓은 범주에서 신은사주의 운동의 일부로 볼 수
있다.5 데이빗 바렛(D. B. Barrett)의 통계에 의하면 2000년도에 전 세
계 신은사주의자의 수는 약 2억 9천 5백만 명으로 보고되고 있다. 이
숫자는 전 세계의 정통 오순절주의자(약 6천 6백만 명)와 은사주의자(약
1억 8천만 명)를 합친 것보다 많은 수치로 오순절주의 운동의 가장 큰
세력으로 등장하였다.6

　　오순절 사상과 정신의 기본적 형태는 그리스도론의 네 가지 주제
인 사중복음(Fourfold Gospel)에 있다. 즉, ① 구원자로서의 그리스도,

---

3 같은 책, 124.

4 STANLEY M. BURGESS, *Introduction*, xxi; 양재철, 『한국오순절교회의 신앙과 신학』,
　142.

5 양재철, 『한국오순절교회의 신앙과 신학』, 146.

6 같은 책, 152.

② 성령 세례를 주시는 분으로서의 그리스도, ③ 치료자로서의 그리스도, ④ 다시 오실 왕으로서의 그리스도이다. 이 사중복음은 오순절주의의 심장부를 차지한다.[7]

여의도순복음교회는 정통 오순절 교단 중에 가장 큰 교단인 하나님의성회 소속이다. 조용기 목사(1936~2021)는 1958년에 여의도순복음교회를 서울에서 시작했다. 2007년 말에 이 교회는 755,000명의 신자들로 세계에서 가장 큰 단일 교회가 되었다.[8]

조용기 목사는 하나님의성회 신학교에서 신학을 공부하였고, 그곳에서 목사 안수를 받았다. 그의 신학은 하나님의성회의 신학과 공통점이 있지만, 그만의 독자적인 고유한 측면도 있는데 이 점은 다른 많은 교회에 커다란 영향을 주고 있다.

이 책의 1부에서는 여의도순복음교회와 조용기 목사와 관련된 초기 단계의 역사 부분을 다루고, 2부에서는 조용기 목사의 교리와 신학 내용을 보겠다. 그리고 3부에서는 그의 목회 방법과 천주교서울대교구의 사목 분야에서 몇 가지를 비교하고자 한다.

---

7 도널드 W. 데이턴/조종남 역, 『오순절운동의 신학적 뿌리』(대한기독교서회, 1993), 189-190.

8 YOUNG-HOON LEE, *The Holy Spirit Movement in Korea: Its Historical and Theological Development*(Oxford, Regnum Books Interntional, 2009), 93.

I부

여의도순복음교회와
조용기 목사

1장

조용기, 목사로 부르심 받음

불교 가정에서 태어난 조용기 목사가 어떻게 그리스도인이 되었으며, 그가 교회를 개척하면서 만난 어려움을 극복한 내용은 그의 신학을 이해하는 중요한 열쇠가 된다. 또한 여의도순복음교회 초창기 역사에서 볼 수 있는 각 단계의 특징은 조용기 목사에게 맡겨진 가난과 고통 중에 있던 양들을 그가 어떻게 기도와 사목(목회)적 열정을 가지고 희망의 삶으로 인도했는가를 보여준다.

조용기 목사는 1936년 2월에 불교 가정에서 출생하였다.[1] 제2대 국회의원선거가 1950년 5월 30일에 전국적으로 실시되었는데, 이때 그의 아버지 조두천 씨가 울산 갑구 지역에서 입후보했다. 그러나 선거 패배로 빈털터리가 되었고, 채 한 달이 되지 않은 6월 25일에 전쟁이 일어났다. 그 결과 11명의 식구가 끼니를 거르지 않고 매끼 식사를 한다는 것 자체가 불가능한 일이 되었다.[2]

---

1 국제신학연구원, 『여의도의 목회자』(서울말씀사, 2010), 63.

2 같은 책, 127-134.

1953년 고등학교 2학년 때 폐병에 걸린 그는 6개월을 넘기지 못하겠다는 의사의 판정을 받았다.[3] 그러자 누나 친구가 성경책을 손에 들고 일주일 내내 하루도 빠짐없이 매일같이 방문하여 그를 위해 기도했다. 그리고 "성경책을 읽으면 예수님이 어떤 분이신지 알 수 있을 것이니 예수님을 구주로 영접하고 구원을 받아 치유되라"고 끈질기게 권했다. 처음에는 강하게 거절했지만, 일주일 후에는 누나 친구의 제안에 따라 성경을 받아 신약성경부터 읽었다.

그는 성경이 철학이나 윤리를 말하지 않고, 병자를 고치고 죽은 이를 살리며, 배고픈 이들에게 먹을 것을 나눠주시는 예수님에 대한 이야기라는 것을 알게 되었다. 성경을 읽으면서 조용기는 자신에게 필요한 분은 바로 자신의 폐병을 치료하고 살려주실 수 있는 예수님이라는 것을 깨달았다. 이때 방에서 무릎을 꿇고 기도하던 누나 친구의 모습이 떠올라 그도 무릎을 꿇고 두 손을 모았다. 지금 자신에게 가장 필요한 것을 들어달라고 눈물로 간절히 부탁했다. "만약 예수 씨가 내를 고쳐주신다카마 예수 씨를 위한 사람이 되겠심더. 제발 나를 살려 주이소" 한참을 이렇게 기도하고 나자 마음 깊은 곳에서 기쁨이 넘쳐나고 온몸이 뜨거워지며 마음속에서부터 생명의 기운이 넘쳐났다. 그는 흥분된 마음을 감출 수 없어서 마당으로 뛰어나가 주위를 빙글빙글 돌기 시작했다. 노래를 부르고 싶은데 어떤 노래를 불러야 할지 몰라 <신라의 달밤>을 불렀다. 한참 후에 가족들이 모두 마당으로 나와 걱정스러운 눈으로 바라보고 있음을 알아차렸고, 그의 어머니는 그를 꼬옥 안아 주고는 하염없이 흐느껴 울었다. 그날 이후로

3 같은 책, 149-154.

조용기는 성경책을 손에서 놓지 않았다.[4] 그는 학교에 갈 수 없었기 때문에 집에서 열심히 책을 읽었고 혼자 영어 공부도 꾸준히 했다.[5]

조용기는 하나님의성회 선교사 타이스(Kenneth Tice)를 우연히 만나게 되어 그의 설교와 다른 선교사 리처즈(Lou Richards)의 설교를 한국어로 통역하기 시작했다. 그리고 리처즈는 그에게 성경을 가르쳤다. 조용기는 성경에서 신유(치유)에 대한 내용을 읽으면서 많은 감동을 받았고, 자신이 이것을 참으로 믿지 않았던 것을 깊이 뉘우치면서 3일간 기도와 단식을 했다.[6] 그는 정말로 예수님을 믿으면 축복을 받고 병에서 고침을 받을 수 있는 것인지 직접 체험해보고 싶었다.[7] 조용기는 금식기도를 한 지 사흘째 되는 날 예수님의 환시를 보았고, "내가 네 폐병을 고쳐 줄 테니 평생 나의 종이 되겠느냐?"는 예수님 말씀에 그대로 하겠다고 응답했으며 병도 낫게 되었다고 증언한다.[8]

1956년에 조용기는 서울에 있는 하나님의성회 신학교에 입학하여 신학교 동기생이며 후에 동료 목회자일 뿐 아니라 장모님이 될 최자실[9]을 만났다.[10] 당시 이미 방언 체험을 하고 있던 최자실은 자신의 미래를 결정하기 위해 이성봉 목사를 찾아가서 의논드렸다. 이 목사는 방언을 계속하기 위해서는 하나님의성회 교단이 운영하는

---

4 같은 책, 163-171.

5 같은 책, 175.

6 YOUNG-HOON LEE, *The Holy Spirit Movement in Korea*, 94.

7 국제신학연구원, 『여의도의 목회자』, 189.

8 같은 책, 193-197.

9 최자실의 어머니는 불교 신자였지만, 최자실이 초등학교 때 그들 모녀는 그리스도인이 되었다. 최자실, 『나는 할렐루야 아줌마였다』(서울말씀사, 2010), 16-24.

10 YOUNG-HOON LEE, *The Holy Spirit Movement in Korea*, 94.

순복음신학교에 가는 것이 좋겠다고 조언했다. 이에 따라 최자실은 하나님의성회 신학교에 입학했다.[11] 조용기 신학생은 1957년에 방언을 시작했으며[12] 1965년 3월 1일에 최자실의 딸 김성혜와 결혼을 했다.[13]

여의도순복음교회의 국제신학연구원이 최자실 목사와 조용기 목사의 특징을 연구한 결과는 다음과 같이 정리할 수 있다. 최자실 목사는 자생적(自生的)인 한국의 성령운동을 주도해온 개신교 지도자들로부터 성령 체험적이며 신앙 고백적인 영향을 받았다. 그는 한국에서 생긴 한국 고유의 새벽기도와 금식기도 그리고 전도에 대한 뜨거운 사명 의식을 강조하였다. 최 목사가 성령운동의 한국 토착화에 따른 부흥회적인 요소를 지닌 데 비해 조용기 목사는 성경 말씀을 기초로 십자가 대속을 강조한 긍정적 메시지를 전파하였다. 이 두 가지 요소는 서로 조화를 이루어 교회 성장에 크게 기여했다.[14]

11 최자실, 『나는 할렐루야 아줌마였다』, 83; 홍영기, 『조용기 목사의 영성과 리더십』(교회성장연구소, 2003), 215.

12 국제신학연구원, 『여의도의 목회자』, 236-241.

13 최자실, 『나는 할렐루야 아줌마였다』, 316.

14 국제신학연구원, 『여의도순복음교회의 성령운동이해』(서울말씀사, 2001), 48-49.

2장
개척기(1958~1961)

신학교를 갓 졸업한 조용기, 최자실 두 전도사는 1958년 5월 서울 외곽의 빈민 지역이던 대조동에 천막을 치고 교회를 개척했다. 당시 대조동은 절대 빈민층이 모여있던 곳으로 주린 배를 채우기 위해 도시로 몰려든 시골 출신의 가난한 사람들이 많이 살던 곳이었다. 조용기 전도사는 초창기 대조동 시절에 절대 빈곤에 처해 있는 이들에게 예수님을 믿어 믿음에 따라 살면 영적 축복을 받게 될 뿐 아니라, 물질적·환경적으로도 풍성한 하느님의 은혜를 누릴 수 있다는 희망의 소식을 전했다. 그들은 이 희망의 메시지를 믿었고, 실제로 중풍 병자가 일어났으며, 술주정뱅이가 술을 끊고, 무당이 변해 신자가 되었으며, 가난에 찌든 사람들에게 축복이 임했다고 한다. 이 희망의 소식은 널리 퍼져 많은 사람들이 천막 교회로 모이기 시작했다.[1]

국제신학원 연구에 의하면 당시에 조용기 전도사는 신유(치유)와 귀신 쫓음을 하느님 나라의 가시적인 표징으로 보고 신유를 목회 사역

---

1 국제신학연구원, 『여의도순복음교회의 성령운동이해』, 49-51.

의 중심 요소 중 하나로 삼았다고 한다. 병 고침의 기적에 대한 체험은 조용기 목사를 신유의 능력을 통한 복음 사역자로 유명하게 만들었다.[2] 또한 국제신학연구원은 성령의 임재에 대한 강조가 여의도순복음교회 사역(사목)의 모든 영역에서 초창기부터 중심이었다고 주장한다. 그러므로 그들은 교회가 무엇을 하기 전에 먼저 성령의 도우심을 받기 위해 간절히 기도하였고 그 결과 성령의 주권적인 역사가 나타났다는 것이다.

---

2 같은 책, 53.

3장

발전기(1961~1973)

    조용기 전도사와 최자실 전도사는 그들이 3년에 걸쳐 개척한 천막 교회가 수용의 한계를 넘어서자 제이의 개척 교회를 생각지 않을 수 없었다.[1] 그래서 둘째 교회를 서대문에 세우기 위해 1961년 10월 15일에 기공식 예배를 했고, 1962년 2월 18일에 '순복음부흥센터'라는 이름으로 준공을 했다. 같은 해 4월 26일에 조용기 전도사는 목사안수를 받았고, 5월에 '서대문순복음중앙교회'라고 이름을 변경했다. 1964년에 신도는 3,000명에 달했다.[2]

    여의도순복음교회의 국제신학연구원은 대조동과 서대문순복음중앙교회 시기의 특징을 다음과 같이 비교한다. 개척기인 대조동에 나타난 성령의 역사가 개인 신앙의 체험적인 사역이었다면, 발전기인 서대문에 나타난 성령의 역사는 교회 공동체의 부흥과 갱신이었다. 서대문순복음중앙교회 시기에 두 가지 특징이 발견된다. 하나는

---

1 국제신학연구원, 『여의도순복음교회의 성령운동이해』, 54.
2 YOUNG-HOON LEE, *The Holy Spirit Movement in Korea*, 96.

성령의 역사가 개인과 교회 공동체적 차원에서 계속 나타난 점이며, 다른 하나는 이 결과로 성장한 교회를 좀 더 효과적으로 관리하고 확대 재생산할 수 있는 구역 조직이 운영되었다는 점이다.[3] 또한 이 시기에 조용기 목사를 비롯한 모든 성도가 성령을 인격적인 존재로 인식하고 성령과 깊은 교제를 가지며, 성령과 함께 사역하게 되었다는 사실은 특이하다. 이처럼 성령을 체험의 대상에서 인격적인 대상으로 믿고 성령과 동역함으로 온 교회는 성령으로 충만하게 되었고, 생동하는 믿음이 넘쳐나게 되었다. 서대문순복음중앙교회(이하 '서대문교회')는 구역이 조직됨으로 비로소 교회 성장이 구체화되었고, 이 구역 조직을 통해 교회는 역동적인 힘을 발휘하게 되었다.

이 국제신학연구원은 또한 구역 조직의 중요성과 필요성에 대해 다음 세 가지를 말한다.

첫째는 구역을 중심으로 제자화의 교육 실시가 용이하며, 둘째는 성도 간의 교제를 통한 신앙 공동체를 이루며, 셋째는 성도 간의 유기적 관계를 통해 조직체로서 기능을 발휘할 수 있다는 점이다.

국제신학연구원의 연구에 의하면 조용기 목사는 교회의 이중적 사역, 즉 성전 사역과 가정 사역을 깨달아 구역 제도를 시작했다. 이것은 사도행전에서 초대교회 때 제자들이 성전에서 정기적으로 모인 모임과 성도들이 함께 날마다 집에서 모여 빵을 떼며 교제를 나누던 모임(사도 2, 46-47)과 연관된다. 그래서 여의도순복음교회의 국제신학연구원은 여의도순복음교회가 목양하는 일에 평신도를 참여시키게 되었으며, 보다 조직적이고 효과적인 교회 성장을 위해 평신도

---

3 국제신학연구원, 『여의도순복음교회의 성령운동이해』, 56.

지도자를 양육하고 훈련시켜 구역을 관리하게 했다고 평가한
다.[4]

---

4 같은 책, 57-58.

4장

성장 1기(1973~1982)

1968년이 되어 교세가 8천 명에 이르게 된 서대문교회는 더 넓은 예배 장소의 확보가 절실하게 되었다. 그리고 마침내 1973년 총 1만 석의 교회를 여의도에 헌당하였다. 1973년 9월 23일 헌당식을 가졌을 때 1만 명 수용 성전은 이미 1만 8천 명이 모이는 교회가 되어 있었다. 1978년에는 전 성도 신앙교육 강화를 위해 순복음교육연구소(현 국제 신학연구원)가 설립되고, 곧이어 성경학교, 대학, 대학원 등의 교육과 정이 개설되었다.

1970년대 여의도순복음교회의 폭발적인 성장에 관하여 여의도 순복음교회의 국제신학연구원에서는 몇 가지 핵심 요인을 말한다. 그것은 하느님의 역사하심에 근거하여 바로 조용기 목사의 메시지와 그의 리더십 그리고 성령 충만한 기도 운동과 교육을 통한 지도자 양성이라는 것이다.[1]

---

1 국제신학연구원, 『여의도순복음교회의 성령운동이해』, 59-62.

5장

성장 2기(1982~2000)

    1984년부터 여의도순복음교회는 심장병으로 죽어가는 불우한 어린이들이 무료로 치료받아 새 생명을 찾도록 하고 있다. 1988년에는 불우 청소년들에게 무료로 다양한 직업 교육을 제공하여 자립할 수 있게 하고, 무의탁 노인을 돌보는 '엘림복지타운'을 건립했다. 1988년 12월 10일에 국민일보를 탄생시켰고,[1] 1998년 12월 24일에 순복음인터넷방송국(현 영산인터넷방송국, www.FGTV.com)을 개국하였다. 2000년 3월 28일에 DCEM(David Cho Evangelistic Mission)을 창립하여 조용기 목사의 모든 집회의 진행을 일원화함에 따라 집회의 성숙도가 높아지고, 세계 각국의 선교 단체들과의 네트워킹이 활발하게 이루어져 전보다 효과적인 선교 사역을 가능하게 했다.[2] 특별히 1993년에는 교인이 70만 명을 넘어서며 기네스북에 세계 최대 교회로 등재되었다.

---

1 국제신학연구원, 『여의도의 목회자』, 535-538.
2 국제신학연구원, 『여의도순복음교회의 성령운동이해』, 68-70.

1999년부터는 '좋은사람', '굿피플'이라는 국제구호개발 NGO가 창립되었다. 국경과 인종을 초월하여 가난, 질병, 재난 등 극심한 위험에 노출되어 있는 지구촌 소외 이웃의 현실을 알리고, 체계적이고 전문적인 도움의 손길을 전하기 위함이다. 세계 각국의 소외된 지역을 중심으로 아동 보호, 교육, 식수 위생, 질병 예방 및 치료, 지역 개발, 긴급구호 등 다양한 사업을 활발히 전개하고 있다.

사회복지의 사각지대에 있는 어려운 이웃들을 찾아서 지속적으로 섬기고 있다. 그뿐 아니라 여의도청년장학관을 세워 만 18세가 넘어 보육원을 떠난 청년들이 자립할 때까지 주거, 취업, 돌봄 서비스 등을 지원하고 있다. 저출산은 인류의 존립을 위협하는 심각한 문제이다. 그래서 낙태를 절대 반대하며, 출산을 적극적으로 장려하고 지원하는 정책을 펼치고 있다. 2012년부터 아이를 낳는 가정에 출산 장려금을 지급하고 있다.

II부

조용기 목사의
교리와 신학

조용기 목사의 교리와 신학은 그가 속한 하나님의성회와 공통부분도 있지만 그만의 고유한 면도 있다. 그러므로 이에 대한 긍정적인 평가와 부정적인 평가가 공존한다. 여기서는 조용기 목사가 가르치는 삼중축복(Threefold Blessing)과 신유(치유) 그리고 하느님 나라와 교회론을 다루겠다. 그리고 각 주제에 관한 여러 학자의 견해를 보겠다. 특별히 하느님 나라를 주제로 한 부분에서는 가톨릭교회가 이해하는 내용을 제시하겠다. 결론 부분에서는 가톨릭교회에서도 다루고 있는 주제인 경우에 가톨릭교회에서는 그것을 어떻게 이해하는지를 보겠다.

1장

삼중구원 신학과 삼중축복 신학

1. 삼중축복 신학

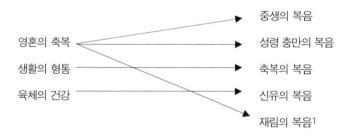

여의도순복음교회의 신앙 교리는 오순절 신학과 복음주의적 신학에 바탕을 둔 오중복음(Fivefold Gospel)과 삼중축복(Threefold Blessing)으로 요약된다. 이 신앙 교리는 조용기 목사가 40여 년간 목회에 적용해온 목회 원리이자 신앙 규범으로써 여의도순복음교회를

---

1 조용기, 『오중복음과 삼중축복』(서울말씀사, 2009), 263.

세운 기초가 된다.[2] 조용기 목사의 오중복음은 복음 속에서 강조하는 다섯 가지 내용, 즉 '중생(regeneration), 성령 충만, 신유, 축복, 재림의 복음'을 가리키는 말로 사용된다.[3] 오중복음이 신앙을 위한 이론과 교리라면 그 이론과 교리를 실천하는 실제와 적용은 삼중축복이다.[4] 삼중축복의 교리는 '전인 구원'이란 차원에서 이해될 수 있다. 인간이 구원받고 복을 받는다는 것은 바로 영혼, 육 그리고 이와 관계하는 범사와 환경 전체를 포함하는 것을 말한다.[5] 최문홍은 영산 조용기 목사의 구원론이 예수 그리스도를 통한 '삼중구원'이라고 설명한다. 즉, 예수 그리스도를 통한 구원은 죄에서의 구원뿐 아니라 질병과 저주/가난에서의 구원도 포함한다는 것이다. 최문홍은 조용기 목사의 구원 이해가 철저히 그리스도의 십자가에 그 기반을 두기 때문에 그리스도의 십자가는 그의 신학의 출발점이고 뿌리이며 그의 구원론의 중심이라고 한다.[6]

조용기 목사는 삼중축복이란 전인 구원의 결과로 다가온 축복을 뜻한다고 주장한다. 예수님께서 인간을 구원하실 때 단순히 영혼만을 구원하시지 않고 그의 삶 전체와 육체까지 구원하신다는 것이다.[7] 삼중축복은 우선 영혼이 잘되는 축복(영혼을 구원받은 중생에서 이루어지는 축복)을 말한다. 다음은 범사에 잘되는 축복과 육체가 강건해지는

---

2 국제신학연구원, 『하나님의성회 교회사』(서울:말씀사, 2008), 250.

3 국제신학연구원, 『여의도순복음교회의 성령운동이해』, 91.

4 조용기, 『오중복음과 삼중축복』, 250.

5 국제신학연구원, 『여의도순복음교회의 성령운동이해』, 101.

6 최문홍, "영산의 구원이해: 그리스도의 십자가 중심의 삼중구원," 「영산의 목회와 신학」 1권, 영산신학연구소 편, 한세대학교말씀사, 2008, 352.

7 조용기, 『오중복음과 삼중축복』, 251.

축복을 말한다. 결국 영혼이 먼저 잘된 후에 범사의 형통과 육체의 건강이 다가오게 된다는 것이다.

그는 오중복음의 터 위에 세우게 될 실천적 생활의 삼중축복은 구체적으로 어떻게 실천하고 노력해야 하는지를 다음과 같이 설명한다. 그리스도인들은 십자가에서 죽으셨다 부활하신 예수 그리스도를 통해 용서받고 영생을 얻으며 의롭다함과 거룩함을 입고, 성령충만을 받아 하느님과 교제할 수 있는 영적 축복을 받은 사람들이다. 그리스도인들은 이 영적 휘장을 널리 펴야 하는데, 그러기 위해서는 기도, 말씀 공부, 하느님께 예배드리기를 힘써야 한다. 그리스도인들이 하느님 중심에 서서 정직, 성실, 근면할 때 하느님은 큰 복을 주신다. 육체의 건강을 위해 죄를 멀리하고 마귀를 쫓아내며 과식을 피하고, 과로를 피하며 위생적인 생활을 해야 한다. 그러나 병이 들면 말할 필요 없이 죄와 불순종을 회개해야 하고, 치료되기 위해 금식하며 철야 기도할 것을 강조한다.[8]

영산 조용기 목사의 삼중구원 신학은 자신의 처참한 삶과 목회 현장에서 나왔다. 영산은 고등학교 시절, 폐병으로 말미암아 삶과 죽음을 넘나드는 극심한 절망과 고통의 나날을 보냈다. 그가 예수님을 만나 병을 치유 받고 주님의 종으로 부름을 받아 나섰던 목회 현장 역시 처절한 가난과 질병으로 인해 절망과 고통이 가득한 곳이었다. 영산은 그들의 절박한 필요를 충족시켜 주는 죄에서의 용서와 치료, 그리고 축복이라는 삼중구원의 복음을 전할 수밖에 없었다. 또한 당연한 귀결로서 그토록 처절한 절망에 빠진 사람들에게 희망의 메시지

---

8 같은 책, 262-264.

를 전했다. 따라서 그의 목회의 핵심 동기는 절대 절망에 처한 사람들에게 절대 희망을 주는 것이었고, 삼중구원 신학은 절박한 성경 연구를 통한 깨달음에서 나왔다고 고백한다:

마태복음부터 사도행전까지 읽는 중에 저는 우리 주 예수님이 제가 신학교에서 배운 예수님과는 다른 분이시라는 놀라운 사실을 발견하게 된 것입니다. 예수님께서는 당시의 그 절박한 상황 가운데서 이상적이거나 환상적인 복음만 외치신 것이 아니라 실제 그들에게 필요한 것들을 채워주셨던 것입니다. … 그때부터 제가 외치기 시작한 것이 바로 삼박자 구원입니다. "사랑하는 자여 네 영혼이 잘 됨 같이 네가 범사에 잘 되고 강건하기를 내가 간구하노라"(3요한 1, 2).[9]

최문홍은 조용기 목사의 삼중구원 신학이 '좋으신 하느님' 사상에 그 기반을 가지고 있다고 본다. 절망과 고통의 현실에서 절박한 마음으로 기도하며 세밀히 성경을 연구하던 중 요한3서 1장 2절의 말씀을 받았는데 여기서 자신이 믿는 하느님은 좋으신 하느님이라는 결정적인 사실을 깨달았기 때문이다. 그리고 조용기 목사는 하느님의 인간 창조를 영, 혼, 육에 조금도 부족함이 없는 완전(전인) 창조로 이해하면서 다음과 같이 설명한다. 영은 하느님을 모시는 그릇으로서 하느님과 통교하며, 밝은 양심이 지시하는 대로 살고, 그의 뜻을 이해할 수 있는 수단이다. 혼은 그 속에 인격을 담고 있어 사고하고 감정을 느끼고 결단을 내리는 지, 정, 의를 갖춘 곳이다. 육은 오관, 즉 보고, 듣고,

---

9 조용기, "선교와 목회," 「성령」 제4집(1988), 26-27.

냄새 맡고, 맛보고, 감각하는 기능이 있어 혼으로 하여금 세상을 인식하게 해 주는 부분이다. 조 목사는 하느님께서 인간을 창조하셨을 때는 영과 혼과 육이 각각 맡은 직분이 있었다고 강조한다. 영은 하느님의 뜻에 따라 혼을 지배하고, 혼은 육을 지배하며, 육은 영과 혼의 지시대로 순종하는 질서가 있었다고 설명한다. 이런 아름다운 질서는 인간의 타락으로 완전히 무너지게 되었다고 하면서 그는 인류의 조상 아담과 하와가 하느님을 반역하고 죄를 지었을 때 인간에게 세 가지 치명적인 죽음이 시작되었다고 이해한다.[10]

조용기 목사는 인간의 영적 죽음, 육체적 죽음, 환경적 죽음이라는 삼중 타락을 다음과 같이 설명한다. 선악과를 따먹었을 때 아담과 하와는 영적으로 죽게 되었다. 영이 죽었다는 것은 하느님으로부터 분리되었다는 뜻이다. 다음은 육체의 죽음이다. 인간이 죄를 지어 인간의 육체가 흙으로 돌아가는 것, 즉 죽음의 출발인 질병이 인간에게 다가오게 되었다. 환경적인 저주의 죽음도 다가왔다. 아담과 하와가 타락하자 땅은 저주를 받아 가시와 엉겅퀴를 내게 되었다. 이러한 타락의 결과 세상은 불행의 가시와 엉겅퀴가 돋아나고 미움의 가시, 불안과 공포의 가시, 좌절감과 절망의 가시가 돋아나고 인간은 고통으로 몸부림치는 것이다. 영산 조용기 목사는 이것이 바로 '전인 타락'(혹은 삼중 타락의 형벌)이라고 말한다(창세 3,17-19).[11]

영산 조용기 목사는 인간이 삼중적으로 완전히 타락하였기 때문에 예수를 통한 대속도 삼중 대속이 필요하다고 주장한다. 예수께서

10 최문홍, "영산의 구원이해: 그리스도의·십자가 중심의 삼중구원," 353-356.
11 국제신학연구원, 『여의도순복음교회의 성령운동이해』, 102-104.

는 아담의 타락의 결과로 받게 된 삼중 형벌을 홀로 지시고, 십자가의 죽음과 부활을 통하여 삼중 대속을 이루어 주셨다고 하면서 조 목사는 먼저 영의 대속을 말한다.[12] 영의 대속에 대한 성서적인 근거로 종종 이사야서 53장 5절("그 몸에 채찍을 맞음으로 우리를 성하게 해 주었고 그 몸에 상처를 입음으로 우리의 병을 고쳐 주었구나")을 든다. 전통적으로 그리스도교는 예수의 십자가 사건을 죄에서의 대속에 한정하여 이해하여 왔지만, 조용기 목사는 육체의 질병에서의 대속도 포함시킨다. 이에 대한 성서적 근거로 주로 마태오복음 8장 17절(이사 53, 4 참조)과 베드로1서 2장 24절(이사 53, 5 참조)을 든다. 또 다른 성서적 근거로는 베드로1서 2장 24b절("그분이 매 맞고 상처를 입으신 덕택으로 여러분의 상처는 나았습니다")이다. 여기서 더 나아가 조용기 목사는 예수의 대속에 저주와 가난에서의 대속도 포함되어 있다고 주장한다. 이 점이 그의 구원론의 독특한 면이다. 이런 주장의 근거로 종종 갈라티아서 3장 13-14절과 코린토2서 8장 9절을 든다.[13]

영산은 예수 그리스도의 십자가를 정점으로 하는 보혈의 역사로 말미암아 인류는 육체적·환경적 저주와 죽음에서 대속함을 얻었으며, 영적·환경적·육체적 축복을 받을 수 있게 되었다고 설명한다. 이로써 인간은 상실되었던 하느님과의 교제를 다시 시작할 수 있게 되었는데 저주의 대속에 대해서는 갈라티아서 3장 13절을 인용한다("'나무에 달린 자는 누구나 저주받은 자다'라고 성서에 기록되어 있듯이 그리스도께서는 우리를 위하여 십자가에 달려 저주받은 자가 되셔서 우리를 율법의

---

12 최문홍, "영산의 구원이해: 그리스도의 십자가 중심의 삼중구원," 357.

13 같은 글, 358-359.

저주에서 구원해 내셨습니다"). 조용기 목사에 의하면 이것은 축복받은 하느님의 아들이 저주를 대신 짊어지시고 피 흘리심으로 저주의 세력을 멸하시기 위해서이다. 그래서 예수님을 믿으면 미움, 불안과 초조, 공포와 절망, 좌절감과 죽음, 죄책, 정죄 등의 모든 가시가 제거된다. 그리고 가슴속에 평화의 강물이 흐르고, 삶 속에 평화의 강물이 흐르는 그리스도의 축복을 받게 된다. 따라서 아담의 타락으로 다가온 육체적 죽음은 예수님의 대속으로 철저하게 회복되었다. 그러므로 조용기 목사는 우리가 육체의 남은 생애를 사는 동안 예수 그리스도의 대속에 입각해서 우리의 몸에 붙어서 우리를 파괴하는 질병에 대한 치료와 건강의 회복을 단호하게 주장할 수 있다고 말한다.[14]

영산의 삼중구원 신학의 성서적 근거는 신약성경 도처에 흩어져 있다. 단지 요한3서 1장 2절은 삼중구원의 신학을 보다 분명히 드러내 주는 대표적인 구절로 사용되고 있다. 요한3서 1장 2절은 조용기 목사가 성경을 보는 안목을 결정적으로 바꾸어 놓았으므로 그는 이 말씀에 입각하여 성경을 풀어나갔다. 다시 말해 삼중구원은 조용기 목사가 '성경을 해석하는 열쇠'였다.[15]

그는 삼중축복이 예수님의 대속적인 고난을 통해 우리에게 전해 주신 것이므로 이 축복은 흔들리지 않는 십자가의 토대 위에 있다고 명확하게 밝힌다. 조용기 목사는 요한3서 1장 2절을 다음과 같이 해석한다. '**사랑하는 자여**'는 하느님께서 주시는 삼중축복을 받기 위한 전제조건을 말한다. 즉 복을 받기 위해서 예수 그리스도의 대속을 통해

---

14 국제신학연구원, 『여의도순복음교회의 성령운동이해』, 105-107.
15 최문홍, "영산의 구원이해: 그리스도의 십자가 중심의 삼중구원," 360.

하느님께서 '사랑하는 자'가 되어야 하며, 이를 위해서는 예수 그리스도를 개인적으로, 인격적으로 모셔 들여야 한다. '네 영혼이 잘됨 같이'는 영혼은 영원하기 때문에 모든 일에 있어서 영혼이 잘되는 길을 먼저 택해야 한다. '범사에 잘되고'는 영혼이 잘 되면 하느님의 복이 우리와 함께하기 때문에 범사에도 잘된다는 것이다. 예수께서 "너희는 먼저 그의 나라와 그의 의를 구하라. 그리하면 모든 것을 너희에게 더 하시리라"(마태 6, 33)를 말씀하셨기 때문이다. '강건하기를 간구하노라'는 위대한 치료자이신 예수님의 보혈을 의지하고 믿음의 기도를 드리면 질병이 나을 수 있다는 것이다.

'사랑하는 자여'

우리가 하나님께서 주시는 복을 받기 위해서는 먼저 예수 그리스도의 대속을 통하여 하나님께서 '사랑하는 자'가 되어야 합니다. 우리는 하나님께서 그의 독생자의 피 값으로 얻은 '사랑하는 자'이며, 그리스도 안에서 택함 받은 사람들입니다. 그러므로 삼중축복의 전제 조건은 예수 그리스도를 개인적으로, 인격적으로 모셔 들인 하나님의 사랑하는 자녀가 되는 것입니다.

'네 영혼이 잘됨 같이'

왜 영혼의 문제를 제일 먼저 말했을까요? 영혼은 영원하기 때문입니다. … 우리는 모든 일에 있어서 영혼이 잘되는 길을 먼저 택해야 합니다. 하나님을 먼저 섬기고 하나님 중심으로 사는 것이 본업이 되고 세상 삶은 부업이 되는 것이 그리스도인의 삶의 올바른 순서입니다. 오늘날 하나님을 믿는 일은 액세서리가 되고 세상의 삶이 본업이 된 성도들이 너무나 많습니다.

'범사에 잘되고'

우리의 영혼이 잘되면 하나님의 복이 우리와 함께 하기 때문에 범사에도
잘됩니다. 예수님께서도 분명히 "너희는 먼저 그의 나라와 그의 의를 구하라
그리하면 이 모든 것을 너희에게 더하시리라"(마태 6, 33)고 말씀하셨습니
다. 이러한 것은 우리가 믿고 기도하며 나갈 때 우리의 생활 속에 더하여지는
것입니다.

'강건하기를 간구하노라'

예수님께서는 위대한 치료자이십니다. 그 때문에 우리가 예수님의 보혈을
의지하고 믿음의 기도를 드리면 우리는 질병의 결박에서 놓여날 수 있습니다.
하나님께서 사랑하는 자들에게 베푸신 이 삼중축복은 예수님의 보혈로 이루
어졌습니다. 그래서 예수님께서 대속적인 고난을 통해 이 축복을 우리에게
전해 주신 것이기 때문에 오늘날 삼중축복은 흔들리지 않는 십자가의 토대
위에 있는 것입니다.[16]

따라서 영산의 삼중축복을 정리하면, "성경이 가르치고 있는 축복
은 영적 축복인 구원뿐 아니라 범사에 형통하는 축복을 말하고 있으
며, 내세적인 축복뿐 아니라 현세적인 축복도 약속하고 있다. 그리고
이 축복은 반드시 하느님, 예수님, 성령님과 관계있는 사람만이 누릴
수 있도록 하였다. 눈에 보이는 일시적 환경의 축복도 내적인 영원의
축복과 함께 있을 때 참된 행복이 될 수 있다"는 것이다.[17]

---

16 조용기, 『오중복음과 삼중축복』, 266-270.
17 같은 책, 179-180.

조용기 목사는 인간을 위한 하느님의 축복이 천지 창조 때부터 시작된다고 본다. 하느님은 이 세상의 물질세계를 먼저 지으시고 인간을 지으셨는데 인간이 태어난 그 이튿날은 바로 주님의 안식일이었다. 따라서 조용기 목사는 인간이 인생의 첫날을 하느님의 안식에 들어가서 하느님과 함께 풍성한 물질세계를 즐기며 쉬기만 하면 되었으니까(창세 1, 28), 이것이 인간을 향한 하느님의 근본 의도라고 해석한다.

> 하나님의 축복은 천지 창조 때부터 시작됩니다(창세 1장-2장). 하나님은 인간을 지으시기 전에 이 세상의 물질세계를 먼저 지으셨습니다. 모든 물질세계를 지으신 마지막 날에 하나님께서는 당신의 형상과 모양을 따라 인간을 지으셨습니다. 그리고 그들에게 복을 주셔서 "생육하고 번성하여 땅에 충만하라. 땅을 정복하라. … 모든 생물을 다스리라"(창세 1, 28)고 말씀하셨습니다. … 인간이 태어난 그 이튿날은 바로 야훼의 안식일이었습니다. 인간은 인생의 첫날을 하나님의 안식에 들어가서 하나님과 함께 풍성한 물질세계를 즐기며 쉬기만 하면 되었습니다. 이것이 인간을 향한 하나님의 근본 의도였던 것입니다.[18]

그는 또한 예수님의 가난이 바로 우리에게 부요를 주기 위함(2코린 8, 9)이라는 성경 내용을 해석하면서 예수님께서 이미 이루어 놓으신 부요를 누리며 살 것 그리고 받은 복을 나누는 신앙인의 삶을 강조한다. 갈라티아서(3, 13-14)에서는 예수님의 저주와 우리의 축복을 언급

---

18 같은 책, 183.

하면서 예수님께서 저주를 받으신 목적이 예수님 안에서 아브라함의 복이 이방인에게 미치게 하려는 것이며, 예수님을 믿는 이들은 이미 저주에서 속량되어 아브라함의 축복을 받아야 하는 이들이라고 설명한다. 그리고 하느님께서 주신 복을 가난하고 소외된 이들과 나눔의 삶을 사는 것이 그리스도교의 축복의 핵심이라고 특별히 강조하는 것이 두드러진다.

여러분은 우리 주 예수 그리스도께서 얼마나 은혜로우신지를 잘 알고 있습니다. 그분은 부요하셨지만 여러분을 위하여 가난하게 되셨습니다. 그분이 가난해지심으로써 여러분은 오히려 부요하게 되었습니다(2코린 8, 9).
우리는 그리스도를 통하여 영원한 죄에서뿐 아니라 가난에서도 이미 대속된 자들인 것입니다. 이러므로 만일 우리가 이 말씀대로 복을 누리지 못한다면 우리는 예수님의 가난하게 사심을 헛되게 하는 자가 되고 맙니다. 그러므로 우리는 예수님께서 이미 이루어 놓으신 부요를 누리며 살아야 하고, 받은바 복을 나누어 주는 신앙인이 되어야 합니다. 이것이 성경적인 하느님의 뜻이요, 그리스도를 영화롭게 하는 길입니다.
'나무에 달린 자는 누구나 저주받을 자다'라고 성서에 기록되어 있듯이 그리스도께서는 우리를 위하여 십자가에 달려 저주받은 자가 되셔서 우리를 율법의 저주에서 구원해 내셨습니다. 그리하여 하느님께서 아브라함에게 약속하신 복이 그리스도 예수를 믿는 이방인들에게까지 미치게 되었고 또 우리는 믿음으로 약속된 성령을 받게 되었습니다(갈라 3, 13-14).
예수님은 우리의 가난만 대속하신 것이 아니라 우리의 저주도 속량하셨습니다. … 로마 병정들이 가시관을 만들어 예수님의 머리에 씌웠습니다. 이 가시들은 바로 저주를 상징합니다. 또한 예수님이 못 박혀 달리신 십자가도 저주를 상징합니다. 이것은 아담의 타락으로 인하여 인간에게 다가온 모든 저주가 예수님의 몸 위에 옮겨졌음을 보여주는 것입니다. 예수님께서 이와 같이 저주를 받으신 목적은 예수님 안에서 아브라함의 복이 이방인에게 미치게 하려 함이라고 성경은 기록하고 있습니다(갈라 3, 14).

예수 믿는 자들은 이미 저주에서 속량된 자들이요, 아브라함의 축복을 받아야 하는 사람들입니다. 믿는 자들에게는 다시 저주받을 이유가 전혀 없습니다. 그러므로 우리는 영적인 몸은 저주에서 놓여나 구원받은 후사가 될 뿐만 아니라 환경의 저주에서도 속량되어 그리스도를 영화롭게 하기 위하여 담대히 복을 누려야 합니다. …

기독교의 축복의 핵심 사상은 하나님의 풍성한 복을 받고 이를 쌓아두는 것이 아니라 나누어 주는 것입니다.[19]

조용기 목사는 목회의 중심 철학이 삼박자 구원이라는 이론으로 정리되고 나서 그리스도의 대속에 관한 깨달음 곧 그리스도의 보혈의 권능에 대한 깨달음을 얻었다고 한다. 그에 따르면 예수님께서는 네 번 피를 흘리셨는데 그 피의 의미는 흘린 장소에 따라 달리 해석된다는 것이다. 첫째는 겟세마니 동산에서 흘리신 보혈인데 우리의 불순종을 대속하실 피이다. 둘째는 빌라도의 뜰에서 흘리신 보혈이며 병든 육신을 고쳐주시기 위함이다. 셋째는 가시관을 쓰시고 흘리신 보혈인데 우리의 저주를 속량하고 축복을 주시기 위함이다. 넷째는 십자가에서 흘리신 보혈이며 우리의 영혼을 대속하기 위함이었다. 이처럼 조용기 목사는 삼박자 구원과 그리스도의 보혈을 직결하여 해석

---

19 같은 책, 187-189.

한다.

첫 번째로 흘리신 보혈은 겟세마네 동산에서 흘리신 피입니다(루카22, 44). 겟세마네 동산에서 흘리신 피는 당신의 의지를 깨뜨리시고 하나님께 순종하기 위한 피로서, 곧 우리의 불순종을 대속하실 피입니다. 하나님의 뜻대로 살 수 있는 위대한 힘을 주는 권세가 바로 이 보혈 속에 있습니다.

둘째로 빌라도의 뜰에서 흘리신 보혈입니다. 여기서 흘리신 보혈이 우리의 육신의 대속을 위하여 흘리신 보혈입니다. 성경은 "그 몸에 채찍을 맞음으로 우리를 성하게 해 주었다"(이사 53, 5)라고 말하고 있습니다. 따라서 보혈은 정욕이나 질병으로 말미암아 병든 육신을 고쳐주시기 위한 것이었습니다. 예수님은 우리의 연약한 것을 친히 담당하시고 병을 짊어지셨던 것입니다 (마태 8, 17).

셋째로 가시관을 쓰시고 흘리신 보혈입니다. 하나님께서는 가시관을 예수님의 머리에 씌워서 잘못된 생각으로 이 땅에 다가온 저주를 속량하신 것입니다. 예수님께서 가시관을 쓰시고 흘리신 보혈은 우리의 저주를 속량할 뿐 아니라 축복을 가져다 줍니다(갈라 3, 13-14).

넷째로 십자가에 흘리신 보혈입니다. 예수님께서 십자가 위에서 흘리신 피는 버림받는 자리에서 구원하게 하는 피입니다. 영원히 멸망 받아 지옥 불에 던져질 수밖에 없는 우리의 영혼을 대속하셨습니다. 십자가 위에서 예수님은 "이제 다 이루었다"(요한 19, 30)라고 말씀하셨습니다. 이는 "다 지불했다" 는 뜻입니다. 곧 우리의 원죄와 자범죄 일체를 손수 속량하셨다는 것입니다. 예수님은 우리의 영혼만 대속하신 것이 아니라 병과 저주와 불순종을 대속하셨습니다. 그러므로 예수님의 복음을 전할 때 영혼의 구속만을 전해서는 안 됩니다. 예수님께서 대속하신 모든 것을 전해야 합니다. 그렇게 해서 고통당하고 절망하며, 병에 걸려 생활에 기쁨을 잃어버린 사람들에게 희망을 주어야 하고 그들의 마음을 변화시킬 수 있어야 합니다.[20]

여기에 하나의 질문을 던질 수 있다. "삼중구원의 축복이 물질적인 형통과 치유만 강조하고 신자들의 고통의 문제나 십자가를 지는 삶은 배제하는가?" 조용기 목사는 여기에 분명히 대답한다. "신자들의 신앙생활에는 싸워 이겨야 할 고난이 있고 짊어져야 할 고난"의 두 가지가 있다는 것이다. 즉, 예수께서 십자가를 통해 죄와 질병과 저주를 대속하셨으므로 신자는 특별한 이유 없이 이런 것들로 인해 고통을 받아서는 안 된다는 것이다. 반면에 신자가 짊어져야 할 자기 십자가는 자기 뜻을 거부하고 주님의 뜻대로 사는 것이며, 이것은 주님을 쫓기 위해 자원해서 짊어지는 고난이라는 것이다. 조용기 목사는 이런 십자가를 질 때 부활의 생명이 넘치고 천국의 상급이 따른다고 설명한다.[21]

한국 개신교가 샤머니즘의 영향을 받아 기복 신앙을 추구한다는 비판이 있다. 조용기 목사는 샤머니즘이 전형적인 기복신앙의 모습이라고 본다. 그러므로 그가 그리스도교의 축복과 기복신앙의 유사점과 차이점을 설명하는 내용을 정리하면 다음과 같다.

물질적인 풍요를 축원하는 것은 기복 신앙과 그리스도교의 축복 신앙의 유사한 점이라 할 수 있다. 그러나 다른 면도 존재한다.

---

20 조용기, 『나는 이렇게 설교한다』(서울말씀사, 2010), 404-405.
21 최문홍, "영산의 구원이해: 그리스도의 십자가 중심의 삼중구원," 363-364.

구원의 유무

기복 신앙과 축복 신앙의 차이에서 가장 중요한 점은 구원이 있느냐 없느냐 하는 것이다. 기복 신앙에 있어서는 그 복이 구원을 전제로 하여 받는 복이 아니다. 기복 신앙에는 구원이라는 개념이 없기 때문이다. 그러나 그리스도교의 축복 신앙은 그리스도의 구원을 전제로 하고 있으며, 복은 그 구원이 현실에 구체적으로 나타나는 열매이다.

이기적인 기복과 윤리적인 축복

기복 신앙은 구원의 개념이 없기 때문에 내세적이거나 윤리적인 면이 있을 수 없다. 기복 신앙은 현세적이며 살아 있는 사람의 이기적인 복이 깊게 자리 잡고 있다고 볼 수 있다. 그리스도교의 축복 신앙은 전통적인 기복 신앙이 추구한 부귀영화, 무병장수보다는 이 세상에서 하느님으로부터 받은 복을 가지고 윤리적인 생활을 함으로써 빛과 소금의 역할을 다하는 것을 추구한다. 그리고 내세의 부활과 영생의 복락을 더 귀하게 여기며 소망한다.

요행적인 축복과 계약과 약속에 근거한 축복

샤머니즘의 기복 신앙은 윤리성이 결여되어 있으므로 요행성이 따른다. 복을 받고 못 받는 것은 귀신의 마음먹기에 달려 있기 때문에 사람은 그저 귀신의 비위를 맞추어 귀신이 진노를 풀고 복을 많이 내려 주기를 바랄 뿐이다. 복을 받을 수 있는 확실한 근거가 없는 셈이다. 오직 인생만사는 자기의 사주팔자 때문이라고 체념하고 한탄만 하는 운명주의 신앙이 되어 버리는 것이다. 그리스도교의 축복 신앙 은 하느님의 계약과 약속에 그 근거를 둔다. 하느님께서 복을 주시는 이유는 하느님의 구원의 계약 속에 들어온 사람들에게 약속하신 말 씀, 즉 축복의 언약이 있기 때문이다(갈라 3, 13-14).

주술적 기복과 신앙적 축복

무당은 영계와 인간 사이에서 주문을 통해 귀신을 부르고 그 귀신 들이 제사 지내는 사람에게 복을 내리도록 중간에서 연결시키는 중재 역할을 한다. 이와 같이 기복 신앙은 어떤 미신적인 주술이나 주문으 로 복을 기원한다. 그리스도교의 축복은 신앙적 축복이다. 오직 하느 님께서 약속하신 축복의 말씀에 따라 아름답고 선한 삶을 살 때 복을 받을 수 있는 것이다. 성경은 하느님께 복을 받는 데서 그치지 않고 그 복을 이웃과 함께 나누며 하느님의 영광을 위해 사용할 때 진정한 복이 된다는 사실을 가르치고 있다.[22]

2. 삼중축복 신학에 대한 학자들의 논의

박명수는 영산의 삼중구원을 삼위일체 하느님의 역사로 이해하 면서 성령께서 삼중구원을 우리에게 전달해 주는 분이라고 말한다.

---

22 조용기, 『오중복음과 삼중축복』, 195-198.

그러나 최문홍은 박명수의 이러한 해석에 대해 다음과 같이 반론을 제기한다. 즉, 최문홍에 의하면 박명수는 "성령에 충만한 사람은 성령의 능력을 힘입어 영적인 연약함과 심적인 연약함 그리고 육체적인 연약함에서 구원받는다"고 주장한다. 즉, 박명수가 영혼이 잘되는 것뿐 아니라 강건케 되는 것(아마도 형통케 되는 것도 포함하여)을 성령의 역할로 돌리는 것 같다는 것이다. 그러면서 최문홍은 박명수의 주장과 관련하여 다음의 질문을 한다: "영산의 삼중구원(축복) 신학에서 영혼이 잘되는 데 관여하는 성령의 역할은 구원론적인 영인가? 아니면 구원받은 자에게 성령 충만으로 임하는 영인가?" 이어서 최문홍은 자신이 영산을 어떻게 이해하는지 다음과 같이 말한다. 영산은 삼중구원(축복)에 대해 설명하면서 주로 예수 그리스도의 십자가를 중심으로 언급하는 것은 사실이지만 그렇다고 성령의 역할을 배제하는 것은 아니라는 것이다. 최문홍이 볼 때에 영산은 성령의 역할을 두 가지 사역으로 이해하기 때문이다. 즉, 구원의 측면에서의 성령의 역할 그리고 구원받은 자에게 능력 부여로서 임하는(성령 세례/충만)의 오순절적인 성령의 역할이라는 것이다.

영산은 삼중구원(축복)에 대해 설명할 때 주로 예수 그리스도의 십자가를 중심으로 말하지 성령의 역할에 대해선 많은 말을 하지 않는다. 그렇다고 영산이 삼중구원(축복)론의 주장에 있어 성령의 역할을 배제하고 있다는 생각은 큰 잘못이다. 영산의 성령 이해에 의하면 구원은 오직 성령님의 은혜로만 가능하기 때문이다. 그러나 여기까지만 이야기하면 영산의 성령론에 대한 오해를 불러일으킬 수 있다. 영산의 성령론이 마치 불신자를 회심시키는 '구원의 영'의 차원에 머무는 것으로 말이다. 구원이 오직 성령의 초자연적인 역사로만 가능하다고 말할 때 영산은 바울과 요한의 성령 이해를 염두에 두고 하는 말이다. 영산은 여기서 더 나아가 주로 누가복음-사도행전의 성경 본문들에 근거하여 구원받은 자에게 능력 부여로서 임하는(즉, 성령 세례/충만) 오순절적인 성령 이해를 한다. 영산의 성령론을 말할 때 이 두 가지 성령의 사역을 잘 구분해야 한다.[23]

최문홍은 또한 영산의 성령 이해를 그의 삼중구원(축복)의 신학에 적용시키면서 다음과 같이 말한다. 우선 최문홍은 영산의 삼중구원 신학에서 성령의 역할이 전제되었다고 강조한다. 또한 영산이 죄에서의 구원을 말할 때의 성령의 역할은 중생케 하시는 이로서의 역할이고, 삼중축복을 누림에 관여하시는 성령은 충만케 하시는 이로서의 역할이라고 구분한다. 더 나아가 영산의 성령론에 의하면 삼중축복을 더욱 풍성히 누리기 위해서 성령과의 인격적인 교제가 필요하다고 말한다.

영산이 질병이나 저주/가난뿐 아니라 예수를 통한 죄에서의 구원을 말할 때 여기에 관여하는 성령의 역할은 분명히 중생케 하시는 이로서의 역할이다. 그러나 구원받은 신자 편에서 삼중축복으로서의 누림에 대해서 말할 때, 여기에 관여하시는 성령은 충만케 하시는 이로서의 역할이다. 그러나 여기서 더 나아가 영산의 인격적인 성령론의 빛에서 볼 때, 삼중축복의 누림은 인격적 영이신 성령과의 교제를 통하여 더욱 풍성히 이루어진다고 말할 수 있을 것이다. 요약하면 영산의 삼중구원 신학에 있어 성령의 역할은 전제되어

---

23 최문홍, "영산의 구원이해: 그리스도의 십자가 중심의 삼중구원," 365.

있다고 말할 수 있다.[24]

　　최문홍은 영산 조용기 목사의 삼중구원론과 관련하여 사회 구원, 자연 구원에 관해 다음과 같이 말한다. 그는 조용기 목사가 '사회 구원의 해'를 맞이하여 사회악이나 자연 악의 배후에 궁극적으로 마귀가 있지만, 그리스도의 십자가의 구원은 사회악이나 자연 악의 제거에도 효력이 있으므로 적극적으로 사회 구원과 자연 구원의 사역을 해나가자고 천명했다고 전한다. 최문홍이 볼 때 이러한 천명은 지금까지의 영산 조용기 목사의 태도와는 너무 다른 방향 전환이다. 조용기 목사는 주로 삼중축복을 받은 개인이 사회에 나가 이웃 사랑을 실천하며 사회 구원을 이루라고 강조해 온 데 비해 이제부터는 교회의 차원에서 보다 적극적인 사회 구원을 펼치겠다는 의지를 표현했다고 평가하기 때문이다. 최문홍은 그러므로 삼중구원(축복) 신학에 입각한 사회구원의 사역은 과거에 사회구원을 주장하던 민중신학과 해방신학처럼 실패하지 않을 것이라고 기대한다. 왜냐하면 영산 조용기 목사가 사회악과 자연 악의 배후에 도사리고 있는 마귀와의 영적 전쟁을 선언했기 때문이며, 이것은 기도 운동을 통해 전개된다는 것이다.[25] 여의도순복음교회는 실제로 국제구호개발 NGO인 '좋은사람', '굿피플'을 통해 가난, 재난, 질병으로부터 사람들을 구제하고 자립할 수 있도록 지원하여 모두가 고통받지 않는 행복한 세상을 만들기 위해 노력하고 있다.

---

24 같은 글, 366.
25 같은 글, 369.

마원석은 영산 조용기 목사의 축복 신학이 그리스도론적 과정을 통해, 즉 그리스도의 속죄 사역을 통해 구원론적으로 동기 부여가 되어 있다고 평가한다. 그러므로 성령론적인 탐구는 더 보완되어야 한다고 지적한다. 그리고 조용기 목사의 축복 신학의 신학적 구조는 오중복음(Fivefold Gospel)에서 발전되어 왔다고 하면서 마원석은 오순절적 사중복음(Fourfold Gospel)과 조용기 목사의 오중복음을 비교하는 도표를 제시한다. '오중'(Fivefold)이라는 용어는 오순절주의자에게는 거의 전문 용어로 받아들여진다. 그러므로 오중의 내용이 무엇인지 확인하지 않으면 조용기 목사의 오중 신학은 성결교적 오순절 구조(Holiness Pentecostal system)의 오중으로 오해될 수 있기 때문에 이 두 가지를 구분하는 것은 아주 중요하다.

오순절적 오중	오순절적 사중	조용기의 오중
구원자로서 예수		
치료자		
성화자(Sanctifier)		축복자(Blesser)
세례자(Baptizer)		
오시는 왕		

마원석은 도표에서 구원자로서의 예수를 제시하면서 영산 조용기 목사의 신학이 전통적 오순절주의자들처럼 확실히 그리스도 중심적(Christo-centric)이라고 명시한다. 마원석에 의하면 비오순절 계통의 한국 개신교가 "조용기 목사는 그리스도의 구원의 사역을 과소평가하고 성령을 강조한다"고 종종 비판해왔기 때문에 그의 신학이 그리스도 중심이라는 면은 아주 중요하다는 것이다. 그리고 조용기 목

사의 신학은 그가 속한 하나님의성회의 신학인 오순절 사중 신학과 맥을 같이하면서 거기에 축복자(the Blesser) 요소가 추가되었다고 설명한다. 또한 마원석은 조용기 목사가 다섯째 요소인 축복자를 추가한 것은 그가 전통적인 오순절 신학을 한국의 독특한 사회·문화적 상황에 적용하면서 일어난 결과로 여긴다. 이처럼 그의 축복 신학이 오순절 전통을 창의적으로 상황화(contextual application)시켰다고 보는 부류도 있다. 그러나 조용기 목사의 축복 신학에 대해 심각하게 이견이 제기되어 왔으며, 일부 유명 저술가들은 주저하지 않고 그를 샤머니즘적(무속적)이라고 부른다. 마원석은 이런 상황 속에 있는 축복 신학의 신학적 의도를 다음과 같이 질문한다. "그것이 인간 자신을 섬기고 있는 것(self-serving)인가? 아니면 그 나라를 섬기는 것(kingdom-serving)인가?"[26]

마원석은 또한 번영의 복음(Prosperity Gospel)으로 취급되어온 조용기 목사의 축복 신학에서 신학적 목표나 의도가 분명하지 않다고 지적한다. 다시 말하면 '무엇을 위한 축복인가?'라는 질문에 대답하기 위한 분명한 신학적 방향이 충분하지 않다는 것이다. 그리고 마원석은 "그리스도인의 축복 개념이 샤머니즘이나 세속적 축복 개념과 어떤 차이점이 있는가?"라고 질문을 한다.[27] 조용기 목사는 우리의 구원이 죄의 저주들을 제거하는 것을 포함한다고 주장한다. 그에 따르면 저주가 제거되고 나서는 축복이 우리의 삶의 모든 영역에 임할 것이라는 것이다. 저주받은 땅은 젖과 꿀과 하느님의 축복이 흐르는 옥토로

---

26 마원석, "조용기 목사의 축복 신학: 새로운 신학적 근거와 방향," 영산국제신학 심포지엄(한세대학교 순복음신학연구소, 2003), 한세대학교, 213-215.
27 같은 글, 219.

변화될 것이고, 우리 삶의 전 영역은 생명의 새로워짐으로 살아가도록 회복될 것이다. 이러한 과정에서 성령이 결정적 역할을 한다는 점을 조용기 목사는 분명히 한다. 하지만 마원석이 볼 때 회복과 축복은 조용기 목사의 축복 신학에서 성령론적 주제로서 전개되지는 않았으므로 마원석은 우리의 삶을 온전하게 하는 데 있어서 성령의 직접적 역할이 발전되어야 한다고 지적한다.[28] 마원석은 더 나아가 현대의 축복 신학이 개인주의에 치우치는 것에 강력히 반대하면서 성령의 오심은 '우리 위에서' 일어나므로 사회 공동체적 상황이 무시될 수 없다고 주장한다. 성령 임재의 결과로서 정의, 의, 평화, 안전, 신뢰는 공동체와 연관되기 때문에 나 자신의 축복이 공동체 상황에서 이해되지 않는다면 큰 의미가 없기 때문이다. 따라서 마원석은 사회봉사를 위한 오순절적 개념에 대한 토론이 점진적으로 증가하고 있는 것은 고무적이라고 여긴다.[29]

한국의 비오순절 교단의 몇몇 학자가 조용기 목사를 비판한다. 정용섭은 예수를 잘 믿으면 소위 '삼박자' 축복을 받는다는 조용기 목사의 주장은 거짓말이며, 요한3서 1장 2절의 말씀은 그 당시의 서신 왕래에서 흔하게 쓰인 관용어일 뿐 어떤 특별한 의미가 없는 것이라고 주장한다.[30] 그는 삼박자 축복이 겉으로는 축복인 것 같지만 실제로는 저주로 작용할 개연성이 높다고 이것에 반대한다. 또한 신앙과 신학이 기본적으로 상식을 바탕으로 하기 때문에 이 문제도 상식적으로 접근하면 답이 나온다고 하면서 예를 든다. 가난을 벗어날 수 없는

---

28 같은 글, 218.

29 같은 글, 220.

30 정용섭, 『속 빈 설교 꽉찬 설교』(대한기독교서회, 2006), 298.

사람들이 공동예배에 참석했을 때 신앙이 좋은 사람은 물질적 축복을 받는다고 하면서 신앙과 물질적 축복을 일치시킨다면 가난한 이들이 상처를 크게 받을 것은 분명하다는 것이다.[31] 정용섭이 볼 때 조용기 목사의 설교는 개인이 구원에 대한 관심보다는 자신의 재물, 건강, 성공에 집착하게 만듦으로써 기독교 영성의 심층과 하느님 나라의 역사적 성격을 근본적으로 훼손시키고 있다. 정용섭은 또한 조용기 목사가 다음과 같이 인생의 경주에서 승리자가 되라고 신자들을 부추 긴다고 예를 든다.[32]

인생은 삶의 대열에서 떨어져 나가거나 버림받아 버리면 곧장 잊어버림을 당하고 마는 것입니다. 그러므로 항상 우리는 패배자가 되어서는 안 됩니다. 인생 경주에서 승리자가 되어야 하고 선두 그룹에 서서 함께 뛰어야만 하는 것입니다.[33]

정용섭은 그러므로 조용기 목사에 따르면 이 세상에서 승리자가 되기 위해 그리스도인은 하느님께 매달려야만 하기 때문에 사업이 잘되고, 건강하고, 귀신이 물러가도록 기도해야 한다는 것이다. 결국 그리스도교 신앙이 이 세상에서 개인의 생산성과 경쟁력을 위한 일종 의 마술적 통로가 되며 이 경쟁의 승패가 교회 생활에 달려 있다고 하니 신자들은 세상에서 앞서기 위해 교회 생활에 매달릴 수밖에 없

---

31 같은 책, 299.

32 같은 책, 303.

33 조용기 목사 주일 설교(2005. 9. 11.), 인터넷(접속 2012년 9월): http://yfgc.fgtv.com.

다. 그러므로 정용섭은 이러한 그의 설교가 근본적으로 기독교적인 복음이라고 말할 수 있느냐고 물으면서 이런 논리의 고착화는 결국 민중의 삶을 무력화시킨다고 지적한다.[34]

　박원근은 번영 신학을 따르는 목사들이 공통적으로 가지는 부정적 측면이 교회 세습, 성적 스캔들, 교단 분열의 중심에 서 있음이라고 지적하면서 필(Norman Vincent Peale)의 긍정 신학을 따랐던 미국 수정교회(Crystal Cathedral Church)의 설립자인 로버트 H. 슐러(Robert A. Schuller) 목사를 언급한다. 미국의 대표적인 초대형 복음주의 교회였던 수정교회는 슐러 목사가 은퇴한 후 심각한 재정난으로 2010년에 파산에 이르렀다. 이를 두고 박원근은 과연 "누구를 위한 교회 성장인가?"를 묻는다. 박원근이 볼 때 한국교회는 교회 성장 지상주의 때문에 성장하는 데는 성공했지만, 열매 없는 무성한 무화과나무가 되고 말았다. 교회의 본질은 상실하고 타락의 길을 걷게 된 것이다. 교회 성장 지상주의를 목적으로 하면 목회자와 교인은 물론 하느님까지도 도구로 전락하고 수단화된다. 그러므로 박원근은 "세속적 방법까지 써서 대형교회를 만들어 놓고 그들이 하고 있는 일이 무엇인가?"를 묻는다.[35]

　조용기 목사 역시 세계 최대의 교회를 세워 유명했지만, 그 이면에는 그림자도 존재했다. 여의도순복음교회가 세운 기관들과 학교를 조용기 목사의 일가가 운영하도록 하면서 교회 장로들과의 커다란 갈등이 있었고 사회적 물의를 일으켰다. 그 결과 조용기 목사 역시

---

34 정용섭, 『속 빈 설교 꽉찬 설교』, 304.
35 박원근, "예배에서의 기복신앙 무엇이 문제인가?," 한국기독교장로회 「회보」(2011. 6.), 70-71.

재정 문제로 사회법의 심판을 받기도 했다. 따라서 윤기석은 조용기 목사와 그의 가족의 천문학적 규모의 재산에 대한 탐욕 문제 같은 것은 한국 교회의 치부요 부패상이라고 비난한다. 그리고 도덕성과 윤리성을 상실한 목사는 목사가 아니며, 목사와 장로는 높은 수준의 도덕성과 윤리성을 필요로 한다고 주장한다.[36]

---

36 윤기석, "한국교회의 개혁(1)," 한국기독교장로회 「회보」(2012. 5.), 14.

2장

신유(치유)

조용기 목사의 목회는 치유 지향적이므로 치유가 빠진 예배를 여의도순복음교회에서는 생각할 수 없다. '병을 낫게 하기 위해 가는 곳'이라는 이미지를 가진다.[1] 조용기 목사는 교회 공동체를 근본적으로 치유 공동체라고 생각한다. 또한 "믿는 자가 믿는 자에게 손을 얹은 즉 나으니라"는 말씀은 '상호 신유(치유)를 위하여 기도하는 교회'가 되라는 말씀이라고 본다. 따라서 여의도순복음교회는 전체 교회가 동참하는 적극적인 치유 목회를 하고 있다.[2]

1. 신유신학

조용기 목사는 신유(Divine Healing)란 문자적 의미 그대로 신적인

---

1 김홍근, "영산과 치유목회," 순복음신학연구소, 『21세기 신학적 패러다임을 위한 조용기 목사의 신학』(한세대학교, 2003), 71.

2 같은 글, 87.

능력에 의해 이루어지는 치료, 즉 하느님의 능력에 의한 치료라고
정의한다. 따라서 신유는 일반적인 의료 행위를 통해서가 아닌 하느
님의 능력과 섭리에 의해 이루어지는 초자연적인 치료를 의미한다.
그에 의하면 의학적인 치료 역시 하느님의 은혜이지만 그것을 신유라
고 할 수는 없다. 신유는 전능하신 하느님께서 초자연적인 그의 능력
으로 친히 우리의 육체를 치료하시는 하느님의 치료를 의미하기 때문
이다.[3]

　　조용기 목사에게 신유는 있어도 좋고 없어도 좋은 은사가 아니라
예수 그리스도의 대속의 고난 중에 포함되어 있는 반드시 증거되어야
할 하느님의 선물이다.[4] 그는 그리스도께서 지상에서 행한 사역의
2/3가 치유 사역이었고, 자신의 12제자와 70인 제자들을 파견하면서
신유를 명하셨다는 점(마태 10, 8; 루카 10, 9) 그리고 승천 직전에 제자들
에게 다시 한번 신유를 명하셨다는 점(마르 16, 18)에 각각 주목하면서
치료를 그리스도교의 핵심으로 선언한다. 또한 치료를 무시한 그리
스도교는 그리스도교가 아니라고 분명히 말한다.[5]

　　치료를 무시한 기독교는 기독교가 아닙니다. 예수 그리스도를 믿는 기독교는
　　치료의 종교입니다. 이러므로 치료를 무시한 채 오직 도덕적이고 윤리적인
　　기독교만 증거하는 것은 그리스도께서 십자가에 못 박히심으로 마련하신

3 조용기, 『신유론』(서울말씀사, 2009), 9.
4 이상복, "긍정심리학 관점에서 본 오순절 치유 신학: 영산 조용기 목사의 치유 신학을
　중심으로," 「오순절신학논단」 5권(2007), 한세대학교 말씀사, 246.
5 배덕만, "치료하시는 예수님: 치료자 예수 그리스도를 통해 본 영산의 기독론 연구," 「영산의
　목회와 신학」 1권(2008), 한세대학교말씀사, 226.

은총에 거역하는 행위입니다.[6]

조용기 목사는 "예수 그리스도는 어제나 오늘이나 영원토록 동일하시니라"(히브 13, 8)는 성경 말씀을 따르면서 오늘날 교회가 신유 사역을 금지하고 행하지 않는 것은 하느님께서 명하신 명령을 따르지 않는 것과 같다고 주장한다. 그는 신유가 결코 사도 시대에 그친 것이 아니라 교회사 전체를 통해서 나타난 현상이며 오늘날처럼 질병이 만연된 시대에는 더욱 강력하고 활발히 나타나는 은혜로운 하느님의 행위라고 믿는다.[7]

김홍근에 의하면 조용기 목사의 설교가 회중들에게 가장 열렬한 반응을 일으키는 것은 그가 질병의 치유를 확신하기 때문이다. 조용기 목사는 우리에게 질병을 가져다준 삼대 세력이 마귀와 범죄와 저주라고 이해하면서 아담과 하와의 범죄, 영혼의 죽음, 육체의 죽음, 질병에 관해 다음과 같이 설명한다:

질병도 없고 죽음도 없던 인간에게 갑자기 사망의 사형 선고가 내린 것은 바로 아담과 하와의 범죄 때문이었다. 인간의 범죄와 타락에 있어서 영혼은 육체보다 먼저 죽음(하나님과의 관계의 단절)을 당했다. 그러므로 영혼의 죽음은 사망의 시작이다. 육체의 죽음은 사망의 장자인 영혼의 죽음에서 오며, 이 죽음의 시작이 질병이다.[8]

---

6 조용기, 『치료의 강』 제8권 (서울말씀사, 1996), 154-155.

7 조용기, 『신유론』, 12-13.

8 김홍근, "영산과 치유목회," 83.

조용기 목사는 또한 마귀가 있는 곳에는 죄가 있고, 죄가 있는 곳에는 반드시 마귀가 있다고 하면서 죄와 마귀는 이위일체라고 이해한다. 그리고 질병의 배후에는 마귀가 있는데 예수님께서 마귀를 쫓아내시면서 치유하셨음을 강조한다. 그는 질병이 하느님의 저주로서 다가온다고 보고 죄와 마귀, 질병과 저주, 예수님께서 하신 치유에 관해 다음과 같이 설명한다:

마귀가 있는 곳에는 죄가 있고 죄가 있는 곳에는 반드시 마귀가 있다. 이 질병의 배후에는 마귀가 있어서 질병의 생명력과 파괴력을 공급하여 준다. 그러므로 이 마귀만 쫓아내 버리면 영혼 없는 몸이 죽은 것같이 마귀의 영이 떠난 질병은 죽은 질병이 된다. 예수님께서 고치신 모든 병은 그 배후에 마귀가 생명을 공급하고 있었으며 예수님께서 이 마귀의 영혼을 쫓아내시자 질병의 힘은 꺾어져 버렸고 상처 입은 육체에 건강의 생명이 공급되어 깨끗하게 고침을 받았던 것이다. 일반적으로 질병은 죄로 인한 율법의 저주로 오는 것이며, 죄와 저주와 사망의 형무관인 악한 마귀의 올무이다. 이러한 질병은 하나님의 저주로서 다가온다.[9]

조용기 목사는 질병의 치료가 예수님의 십자가 대속 가운데 있다는 성경 말씀으로 "그분이 매 맞고 상처를 입으신 덕택으로 여러분의 상처는 나았습니다"(1베드 2, 24)를 든다. 그리고 "신유가 그리스도의 대속 사건 가운데 있다면 그리스도를 믿는 모든 이들이 병 고침을 받아야 하는데 왜 어떤 이들은 치유를 체험하고 어떤 이들은 체험하지

---

9 같은 글, 84.

못하는가?"라는 질문에 대해 "병 고침은 하느님께서 값없이 우리에게 주시는 선물"이라고 답을 하면서 거기에는 복합적인 요인이 있다고 말한다. 그리고 신유를 얻기 위해 겸손함과 믿음을 가지고 하느님께 나아갈 것을 조언한다.

> 병 고침은 하나님께서 값없이 우리에게 주시는 선물이다. 그러므로 우리의 병 고침도 우리의 의로움으로 받는 것이 아니라 예수님께서 십자가 위에서 값 주고 사신 것이다.[10] 신유도 하나님께서 우리에게 분명히 허락하신 은혜이지만 모든 사람이 다 병 고침을 받는 것은 아니다. 거기에는 하나님의 계획과 인간의 죄, 그리고 믿음이라는 복합적인 요인이 있기 때문이다. 때로는 하나님의 때를 위하여 하나님께서 치료를 당분간 유보하시거나 하나님의 좋으신 뜻을 위하여 내버려 두시는 경우도 있다(2코린 12, 9). 그러므로 신유를 얻기 위해 먼저 해야 할 일은 자신의 모습을 돌아보고 하나님께 겸손함과 믿음으로 나아가야 한다.[11]

배덕만은 영산 조용기 목사의 그리스도 이해가 십자가 사건을 축으로 다양한 형태와 방향으로 전개된다고 다음과 같이 정리한다. 우선 조용기 목사는 그리스도가 십자가에서 고통을 당한 것은 인류의 죄를 청산하기 위함이었다고 선언한다. 둘째, 그는 예수 그리스도만이 죄 없이 태어나고 죄 없이 살았던 유일한 존재였기 때문에 인류의 죄를 짊어지고 십자가에 달릴 수 있었다고 주장한다. 셋째, 조용기

---

10 조용기, 『신유론』, 13.
11 같은 책, 14.

목사는 오직 그리스도의 보혈만이 인류의 죄를 해결할 수 있다고 믿는다. 그러므로 구원을 성취하기 위한 일체의 인간적 노력은 지극히 우매한 행동이며, 무지와 불신앙에 근거한 오류일 뿐이다. 오직 그리스도의 보혈만이 인간의 온전한 의가 된다. 끝으로 그는 십자가 위에서 인간의 가장 근원적 문제인 죄의 문제를 해결한 예수 그리스도께서 질병의 문제도 함께 치유하셨다고 확신한다. 그리고 우리가 십자가 위에 올라가서 상처 입은 예수님의 모습을 바라볼 때 그곳에서 치료하시는 예수님을 볼 수 있다고 한다. 그러므로 배덕만은 조용기 목사의 그리스도론에서 죄 사함과 병 고침이 동전의 양면처럼 분리되지 않고, 자연스럽게 병존하고 있다고 본다. 이것은 조용기 목사의 말에서 찾을 수 있다.[12]

> 우리가 십자가 위에 올라가서 상처 입은 예수님의 모습을 바라볼 때 그곳에서 치료하시는 예수님을 볼 수 있습니다.[13]

조용기 목사는 부활하신 예수 그리스도의 현존을 강조함으로써 부활의 현실적 의미와 가치를 더욱 크게 부각시킨다. 또한 부활을 단지 과거의 일회적 사건이 아닌 현재의 지속적 사건으로 해석한다. 그러므로 배덕만은 2천 년 전에 발생했던 그리스도의 치유의 역사가 현재에도 반복될 수 있다는 것이 조용기 목사에게는 흔들릴 수 없는 진리로 수용되고 있다고 말한다.[14]

---

12 배덕만, "치료하시는 예수님: 치료자 예수 그리스도를 통해 본 영산의 기독론 연구," 227-229.

13 조용기, 『십자가 위에서 본 예수』<조용기목사 설교 전집> 제4권 (서울말씀사, 1996), 315.

그리스도의 부활은 과거의 역사적인 사건이나 성경의 이야기가 아닙니다. 그리스도의 부활 사건은 현실적인 것입니다. 예수님은 부활이요, 생명이며, 지금 우리 가운데 계시는 것입니다. 이 그리스도를 모셔 들일 때, 부활의 역동적 역사가 여러분의 생활 속에 나타납니다. 여러분의 생애 속에서 모든 사망의 세력은 철폐되고 하나님의 영광의 천국 역사가 시작되는 것입니다.[15]

조용기 목사는 예수 그리스도를 화해의 주님이라고 설명하는데, 배덕만은 이 내용을 다음과 같이 정리한다. 예수 그리스도는 하느님과 인간 사이에 막힌 담을 헐고, 양자 간의 극적 화해를 이루어 낸 탁월한 평화의 중재자였다. 조용기 목사는 그리스도께서 이 화해를 이루어 내신 두 가지 근거로 그리스도의 십자가 사건과 그리스도의 부활을 제시한다. 우선 조용기 목사는 화해를 위한 필요조건으로 희생을 꼽는데 그리스도께서 십자가상에서 피를 흘리심으로 이것을 만족시켰다고 믿는다. 둘째, 조용기 목사는 하느님과 인간 사이의 불화를 그리스도께서 부활하심으로 극복했다고 설명한다. 아담의 범죄 이후 하느님과 인간 사이에는 완전한 단절과 불화만 존재하였는데 이 불화는 인간에게는 죽음을 의미했다. 그런데 그리스도께서 부활하심으로 죽음을 정복하셨으니 하느님과 인간 사이의 불화도 자동적으로 치유되고 극복되었다. 그러므로 예수 그리스도를 의지하는 사람은 하느님과 화목하고 하느님의 사랑을 받을 수 있다는 것이다. 그리고 조용기 목사는 이 화해의 첫 열매가 바로 치료였다고 선언한

---

14 배덕만, "치료하시는 예수님," 230-231.

15 조용기, 『예수님이 부활, 너무나 기쁜 소식』 < 조용기목사 설교 전집> 제19권 (서울 말씀사, 1996), 83.

다. 그 근거는 예수 그리스도가 인류를 위해 고난을 당하신 것이라고 말한다. 즉, 그리스도가 인류의 죄를 대신 지고 십자가 고난을 당함으로 인류는 죄의 올무에서 벗어나게 되었고, 그 결과 인류의 죄의 문제가 해결되었다는 것이다.[16]

화목의 첫째 되는 열매는 치료입니다. 오늘날 사람들은 다 병들었습니다. 인간은 영이 병들고 마음이 병들고 몸이 병들고 생활이 병들었습니다. …우리는 예수님의 고난을 통해 영과 마음과 육체와 생활에 있어서 치료의 은총을 체험할 수 있습니다. 우리가 예수님을 의지할 때 우리에게는 하나님의 치료의 능력이 넘쳐납니다. 왜냐하면 우리는 예수님을 통해 하나님과 화목할 명분을 얻었기 때문입니다.[17]

조용기 목사에게 예수 그리스도는 1세기의 역사적 인물로 그치지 않고, 지금 여기서 이전과 동일한 사역을 진행하고 계시는 분이다. 그러므로 단지 숭배의 대상이 아니라 우리 삶의 절친한 동반자시다. 배덕만은 조용기 목사가 이해한 그리스도의 현존 방식과 사역의 내용을 다음과 같이 세 측면에서 정리한다.

먼저 조용기 목사는 예수 그리스도께서 성령을 통해 오늘 이곳에 임재하신다고 주장한다.

오늘날 예수님께서는 성령으로 주님을 믿고 사랑하는 사람들의 몸속에 와

---

16 배덕만, "치료하시는 예수님," 232-233.
17 조용기, 『화해』 <조용기목사 설교 전집> 제11권 (서울말씀사, 1996), 283.

계실 뿐 아니라 두세 사람이 주님의 이름으로 모이는 가운데에도 와 계십니다. 우리 가운데 와 계신 예수님께서는 어제나 오늘이나 영원토록 변하지 않고 동일하게 역사하십니다. 2천 년 전 나사렛 사람의 몸을 입고 이 땅에 오신 예수님께서 오늘날에는 여러분의 몸에 성령으로 찾아오셔서, 여러분의 일어나고 앉는 곳마다 또 가정과 사업장에서 여러분과 함께 동행해 주고 계시는 것입니다.[18]

둘째, 조용기 목사는 예수 그리스도께서 영원토록 동일한 분이라고 확신한다. 따라서 그분이 성령을 통해 우리 가운데 임재하신다면 그분의 사역을 지금도 동일하게 행하시는 것이다. 여기에 근거해 조용기 목사는 은사중단설을 주장하면서 오순절운동·은사주의 운동에 반대하는 개혁파 정통주의자들의 공격에 맞서 신유의 복음을 선포하고 신유 사역을 지속한다.

끝으로 조용기 목사는 성령을 통한 예수 그리스도의 지속적 현존을 근거로 기적적 치료의 현실적 가능성을 확신한다. 그리고 예수 그리스도가 "우리에게 영원한 생명을 주시는 치료의 원천"이심을 강조하면서 신자들에게 이 체험에 참여할 것을 강력히 촉구한다.[19]

오늘날도 우리가 병들었을 때 예수님을 바라보면 예수님께로부터 치료의 강물이 넘쳐흐릅니다. 이러므로 우리는 영적인 병, 마음의 병, 도덕적인 병, 가정의 병, 생활의 병, 그 밖의 모든 병의 치료를 위해 예수님을 바라보아야

---

18 조용기, 『너희 안에 계신 그리스도시니』 <조용기목사 설교 전집> 제7권 (서울말씀사, 1996), 296.

19 배덕만, "치료하시는 예수님," 237-238.

합니다. 예수님께서는 우리에게 영원한 생명을 주시는 치료의 원천이 되십니다.[20]

배덕만은 조용기 목사가 예수 그리스도의 메시아적 사역들을 다양한 유비적 수사들로 묘사하여 자신의 그리스도론을 더욱 풍요롭게 만든다고 평가한다. 그리고 신유와 관련된 것들 중에 대표적인 세 가지, 즉 십자가와 보혈 그리고 멍에를 말한다. 먼저 조용기 목사는 예수 그리스도의 십자가를 치유의 상징으로 사용한다. 그는 그리스도가 짊어졌던 십자가와 예수 그리스도를 상징적으로 동일시하면서 십자가를 통해 그리스도의 치유 능력을 제시한다. 둘째, 조용기 목사는 예수 그리스도의 보혈을 치유하는 그리스도의 또 다른 상징으로 선택한다. 이사야서 53장을 고난받는 그리스도의 모습과 연결하여 그리스도의 고난이 인류의 질병 치료에 원초적 근거라고 주장한다. 그리고 이러한 고난의 상징으로 예수 그리스도의 보혈을 선택한다. 끝으로 예수 그리스도를 통한 치유를 멍에에 비유한다. 멍에는 단지 억압과 통제의 도구가 아니라 더 큰 상처를 막고 일의 효율을 높이는 긍정적 기능을 지닌다. 특별히 예수 그리스도의 멍에는 질병의 짐을 덜어 줌으로써 우리에게 치유와 안식을 제공하는 긍정적 의미를 지닌다고 조용기 목사는 역설한다. 이처럼 그는 십자가와 보혈 그리고 멍에 같은 시각적 도구를 사용하여 치유자로서 그리스도의 사역을 수사학적으로 설명한다.[21] 그러나 조용기 목사는 그리스도가 치료를

---

20 조용기, 『주 예수를 바라보자』 <조용기목사 설교 전집> 제7권 (서울말씀사, 1996), 332.
21 배덕만, "치료하시는 예수님," 239-240.

위하여 대속의 피를 흘렸다면, 그리스도를 믿지 않는 이에게 결코 진정한 의미에서의 신적인 치료란 존재할 수 없다고 주장한다. 치료의 전제는 치료자 되시는 그리스도를 받아들이는 것이기 때문이다.[22]

2. 치유 신학에 대한 논의

조용기 목사는 예수 그리스도의 부활을 명백한 역사적 사실로 천명한다. 그 결과 죽음이 극복되었고, 죽음의 저주로 인해 인류 속으로 침투했던 모든 눈물이 소멸되고, 오직 영광만이 남게 되었다고 확신한다. 오순절 학자인 배덕만은 결국 부활에 대한 이처럼 분명한 확신이 조용기 목사의 신학을 '희망의 신학'이라고 부를 수 있는 이론적인 근거라고 주장한다. 또한 그의 오중복음이 삼중축복으로 구체화될 수 있는 신학적 바탕도 이런 부활에 대한 그의 확고한 신앙과 깊이 연관되어 있다고 평가한다.[23] 그리고 배덕만은 조용기 목사의 그리스도론이 그리스도의 치유 사역을 중심으로 발전해왔다고 본다. 또한 그리스도 이해는 얼마든지 다양한 관점과 방법으로 다각적인 접근이 가능하지만, 조용기 목사가 처했던 목회 현장의 특수성은 자연스럽게 치유와 관계된 치유자 예수님의 상을 심어 놓게 했다고 말한다. 이러한 치유자로서의 예수님상이 조용기 목사의 그리스도론의 핵심

---

22 홍록영, "영산 조용기 목사가 만난 치유하시는 '예수 그리스도'," 「영산의 목회와 신학」 1권(한세대학교 영산신학연구소, 2008), 한세대학교 말씀사, 255.

23 배덕만, "치료하시는 예수님: 치료자 예수 그리스도를 통해 본 영산의 기독론 연구," 230.

을 이해하는 대단히 중요한 도구임은 부인할 수 없다고 한다. 그러나 배덕만은 조용기 목사의 그리스도론의 깊이와 폭은 상당히 제한적이었다고 평가한다. 예를 들어 1982년 5월 9일에 루카 4장 16-21절의 말씀을 근거로 한 설교에서 가난한 자, 포로 된 자, 눌린 자, 눈먼 자에게 선포된 복음에 대한 정치적, 경제적 해석을 거부하고, 오직 개인적 해석으로 일관했다는 점이다. 또한 조용기 목사의 삼중축복에는 환경적 구원이 있지만, 그의 그리스도론이나 신유론 혹은 구원론에서 환경과 생태 문제를 충분히 다루지 못한 점을 지적한다. 그러나 이미 조용기 목사의 신학 안에 복음의 사회적 차원과 생태학적 차원에 대한 이해가 배태되어 있기 때문에 배덕만은 이 부분에 조금만 더 관심을 기울인다면 이 분야에서 대단히 깊이 있고 영향력 있는 신학적 발전이 이루어질 수 있다고 생각한다.[24]

빈슨 사이난은 조용기 목사가 지닌 십자가 중의 하나가 그와 샤머니즘과의 관계라고 본다. 이것은 홀렌버거(Walter Hollenweger)와 하비 콕스(Harvey Cox)에 의해 드러났다. 많은 보수적인 그리스도교인들이 이런 측면을 "자유주의적인 견해"(liberal critics)로 간주했지만, 보수적인 반(反)오순절 비평가들은 조용기 목사를 무당과 같은 사기꾼으로 보았다. 그러나 빈슨 사이난은 박명수와 도날드 데이턴과 함께 조용기 목사가 한국 샤머니즘의 영향을 받은 것이 아니라 한국의 역사적 상황 속에 등장한 오순절 사상(pentecostlaism)에서 그의 치유 메시지가 도출되었다는 데에 적극 동의한다.[25]

---

24 같은 글, 241-242.
25 빈슨 사이난, "영산 조용기 목사의 치유 신학의 뿌리," 영산국제신학심포지엄, 한세대학교 영산신학연구소, 2006, 42.

또 다른 학자인 김동수는 한(恨)을 민중신학과 샤머니즘 그리고 한국의 오순절 예배와 여의도순복음교회의 철야기도에 연결하여 자신의 견해를 다음과 같이 밝힌다. 김동수가 볼 때 한(恨)[26]이란 '한국인에게 전형적으로 내재된 감정'이다. 이러한 감정이 한국인에게만 유일하게 존재한다는 의미가 아니라 대다수의 한국인에게 한이 내재되어 있다는 의미이다. 한(恨)은 일종의 '상처난 마음'이다. 학대와 폭력에 의해 마음이 찢어지는 것을 말한다. 마음에 상처가 나면 통증이 오고, 통증이 계속되면 고통이 따르고, 이것이 계속되면 마음속에 한으로 자리 잡게 된다. 김동수는 오순절 신학이 무속신앙에서 영향을 받지는 않았지만, 해한(解恨)의 방법 면에서는 민중신학보다 무속신앙과 더 많은 공유점이 있다고 주장한다. 그러므로 한국의 오순절 신앙이야말로 한국인이 가지고 있는 한의 문제를 가장 적절히 해결해 준 '해한(解恨)의 신학'을 내포하고 있다는 것이다. 김동수는 한국인의 한이 원한을 갚는 것으로 해결되기보다는 주로 종교와 예술 등으로 승화됨으로 해결된다고 보면서 무속인이 '한의 치유사' 혹은 '한의 사제'의 역할을 한다고 주장한다. 그리고 무속인은 흔히 굿을 통해 한풀이 의식을 행하는데, 한이 쌓이게 된 원인에 따라 처방을 하므로 죽은 사람을 위한 굿이나 병의 치료를 위한 굿 또는 물에 빠져 죽은

---

26 한(恨)은 전통적으로 약자인 여인에게 흔히 나타난다. 16세기 조선시대 여인의 한 맺힌 이야기는 끝이 없을 정도이다. 흔한 예를 들면 여인이 시집을 가서 일정 기간이 지난 후 아들을 낳지 못하면 그 모든 책임이 여인에게 돌아간다. 이때 그 여인이 취할 수 있는 방법의 하나는 이혼을 당해 쫓겨나는 것이고, 다른 하나는 둘째 부인 혹은 씨받이를 들여 집안의 대를 잇게 하는 것이다. 그 여인의 마음속에 아픔과 슬픔이 내재되어 쓰라린 상처로 남게 된다. 이것이 바로 한이다. 김동수, "해한의 신학으로서의 영산신학," 『21세기 신학적 패러다임을 위한 조용기 목사의 신학』(한세대학교 순복음신학연구소, 2003), 한세대학교, 58-59.

사람을 위한 굿, 기우 굿 외에도 다양한 굿이 있다고 한다. 예를 들어 물에 빠져 죽은 사람을 위한 굿을 하면서 무당은 죽은 영혼을 불러내어 그의 억울함을 호소하게 하고 난 후에 그 영혼이 원을 풀고 안식에 이르렀다고 선언한다. 그리고 남아 있는 가족들의 안타까움과 슬픔도 굿을 통해 위로를 받는다.[27]

김동수는 민중신학의 출발점이 바로 이 한의 문제였으며 한국인의 심성과 문화적 문제인 한을 신학 주제로 삼은 것은 민중신학의 공헌이라고 생각한다. 그리고 현영학은 민중신학을 '한의 신학'이라고까지 말한다. 이것은 민중신학의 주창자 서남동이 다음과 같이 말한 것에서 알 수 있다:

우리는 한을 우리의 신학연구 주제로 삼아야 한다. 실로 한은 민중의 언어이며, 그들의 실제 경험이다. 우리가 만일 민중의 한의 신음 소리를 듣지 않는다면 그리스도가 우리의 문을 두드리는 소리를 듣지 못하게 될 것이다.[28]

하지만 김동수에 의하면 민중 신학자들은 해방신학 등의 영향으로 한을 한국인의 전통적인 개념에서 이해하지 않고 '억압된 민중의 삶에 대한 의지'[29]로 본다. 민중 신학자들에게 한은 사회 혁명을 위한 원동력이라는 것이다. 그들은 한의 주요인이 부당한 사회구조에 있

---

27 김동수, "해한의 신학으로서의 영산신학," 59-62.

28 N.D. SUH, "Toward a Theology of Han," Yong Bock Kim(ed.), *Minjung Theology: People as the Subjects of History* (Singapore: The Christian Conference of Asia, 1981), 65; 김동수, "해한의 신학으로서의 영산신학," 62.

29 N.D. SUH, "Toward a Theology of Han," 55; 김동수, "해한의 신학으로서의 영산신학," 63.

다고 이해하면서 한을 치료하는 일은 불평등한 사회구조와 싸워 사회구조의 변혁을 이루어야 한다고 주장한다. 김동수는 민중신학이 민중에게는 호응을 얻지 못한 신학이라고 평가하면서 그렇게 평가한 이유를 다음과 같이 설명한다. 첫째, 민중신학이 한을 이해한 것과 민중이 전통적으로 한을 이해한 것의 거리감 때문에 민중신학이 민중에게 가까이 가지 못했다. 둘째, 민중신학자들이 민중운동으로 주장하는 3.1운동과 4.19의거 등은 민중의 운동이라기보다는 지식층의 엘리트에 의한 운동이었다.[30] 그 결과, 민중신학은 한을 신학의 출발점으로 삼기는 했지만 사실상 민중의 한을 치료해 주지 못했다. 이와는 달리 김동수는 오순절 신학이 한이라는 단어는 사용하지 않으면서도 전통적인 한국 민중의 문제인 한을 적절히 풀어주는 역할을 했다고 본다. 특히 1950년대 말의 조용기 목사의 삼중축복의 신학은 영혼의 구원뿐 아니라 가난과 질병까지 해결해주어 한의 뿌리를 뽑아주는 신학이었다고 주장한다. 그리고 민중신학의 해한은 한을 불러일으킨 사회정치적 구조를 개혁하는 것에 주로 관심을 기울인다면, 한국의 무속신앙과 오순절 신학은 악귀를 쫓아내고 물질적 축복을 선언하는 것으로 한을 치유하려 한다고 말한다. 김동수는 이러한 해한의 방법에 대해 비오순절계에서 '한국의 오순절 신학이 무속신앙의 영향을 받은 것이 아닌가?'라는 의심을 해왔다고 정리한다.[31]

김동수는 한국의 오순절 신학이 무속신앙의 한풀이를 복음적으로 토착화시켰으며, 전통적으로 무속신앙의 역할이었던 해한(解恨)

---

30 김동수, "해한의 신학으로서의 영산신학," 63.

31 같은 글, 64-65.

의 역할을 오순절 신학이 떠맡게 되었다고 주장한다. 그는 더 나아가 한국의 오순절교회가 대중이 자연스럽게 한풀이를 경험하도록 하는 요소를 갖추고 있다고 다음과 같이 두 가지 측면에서 요약한다.

김동수는 첫째로 한국의 오순절 목사들은 대부분 한을 경험했는데 그것을 신앙으로 극복했으며, '한의 사제'로시의 분명한 소명 의식을 가진 사람들이라고 강조한다. 보통 한이 맺힌 대중은 한을 경험한 사람을 찾지만, 어떤 목사가 단지 한을 경험했다고 '한의 사제'로서의 자격이 충분하지 않다. '한의 사제'는 소명 의식이 분명해야 하기 때문이다. 그런데 오순절 신학은 목사의 자격 조건으로 성령 체험과 소명 의식을 그 어떤 조건보다 앞세우는데, 김동수가 볼 때 이 점이 바로 오순절교회가 설정한 목사의 자격이 '한의 사제'로서의 자격과 잘 연결되었다.[32]

둘째, 김동수는 한국의 오순절교회 예배 의식과 방언 기도가 해한적 요소를 가지고 있다고 본다. 특히 오순절교회의 예배 의식은 형식에 얽매이기보다 성령 안에서의 자유로움을 추구하여 신도들이 하느님께 자신의 문제를 가지고 쉽게 나아갈 수 있는 분위기를 조성해주기 때문이다. 또한 오순절운동의 방언 기도는 기도를 통해 마음의 병을 한의 사슬에서 벗어나도록 시원하게 해주는 기능이 있기 때문이다. 윌리암스(Cyrill G. Williams)는 방언의 해한적 요소에 대해 "방언은 일종의 에너지 방출로서 긴장 감소와 내적 갈등의 해소를 통한 치료적 가치가 있다"고 말한다." 여의도순복음교회에서 시작된 철야 기도회 또한 한을 풀어주는 기능이 있다. 사람들 앞에서 자신의 감정을 표현

---

32 같은 글, 67.

하기 어려운 시기에 철야 기도회는 특별한 시간에 남을 의식하지 않고 자신의 문제를 하느님께 기도할 수 있는 장을 만들어 주어 심리적으로 한을 풀 수 있는 장이 된다. 따라서 김동수는 조용기 목사가 한풀이라는 용어는 사용하지 않았지만, 한국 대중에게 익숙한 복음적인 한의 치유 방법을 적절히 제시하였으며, 그의 신학은 해한적 요소를 내포하고 있다고 '해한의 신학'이라고 평가한다. 김동수는 또한 오순절/비오순절 학자와 목회자 그리고 신자 간의 상호 이해를 넓히며 '그리스도인 일치' 사업에 일조하도록 한의 해결을 주제로 한 생산적인 신학적 대화를 희망한다.[33]

하비 콕스(Harvey Cox, 1929~)에 의하면 성령운동을 하는 어느 곳이든 성령운동 기본 메시지의 하나로 치유를 든다. 그러므로 성령운동을 하는 사람들은 성령 치유를 통해 여의도순복음교회가 크게 성장했다는 사실에 불편을 느끼지 않는다. 그러나 하비 콕스가 볼 때에 서구 성령운동 교인들이 유감으로 생각하는 바는 예배 속에 한국 무교와 귀신 들림(demon possesseion)을 흡수함으로 폭발적으로 교회가 성장했다는 점이다. 그들이 문제 삼는 내용은 도대체 '누가 누구를 흡수하는 것인지 분명하지 않을 만큼 한국 성령운동 교회가 무속적 측면을 흡수한 정도가 매우 광범위하다'는 것이다. 그러므로 콕스는 '한국 성령운동의 성장은 아시아 문화권에서 그리스도교가 성공적으로 토착화된 하나의 실례인가? 아니면 단지 그리스도교로 가장한 지속적이며 두드러진 한국 무속 종교의 한 형태인가?'라는 물음을 던진다. 하비 콕스는 이 측면에 대해 논쟁을 할 때 여의도순복음교회가

---

33 같은 글, 68-70.

중요한 대상이라고 말한다.[34]

하비 콕스는 또한 여의도순복음교회나 다른 몇몇 한국 성령운동 교회들을 방문하면 무속적 황홀감의 도취, 귀신 들림, 귀신 쫓아내기 등을 한국 성령운동 교회의 하느님 예배 속에서 볼 수 있다고 한다. 그리고 여의도순복음교회의 예배 의식 안에 무교적 관습이 많이 유입되었다는 것을 의심할 여지가 없다고 주장한다. 그런데 하비 콕스는 한국 성령운동 교인의 대다수가 이 점을 부인하면서 겉으로 보기에 자신들의 예배와 무교 사이에 유사성이 있다고 해도 이 둘은 근본적으로 다르다고 주장한다고 전한다. 이 점에 대해 하비 콕스는 자신과 어느 한국인 목사와의 구체적인 대화 내용을 예로 든다.

언젠가 어느 한국인 목사가 하비 콕스에게 사람의 입술로 가히 따라갈 수 없는 실로 오묘한 말을 들은 사도 바울의 체험을 지적하였다. 그는 사도 바울이 스스로 몸 안에 있었는지 몸 밖에 있었는지 알지 못했다고 말하면서, 만일 사도 바울의 그 체험이 신약성경의 모든 것을 집약해 보여주는 것이라면 한국 성령운동 교인들이 무교 속에서 얻으려는 것이 무엇이었겠느냐고 반문하였다.

이렇게 대화 내용을 전하면서 하비 콕스는 이 한국인 목사가 사도 바오로의 체험을 이용해서 문제의 정곡을 찔렀다고 긍정적으로 평가한다. 즉, 한국 성령운동 교회가 무교적인 요소를 지나치게 수용했다는 비난이 잘못되었다는 것이다. 이어서 하비 콕스는 최근 성서 신학

---

34 하비 콕스, 『영성 음악 여성: 21세기 종교와 성령운동』, 유지황 역(동연, 1998), 314.

자들은 "사도 바오로가 신비주의적인 사람으로 천상 여행을 묘사하는 유대 문학 헤카롯(hekhalot)에 심취되어 있었다"고 말한다고도 전한다.[35]

하비 콕스는 또한 자신의 책『영성, 음악, 여성』(Fire from Heaven)이 한국어로 번역되었을 때 그가 '한국 독자에게 보내는 글'에서 아주 중요한 내용을 언급했다. 즉, 하비 콕스가 이 책을 썼을 때 그는 한국에 가본 적이 없었다고 밝힌다. 그래서 한국에 관한 부분을 쓸 때 주로 테이프와 2차 자료, 인터뷰 그리고 그가 읽을 수 있는 언어로 쓰인 소수의 신학 서적들에 의존해야만 했기에 한국교회를 아는 데 큰 어려움이 있었다고 고백했다.[36] 따라서 하비 콕스는 자신이 한국오순절교회에 관해 언급한 내용의 한계성을 인정하는 것을 볼 수 있다.

조용기 목사가 속한 하나님의성회는 신유에 대해 다음과 같은 신조를 채택했다.

신유는 복음의 필수적인 부분이다. 질병으로부터의 해방은 속죄를 통해서 제공되는 것이고, 이것은 모든 믿는 자의 특권이다(이사 53, 4-5; 마태 8, 16-17; 야고 5, 14-16).

이 신조에도 불구하고 "조용기 목사는 한국인의 문화적 상황을 좇았을 뿐 오순절적인 뿌리는 미비하다"는 비난이 있다. 그러나 몇몇 학자는 이러한 비판을 거부하고, 조용기 목사가 치유 문제에 관해

---

35 같은 책, 317-319.
36 같은 책, 6.

오순절주의 교리에 가장 가까이 있다고 본다. 예를 들면 알렌 앤더슨(Allen Anderson)과 도널드 데이턴(Donald W. Dayton, 1942~2020) 그리고 박명수는 조용기 목사의 치유교리가 주로 전통적인 오순절운동으로부터 왔다고 본다. 빈슨 사이난은 조용기 목사가 치유에 관한 모든 글에서 신유가 속죄를 통해 온다는 가르침을 받아들이고 있다고 보면서 조용기 목사가 그의 교파의 가르침에 충실하다고 말한다. 그러나 빈슨 사이난(Vinson Synan)은 조용기 목사가 거의 모든 글에서 치유라는 말을 쓸 때 '구속'(redemption)이란 용어를 선호하고 '속죄'(atonement)는 드물게 사용한다고 지적하기도 한다.[37] 도날드 데이턴은 조용기 목사의 신학이 '혼합주의'라는 범주와는 관계없다고 판단한다. 더 나아가 그의 신학은 두 군데, 즉 오순절운동과 폭넓은 그리스도교인 운동의 커다란 주제 양쪽에 그 뿌리를 두고 있다고 평가한다.[38]

　　빈슨 사이난은 조용기 목사가 세계 최대교회인 여의도순복음교회의 당회장 목사였고, 오순절 교파에서 가장 큰 교단인 하나님의성회에 속한 목사라는 사실은 널리 알려졌지만, 그의 신학적 공헌은 거기에 비해 덜 알려져 있다고 하면서 특히 신유(치유)의 분야에서 현시대의 교회에 크게 공헌을 했다고 평가한다. 빈슨 사이난은 또한 조용기 목사가 치유 신학을 발전시키는 과정에서 그보다 먼저 활동했던 많은 선생들의 도움을 받았다고 강조한다. 그러나 그가 행한 가장 독창적인 공헌은 '삼박자 축복'(Three Blessings: 영혼의 축복, 생활의 형

---

37 빈슨 사이난, "영산 조용기 목사의 치유 신학의 뿌리," 51.
38 도날드 W. 데이턴, "조용기 목사의 '좋으신 하나님' 그리고 '축복이 신학'," 영산 국제신학 심포지엄(한세대학교 영산신학연구소, 2005), 한세대학교, 61.

통, 육체의 건강)에 들어 있는 구원과 신유 그리고 5중 복음(Fivefold Gospel: 중생, 성령 충만, 신유, 재림, 축복)의 일부인 번영에 집중되어 있다고 한다. 빈슨 사이난은 이것들이 많은 점에서 하나님의성회가 지켜온 전통적인 오순절운동의 가르침으로부터 물려받은 것들이라고 본다.[39]

빈슨 사이난은 조용기 목사의 독창적인 면에 대해 다음과 같이 설명한다. 하나님의성회는 사중복음(중생, 성령 충만, 신유, 재림)을 가지고 있다. 그런데 1958년에 조용기 목사는 '축복'(Blessings)이란 새로운 항목을 여의도 신앙선언서에 추가함으로 또 다른 오중복음(중생, 성령 충만, 신유, 재림, 축복)을 만들었다. 빈슨 사이난은 이것이 조용기 목사를 독창적인 관점을 가진 신학자로 자리매김했으며 또한 이 점은 한국 오순절교회에서만 발견되는 것이므로 세계 오순절신학계에 끼친 한국인의 독자적인 공헌이라고 평가한다. 빈슨 사이난은 조용기 목사의 신학에서 치유가 최고의 중요성을 가지는데 치유에 대한 그의 독특한 가르침은 그리스도교의 전통적인 치유 개념과 한국 불교, 유교 전통 및 조용기 목사 이전의 토착적인 한국인 치유사들 그리고 유럽과 미국에서 발전한 치유 사상들의 영향을 받았다고 생각한다.[40]

조용기 목사는 불교도인들 중에서도 때때로 기적적인 치유가 일어난다는 것을 인정하였다. 그리고 치유와 관련되어 그리스도교인들과 논쟁에 휩싸이기도 했다. 즉, "우리가 어떻게 여호와 하나님을 천상

---

39 빈슨 사이난, "영산 조용기 목사의 치유 신학의 뿌리," 39.
40 같은 글, 40.

의 유일한 창조자라고 부를 수 있는가? 우리는 불교에서도 요가와 창가학회에서도 기적을 본다. 동양 종교에서도 수많은 기적을 본다" 라고 말하는 그리스도교인들과의 논쟁이었다. 그러나 조용기 목사는 이러한 딜레마를 그의 '4차원의 세계'(Fourth Dimension)에 대한 통찰을 통해 해결하였다. 즉, 이교도의 기적은 오직 인간적인 요소에 의한 것일 뿐 하느님의 개입에 의한 것이 아니라고 본다.[41]

빈슨 사이난은 조용기 목사가 치유에 관해 하나님의성회가 가진 정통 오순절주의의 견해에 덧붙인 것이 있다고 본다. 그것은 미국의 신유 전도자 오랄 로버츠(Oral Roberts, 1918~2009)의 사역과 가르침의 영향을 받았다는 것이다. 오랄 로버츠는 1947년에 자신의 사역에 엄청난 영향을 끼쳤던 성경 구절이 바로 "사랑하는 자여, 네 영혼이 잘됨 같이 네가 범사에 잘되고 강건하기를 내가 간구하노라"(3요한 1, 2)라고 말했다. 이 구절은 오랄 로버츠가 1948년에 펴낸 책『낫기를 원하면 이것들을 행하라』(*If You Need Healing Do These Things*)의 핵심 사상이 되었다. 조용기 목사는 이 책을 미국인 친구들을 통해 한 부 얻었고, 그 후 오랄 로버츠의 친구이자 열렬한 지지자가 되었다. 그리고 1958년에 조용기 목사는 서울의 빈민가에서 교회를 시작하면서 자신의 공적인 신앙 신조에 '축복'을 추가했다. 그는 이것을 통해 그의 교회가 세계적인 교회로 성장할 수 있었다고 다음과 같이 고백했다.[42]

---

41 같은 글, 42.
42 같은 글, 52.

그때부터 이 진리는 나의 모든 설교의 기초가 되어왔다. 이 특별한 부분을 가지고 성경 전체를 해석할 때 하나님이 그 자신을 이전과 미래의 하나님으로만 나타나시는 것이 아니라 현재 살아서 역사하시는 분으로 자신을 계시하기 시작하셨다. 나아가 이 메시지의 힘 때문에 우리의 교회는 세계적인 교회로 성장할 수 있었고, 미래에도 계속적으로 성장할 수 있을 것이다[43].

빈슨 사이난이 볼 때 조용기 목사는 후일에 믿음의 말씀운동(Word of Faith movement)에 대한 가르침을 그의 치유관에 접목시켰다. 헤이긴(Kenneth Hagin, 1917~2003)을 따라 레마 로고스(Rhema-Logos) 이론을 자신의 것으로 받아들인 것이다. 빈슨 사이난은 이런 의미에서 조용기 목사가 하느님 말씀에 대한 신앙의 교사로 불릴 만하다고 생각한다. 사이난은 또한 조용기 목사가 병자를 위해 기도하는 방법 면에서 캐더린 쿨만(Kathryn Kuhlman, 1907~1976)의 영향도 받았다고 본다. 오랄 로버츠나 다른 치유자들은 환자의 신체에 직접 손을 대고 안수하는 데 반해 조용기 목사는 캐더린 쿨만의 '지식의 말씀'(word of knowledge)을 사용했다. 즉, 병의 원인을 강단에서 끄집어내는 방법이다. 이 방법으로 그는 강단에서 일일이 안수하여 힘을 소진하지 않고도 수천 명의 사람들을 치유할 수 있었다. 그러나 예배를 마치고 강단을 떠난 후에는 병자들에게 직접 손을 얹는 방법으로 한다. 한 관찰자에 따르면 여의도순복음교회의 10명 중에 7명의 성도가 조용기 목사의 기도를 받고 치유를 경험했다고 한다. 따라서 그의 교회를

43 DAVID YONGGI CHO, *Salvation, Healing & Prosperity* (Westmonte Drive: Creation House, 1987), 12.

거대한 규모로 성장시킨 중요한 이유가 방언보다 신유에 있다고 빈슨 사이난은 결론을 내린다.[44]

조용기 목사는 빈슨 사이난이 자신을 평가한 내용 가운데 어떤 면들을 수용하기 힘들어한다. 즉, 여의도순복음교회의 신앙선언서에 '축복'을 추가하는 데에 오랄 로버츠의 사역과 가르침의 영향을 받았고, 치유를 위해서는 케네스 헤이긴을 따르면서 레마 로고스(Rhema-Logos) 이론을 자신의 것으로 받아들였으며, 치유 기도 방법에서는 캐더린 쿨만이 영향을 주었다고 보는 것이다. 이런 내용들을 담은 개인적인 편지 형식의 질문에 대해 공문식으로 보내온 조용기 목사의 답은 다음과 같다.

> 저는 Word of Faith Movement(믿음의 말씀 운동), 오럴 로버츠, 케네스 헤긴, 캐더린 쿨만 등으로부터 영향을 받지 않았습니다. 저의 오순절 신학과 오순절적 목회에 영향을 미친 분들은 하나님의성회에 속한 여러 명의 고전적인 오순절주의자들이었습니다. 물론 저는 저의 좋은 친구였던 오럴 로버츠 목사님의 사역에 대해 존경심을 가지고 있습니다. 그럼에도 불구하고 저의 신학과 목회의 방향은 다른 어떤 영향보다도 제가 속한 교단인 하나님의성회의 전통적이고 정통적인 입장에 따라 설정된 것입니다. 오럴 로버츠, 케네스 헤긴, 캐더린 쿨만과 같은 사역자들과 저 사이에 어떤 공통점이 발견된다면 그것은 그분들도 저와 같이 고전적 오순절운동의 영향을 강하게 받았기 때문일 것입니다. Word of Faith Movement(믿음의 말씀 운동) 역시 고전적 오순절운동의 영향과 무관하지 않습니다.[45]

---

44 빈슨 사이난, "영산 조용기 목사의 치유 신학의 뿌리," 56-57.

이처럼 그는 자신이 오랄 로버츠와 케네스 헤이긴 그리고 캐더린 쿨만의 영향을 받지 않았다고 분명히 밝힌다. 자신의 신학과 목회 방향은 하나님 성회의 정통 오순절주의자들의 영향을 받았으며, 위에 언급된 세 명 역시 고전적 오순절운동의 영향을 받았기 때문에 자신과 공통점을 볼 수 있다는 것이다. 그리고 믿음의 말씀 운동 역시 고전적 오순절운동의 영향과 무관하지 않다고 응답했다. 그러므로 조용기 목사의 신학에 대해 연구할 때 믿음의 말씀 운동이 과연 무엇인가에 대해 알아보는 것은 매우 중요하다.

믿음의 말씀 운동(Word of Faith Movement, 신앙 운동, 긍정 고백 운동)의 선구자는 케년 에섹 윌리엄(Kenyon, Essek William, 1867~1948)이다. 케년은 복음 전도자, 목사, 교육자, 저자였으며 라디오 복음 전도의 선구자였다. 케년은 오순절주의자는 아니었지만, 그의 저서들은 믿음의 말씀 운동(긍정 고백)의 케네스 헤이긴 목회에 밑거름이 되었다.[46] 케년은 보스턴에 있는 '신사고 철학'(New Thought Philosophical ideas) 보급의 중심지였던 에머슨 대학(Emerson College of Oratory)에 다녔다. 신사고 운동의 주된 가르침은 건강, 치유, 부유함, 번영 그리고 행복이다. '신사고 철학'은 큄비(Phineas Quimby, 1802~1866)에 거슬러 오를 수 있다. 큄비는 심령술(心靈術, spiritism), 신비주의(occultism), 최면술과 초심리학(parapsychology) 등의 여러 가지를 공부했다. 큄비, 브란함(William Branham), E. W. 케년 그리고 레이크

---

45 손정명의 서면 질문에 대한 조용기 목사의 답장(2012. 12. 4.).

46 R. M. RISS, "Kenyon, Essek William," *The New International Dictionary of Pentecostal and Charismatic Movements* (revised and expanded edition), ed., STANLEY M. BURGESS (Michigan: Zondervan, 2003), 819-820.

82 II부 • 조용기 목사의 교리와 신학

(John G. Lake)로부터 하느님에 대한 견해가 나왔다. 그것을 케네스 헤이긴, 코프랜드(Copeland), 캡스(Capps) 등이 지지했다. 레이크는 "인간은 신으로부터 분리된 피조물이 아니다. 그는 신 자신의 일부이다. … 신은 우리가 작은 신들이 되길 원한다. 내면의 인간(inner man)이 실제 지배자이다. 예수께서 말씀하신 진정한 인간은 작은 신이다"라고 주장했다.[47]

케년의 직속 제자 몇 명과 그의 가르침에 영향을 받은 이들이 믿음의 말씀 운동을 시작했다. 이 운동의 기본은 긍정 고백 신학(Theology of Positive Confession)이다. 즉, "내가 고백하는 것을 나는 소유한다"(What I confess, I possess)고 말한다. 그러므로 그리스도인은 건강과 번영을 얻는 데 필요한 충분한 믿음을 가지고 선포하면서 그것들을 얻는 확신을 가진다. 이 운동은 로마서 10장 8-10절을 인용한다.

하느님께서 "말씀은 네 바로 곁에 있고 네 입에 있고 네 마음에 있다"고 하셨는데 이것은 우리가 전파하는 믿음의 말씀을 가리켜 하신 말씀입니다. 예수는 주님이시라고 입으로 고백하고 또 하느님께서 예수를 죽은 자들 가운데서 다시 살리셨다는 것을 마음으로 믿는 사람은 구원을 받을 것입니다. 곧 마음으로 믿어서 하느님과의 올바른 관계에 놓이게 되고 입으로 고백하여 구원을 얻게 됩니다.

믿음의 말씀 운동의 해석에 따르면 위의 구절에서 '구원받다'는

---

47 L. LOVETT, "Positive Confession Theology," *The New International Dictionary of Pentecostal and Charismatic Movements*, revised and expanded edition, ed. Stanley M. Burgess (Michigan, Zondervan, 2003), 992.

영원한 구원뿐 아니라 육체적 건강과 복지도 포함한다. 믿음의 말씀 운동을 때로는 이 운동의 초기 주창자들 가운데 한 사람인 케네스 헤이긴의 이름을 따라 '헤이긴파'라고도 부른다. 헤이긴은 1974년에 세워진 레마 바이블 컬리지(Rhema Bible Training College)의 설립자이다.[48] '긍정 고백'의 전능에 대한 생각은 믿음의 말씀 운동 설교자들이 "그리스도인들은 믿음의 말씀을 진실하게 선포함으로 모든 것을 말 그대로 얻을 수 있다"고 주장하도록 만들었다. 더 나아가 그리스도인들이 '작은 신들'이 될 수 있다고까지 주장하게 되어 많은 논쟁을 불러일으켰다. 믿음의 말씀 운동은 예수 그리스도께서 수난당하시고 저승에 가셨음에 특별한 중요성을 두면서 고유한 악마론을 가진다. 따라서 모든 병과 물질적 어려움은 악마에서 유래한다고 주장한다.[49]

레마 이론(Rhema doctrine)은 긍정 고백신학의 가장 중요한 열쇠이다. 로마서 10장 8절은 그것의 가장 핵심적인 성경 말씀이다. 희랍에서 전통적으로 사용되는 레마(Rhema)라는 단어는 어떤 것을 구체적으로 명확하게 언급하는 것이다. 케넌은 두 종류의 지식을 인정한다. 즉, 계시 지식 혹은 믿음 지식(revelation or faith knowledge) 그리고 감각 지식(sense knowledge)이다. 계시 지식이란 '계시 지식의 도움 없이는 감각이 발견할 수 없거나 알 수 없는 것들을 다루는 지식'이다. 케넌과 긍정 고백 지지자들에게 계시 지식은 감각 지식 위에 자리하는 영역이다. 레마 이론에 신빙성을 주기 위해 긍정 고백 지지자들이 사용하는 성경 말씀은 잠언 6장 2절, 로마서 10장 8절과 4장 17절 그리

---

48 MASSIMO INTROVIGNE, *Pentecostali*, 153-154.
49 같은 책, 156.

고 요한3서 1장 2절이다. 특별히 요한3서 1장 2절은 조용기 목사의 삼중축복의 성경적 기초의 하나이다. 그리고 긍정 고백 신학에서 요한3서 1장 2절은 필수이며 또한 오랄 로버츠도 요한3서 1장 2절을 언급했기에 여기에는 공통점이 있다.

그러나 긍정 고백에 대한 비난은 이 성경 구절들이 부적절하게 사용되었다고 다음과 같이 반박한다. 잠언 6장 2절의 "네가 한 말에 네가 걸려 들고"는 계약 관계에서 담보나 보증을 서는 금융 거래와 관계된다. 로마서 4장 17절("내가 너를 만민의 조상으로 삼았다"고 하지 않았습니까? 그는 죽은 자를 살리시고 없는 것을 있게 만드시는 하느님을 믿었던 것입니다)은 우리의 믿음이 아니고 분명히 아브라함의 믿음을 서술하고 있다. 로마서 10장 8절(하느님께서 "말씀은 네 바로 곁에 있고 네 입에 있고 네 마음에 있다"고 하셨는데 이것은 우리가 전파하는 믿음의 말씀을 가리켜 하신 말씀입니다)은 9-11절과 연결하지 않고 읽으면 그것의 참된 의미를 잃어버린다. 인용된 구절들은 사도 전승에서 선포된 구원의 메시지를 내포하는 진리에 우선 관계된다.

긍정 고백에 반대하는 사람들은 더 나아가 요한3서 1장 2절은 격식을 갖춘 인사이지 어떤 약속이 아니며, 모든 신도가 건강하고 번영하기 원하는 하느님의 뜻을 나타내지도 않는다고 주장한다. 이들은 또한 그리스도인 믿음에서 '믿는다'의 성경적 의미를 하느님과의 올바른 관계의 척도를 나타낸다고 다음과 같이 설명한다. ① 신약성경 특히 바오로 서간에서 사랑이 믿음보다 더 중요시된다. 믿음은 우리의 이기적 목표를 위해 하느님을 조종하는 도구로서 제시되지 않았다. 그리고 예수님의 가르침에서 믿음이 제일 윗자리에 있는 곳이 없다. ② 바오로는 코린토1서 13장 사랑의 송가에서 믿음 희망 사랑

가운데 사랑을 제일 윗자리에 둔다. ③ 우리는 마음 깊은 곳에서 당신의 영광을 위해 우리를 창조하신 분의 사랑을 받을 필요를 깊이 느낀다. 유일하게 완전한 사랑이신 그분만이 우리의 가장 깊은 필요를 완전히 만족시킬 수 있다.[50]

빈슨 사이난은 치유 방법에서 조용기 목사와 캐더린 쿨만 간의 연결점을 주장한다. 그러므로 조용기 목사와 캐더린 쿨만을 비교하기 위해 키드(R.A.N. Kydd)가 말하는 쿨만에 관해서도 보겠다. 쿨만은 1928년에 미국에서 복음 전도에 들어갔다. 사생활 면에서 깊은 상처를 받은 후에 그는 1947년에 피츠버그 부근에서 치유 목회를 했다. 쿨만은 아주 빨리 유명해졌으며 캘리포니아에 또 다른 기지를 만들었고 라디오와 TV에 나갔으며 1960년대부터 죽을 때까지 치유 복음 전도의 뛰어나고 유력한 옹호자가 되었다. 쿨만 목회의 가장 두드러진 특징은 성령께 전적으로 의존하는 것이다.

쿨만 이전에는 아무도 그가 주장한 만큼 치유 중에 이루시는 성령의 역할의 중요성을 두드러지게 강조하지 않았다. 그는 눈에 보이는 치유를 위해 자신은 아무것도 하지 않았음을 주장했다. 하느님께서 당신의 목적과 계획에 따라 쿨만이 전혀 모르는 기적을 일으키신다. 그때 성령은 하느님께서 하신 것을 그녀에게 계시하신다. 이때 쿨만의 역할은 성령께서 자신에게 보여주신 것을 선포하면서 '여종'으로서 봉사하는 것이었다.

쿨만은 성령의 '기름 부음'을 받았다는 확신이 들지 않으면, 그녀가 말하는 '기적 봉사'를 시작하지 않았다. 쿨만의 치유 신학에서의

---

50 L. LOVETT, "Positive Confession Theology," 993-994.

가장 기본은 "치유는 하느님의 주권 행위이다"라는 것이다. 치유에 대한 책임은 전적으로 하느님께 있다. 인간은 그분께서 하신 것을 사람들이 수용하도록 도와주는 그분의 종일 뿐이다. 쿨만은 하느님의 사랑과 그분의 충실하심을 강조하고 사람들이 그분을 믿도록 용기를 주면서 설교한다. 기름 부음을 느끼면서 그녀는 성령께서 자신에게 보여주신 것을 선포한다. 예를 들면 "발코니에 있는 어떤 사람의 귀먹은 귀를 열어주셨다"라고 선포한다. 그리고 그녀는 치유 받은 사람들은 누구든지 연단에 올라오라고 하여 축하해주면서 그들의 체험을 나누라고 초대한다.[51]

홍록영은 조용기 목사와 그가 만난 치유하시는 '예수 그리스도'의 관계를 다음과 같이 설명한다. 하느님은 조용기 목사에게 치유 기술이나 방법을 주시지 않으셨다고 분명히 말한다. 그러므로 조용기 목사는 질병으로 고난받는 개인 또는 집단과 치료자인 예수님 사이에 자리하면서 하느님께서 치유해 주실 것을 호소하고 그분을 설득하는 치유의 호소자로 등장한다. 치유의 호소자로서의 조용기 목사의 독특한 점은 질병으로 고통당하는 이를 알아볼 수 있다는 것뿐이다. 또 하나의 특징으로 그는 질병을 가져온 사탄에게 '담대히' 그리스도의 치료의 복음을 제시하면서 사탄에 대항하여 강인하게 기도한다. 그러나 하느님께 호소하는 기도는 '떼를 쓰는 것이 아니고 장성한 자녀가 논리 정연하게 부모님의 마음을 감동시키듯' 하는 것이다. 조용기 목사는 치유의 호소자에게 필요한 것이 바로 확고한 믿음과 선포

---

51 R.A.N. KYDD, "Healing in the Christian Church," *The New International Dictionary of Pentecostal and Charismatic Movements* (revised and expanded edition), ed., STANLEY M. BURGESS (Michigan: Zondervan, 2003), 709-710.

라고 주장한다. 즉, 치유의 중요한 요소로 믿음이 절대적이다. 여기에서 강조되는 믿음은 고통당하는 자의 믿음이 아니라 '예수가 치유의 능력이 있는 그리스도'라는 것을 믿는 것이다. 결국 예수님이 하느님의 아들로 인류를 질병에서 해방시키기 위해 이 땅에 오셨다는 것이 선포되는 순간 이미 하느님의 나라는 시작되고, 이를 통해 예수님의 치유 역사가 드러나는 것이다. 그러므로 조용기 목사에게 복음은 전파이어야 하며 치료 받기 원하는 이는 복음을 받아들이기만 하면 치료될 수 있다는 사실을 믿어야 한다. 또한 치료의 호소자는 병으로 고통당하는 이에게 이 사실을 가르치는 것이 중요하다.[52]

이처럼 '여종'으로서 하느님께 수동적인 자세로 임하는 쿨만의 역할과 논리 정연하게 부모님의 마음을 감동시키듯 주님께 호소하는 능동적인 기도법을 사용하는 조용기 목사의 방법은 다르지만 치유에 큰 도움이 되는 것은 사실이다. 그리고 앞에서 보았듯이 쿨만이 '지식의 말씀'을 사용하여 병의 원인을 강단에서 끄집어내는 방법을 사용했는데 조용기 목사도 이 방법으로 강단에서 수천 명을 치유할 수 있는 것은 공통점이다. 빈슨 사이난에 의하면 조용기 목사는 오랄 로버트, 케네스 헤이긴과 카타린 쿨만의 영향을 받았다. 그러나 조용기 목사는 분명히 그런 평가를 거절하므로 그의 견해는 존중받아야 한다. 어쨌든 조용기 목사와 카타린 쿨만, 조용기 목사와 오랄 로버츠, 케네스 헤이긴과 믿음의 말씀 운동 간에 어느 정도의 공통점이 존재하는 것은 어쩔 수 없다.

---

52 홍록영, "영산 조용기 목사가 만난 치유하시는 '예수 그리스도'," 261-263.

3장

하느님 나라에 관한 신학과 교회론

1. 하느님 나라에 관한 개념

　류장현에 의하면 조용기 목사가 말하는 하느님 나라는 '하느님의 주권이 이루어지는 곳' 혹은 '살아계신 하느님의 지배와 능력 있는 통치가 충만하게 임재한 곳'이다. 그것은 어떤 국가, 제도와 조직이 아니라 하느님이 개인과 역사를 주장하시고 지배하시며 통치하시는 전혀 새로운 상태이다. 조용기 목사는 이 하느님 나라의 세 가지 특징을 다음과 같이 설명한다.

　첫째, 하느님 나라는 '사후 천국'이다. 인간이 죽은 후 영혼이 가서 사는 초월적 세계를 말한다. 둘째, 하느님 나라는 '새 하늘과 새 땅'이다. 곧 세상 종말에 임하는 변화된 새로운 세계이다. 그곳은 고통과 슬픔, 죽음과 질병이 없는 '영원히 새로운 새 세계'이다. 셋째, 하느님 나라는 '인간의 마음' 안에 있다. 하느님은 예수 그리스도를 구주로 모시고 죄 사함을 받고 구원을 받을 때 성령을 통해서 인간의 마음 안에 계신다(요 한 14, 16-20).[1] 그러므로 하느님 나라는 초월적 세계이면서 동시에 현실적 세계라는 것이다.[2] 영산 조용기 목사는 "하나님 나라가 우리 삶의 현장에 있지 않고 별개의 세계에만 있다고 생각하는 성도는 불행한 성도입니다"라고 주장하면서 철저하게 하느님 나라의 현세적인 상태를 강조한다. 하느님 나라는 예수 그리스도와 함께 종말론적으로 성취되지만, 그 초월적이며 미래적인 하느님 나라의 축복은 지금 이 세상에서 미리 경험해야 하기 때문이다. 여기에서 조용기 목사는 '과거와 미래의 하느님만이 아니라 지금 성령을 통해 인간의 마음에 있는 현재적인 하느님'을 강조한다.[3]

류장현이 볼 때 영산이 말하는 하느님 나라는 이 세상에서 이루어져야 하는 현실적 세계이다. 하느님이 창조하신 아름다운 세계는 아담과 하와가 죄를 지어 타락한 세상이 되었다. 그래서 하느님은 당신의 주권이 이루어지는 나라를 세우시기로 작정하시고 그 뜻을 이루기 위해 세상에 육신으로 오신 것이다. 그러므로 영산 조용기 목사는 예수 그리스도를 통해 하느님 나라와 하느님의 뜻이 이 세상에 실현되기 시작했다고 설명한다.[4] 조용기 목사는 하느님 나라에 삼위일체 개념과 정부의 개념을 적용한다.

하늘나라라고 말하면 하나님의 정부가 우리 가운데 와 있다는 것입니다.

---

1 류장현, "영산의 종말론에 관한 비판적 고찰," 「영산신학저널」 13권(영산신학연구소, 2008), 168-169.

2 같은 글, 170.

3 같은 글, 175.

4 같은 글, 171.

다시 말하자면 성부와 성자와 성령 삼위일체 하나님께서 우리 가운데 와 계신다는 것입니다.[5]

조용기 목사는 삼위일체 하나님과 연결하여 하나님의 통치 개념을 다음과 같이 말한다. 하나님의 나라는 하나님이 사랑하시는 아들의 나라가 되고, 예수님은 '천국의 왕권'을 가진 주권자가 되시어 십자가 사건 이후로 이 땅에서 이제는 왕으로 군림하신다. 예수님은 '영적인 왕', '우리의 왕'이시고 우리 마음속에 와 계신 '우리 마음의 왕'이시다. 하나님의 권세는 예수님의 권세인 성령이 되신다. 성령은 '천국의 영' 혹은 '하늘나라의 영'이시며 이 땅에서 천국을 확장하시고, 사람은 성령 안에서 내재적인 천국을 체험할 수 있다. 그러므로 김희성에 의하면 조용기 목사는 하나님 나라를 세상 초월적이며 동시에 세상 내재적인 성격을 가진 것으로 이해한다.[6] 조용기 목사는 성령의 사역을 예수 그리스도를 믿게 하며, 하나님 나라의 증인이 되게 하는 원동력이라고 해석한다.[7] 그리고 예수님을 아는 지식만 가지고 하나님 나라를 전파할 수 없고 성령의 능력이 있어야 함을 강조한다.

우리는 예수님을 아는 지식만 가지고 세상에 나아가서 하나님 나라를 전파할 수 없습니다. 성령의 능력이 있어야 합니다. 그래서 제자들이 오순절 날까지

---

5 조용기 설교, "나라이 임하옵시며"(1986. 8. 31.).

6 김희성, "조용기 목사의 하나님의 나라," 제16회 영산국제신학 심포지엄(한세대학교 영산 신학연구소, 2008), 한세대학교, 89.

7 김판호, "오중복음과 삼중축복 사상에 나타난 하나님 나라," 제16회 영산국제신학 심포지엄(한세대학교 영산신학연구소, 2008), 한세대학교, 221-223.

예루살렘을 떠나지 않고 그 자리에 있었던 것입니다. 오순절 날에 그들이 다 성령의 충만을 받았습니다. … 하나님의 능력을 체험했습니다. 따라서 그들은 권능 있는 증인이 될 수 있었습니다.[8]

영산이 말하는 예수 그리스도가 선포한 하느님 나라의 속성 다섯 가지를 류장현은 다음과 같이 정리한다.

첫째, 하느님 나라는 '죄가 없는 나라'이다. 하느님 나라가 임하기 위해 먼저 회개 운동을 통해 죄 사함을 받고 하나님 앞에서 의롭다함을 받아야 한다(마태 4, 17; 루카 15, 7). 둘째, 하느님 나라는 병을 고쳐주는 나라이다. 예수 그리스도는 복음을 전파하면서 그 증거로 각종 환자들을 고쳐 주셨다(마태 4: 23-25, 11: 4-5). 셋째, 하느님 나라는 인간을 억압하는 귀신을 축출한다. 예수 그리스도가 복음을 전파할 때 귀신이 소리치며 떠나갔다(루카 11: 20). 넷째, 하느님 나라는 부유한 나라이다. 예수 그리스도가 하느님 나라를 선포할 때 가난이 제거되었다(2코린 8: 9). 다섯째, 하느님 나라는 영원한 생명의 나라이다. 예수 그리스도는 하느님 나라 선포를 통해 믿음으로 구원을 얻을 수 있는 영생의 길을 열어 놓았다(요한 6: 40).[9]

---

8 조용기, 『성령 강림과 하나님나라』 〈조용기목사 설교 전집〉 제16권 (서울말씀사 1996), 199-200.

9 류장현, "영산의 종말론에 관한 비판적 고찰," 172.

2. 다양한 천국과 천국을 얻는 방법

김희성이 이해한 조용기 목사가 말하는 천국은 다양하다. 조용기 목사는 우선 하느님 나라를 크게는 영원한 천국과 이 땅에 있는 내재적인 천국으로 나누어 설명한다. 영원한 천국은 천국의 본점이고, 내재적인 천국은 천국의 지점이라고 표현하기도 한다. 그에 의하면 영원한 천국은 '장차 역사의 종말에 나타날 천국이며, 이 세상을 떠나 거하게 될 영원한 하늘나라'이다. 내재적인 천국은 예수 그리스도의 은총이 이 땅에 확장되고 있는 곳이다. 내재적인 천국에는 심령 천국과 교회 천국이 포함된다. 심령 천국은 사람이 예수 그리스도를 구주로 모실 때 그의 마음 가운데 임하는 천국이다. 교회 천국은 "지상에 있는 영적인 천국"이며, 예수 그리스도를 구주로 모신 성도가 모인 교회에 임한 천국이다.[10] 조용기 목사에 의하면 하늘나라의 임금인 예수를 구주로 모신 그곳이 바로 하늘나라이다.[11] 또한 예수님을 믿고 영혼이 구원받아 하느님의 백성이 되면 우리의 마음이 곧 성전이 된다. 그 마음속에 아버지와 아들과 성령이 와 계시기 때문에 바로 하늘나라가 우리 마음속에 있게 된다는 것이다.[12] 조용기 목사는 천년왕국을 주장한다. 이것은 내재적인 천국과 영원한 천국 사이에 예수님께서 재림하셔서 통치하시는 왕국을 말한다. 김희성이 볼 때 조용기 목사는 이처럼 다양한 하느님 나라 가운데 세상에 내재한 천국을 특별히 강조한다. 내재적인 천국에 관심을 가질 것을 촉구하는 예는 1986

---

10 김희성, "조용기 목사의 하나님의 나라," 91.

11 조용기, 『마음하늘』(교회성장연구소, 2009), 18.

12 같은 책, 16.

년 8월 31일 설교 "나라이 임하옵시며"에서 볼 수 있다.[13]

> 보통 사람들은 '하나님 나라는 하늘에 있고 그리고 우리가 이 세상을 떠나서
> 육신의 장막을 벗어야 하늘나라에 올라갈 수 있다'고 생각하고 있습니다.
> 그러한 생각이 전혀 틀린 것은 아닙니다. 그러나 예수님께서는 더 현실적인
> 천국에 관해서 우리에게 가르쳐 주고 있는 것입니다. 예수님께서 우리에게
> 말씀해 주시는 천국은 바로 우리 곁에 와 있는 하늘나라인 것입니다.[14]

조용기 목사는 하느님 나라가 예수 그리스도와 함께 종말론적으
로 성취되지만, 이 하느님 나라의 축복은 지금 이 세상에서 미리 경험
해야 한다고 역설한다. 즉, 하느님 나라는 하느님 백성의 '생활과 가정,
환경 속에 현실화'되어야 한다는 것이다. 현실성에 대해 이렇게 강조
하는 것은 하느님은 과거와 미래의 하느님뿐 아니라 지금 성령을 통해
인간의 마음에 있는 현재적인 하느님이기 때문이다. 류장현은 이 하
느님 나라의 축복이 조용기 목사의 삼중구원의 축복을 의미한다고
이해한다.[15] 그러나 현실에서 미리 경험하는 하느님 나라의 축복은
종말의 선취이지 완성은 아니다. 다시 말해서 삼중구원의 축복은 '이
미'와 '아직도 아니'의 긴장 관계 속에 있다.[16] 그러므로 영산이 말하는
삼중축복은 현재에 부분적으로 누리며 예수 그리스도의 재림으로
완성된다고 해석한다.[17]

---

13 김희성, "조용기 목사의 하나님의 나라," 93.
14 조용기 설교, "나라이 임하옵시며," (1986. 8. 6).
15 류장현, "영산의 종말론에 관한 비판적 고찰," 175-176.
16 같은 글, 178.

조용기 목사는 예수께서 이 땅에 오신 것은 하느님의 나라를 세우시기 위함이므로 마귀의 일을 멸하기 시작하셨고, 이때부터 하느님 나라와 세상 나라의 치열한 싸움이 시작되었다고 한다. 그러므로 예수께서 귀신을 쫓아내시고 병을 고치시며, 배고픈 자를 먹이시며, 마귀의 나라를 침략하셨음을 강조하면서 그는 성도들이 예수께서 십자가에서 이뤄놓으신 천국을 침노해서 빼앗아야만 한다고 설교한다.[18] 즉, 예수께서 십자가에서 천국을 다 이루어 놓았어도 자동적으로 천국을 소유할 수 있는 것이 아니며 성도들은 천국을 마귀의 손에서 빼앗아야만 한다는 것이다. 그리고 성도들은 이 땅에서 마귀와 귀신들과 끊임없는 전쟁 상태에 있으며 오직 강한 자만이 승리할 수 있다고 역설한다(마태 12, 29). 그는 또한 천국을 침노할 수 있는 몇 가지 방법을 언급하면서 우선 진리를 알 것을 주장한다(요한 8, 32). 즉, 예수를 믿은 사람들은 용서받은 의인들이고, 성령이 인을 친 사람들이며, 질병에서 치료받고 저주에서 해방된 아브라함의 복을 받은 사람들이요, 사망에서 생명으로 옮겨진 천국 시민권을 가진 사람들이라는 진리를 분명히 알아야 한다고 역설한다. 그다음에는 예수 그리스도의 보혈과 복음 증거 그리고 성령의 능력을 통해 싸워야 한다는 것이다. 여기에서 '빼앗는다'는 말을 강조하면서 빼앗기 위해서는 '강하고 단호한 투지와 결의'가 필요하다고 역설한다. 성도들은 끊임없이 성령께 의지하여 마귀와 귀신들과 싸워야 하는데 그는 마귀와의 전쟁이 예수께서 십자가에서 승리하신 이미 '끝난 전쟁'임을 강조한

---

17 김판호, "오중복음과 삼중축복 사상에 나타난 하나님 나라," 213.

18 최문홍, "영산 조용기 목사와 하나님의 나라," 「영산신학저널」 14권(영산신학연구소, 2008), 193.

다. 그러므로 이제 남은 것은 전쟁이 아니라 '믿음과 순종의 문제'라고 지적하면서 조용기 목사는 예수께서 이미 이뤄 놓으신 천국을 소유하고 오중복음과 삼중축복의 전리품을 얻을 것을 말한다.[19] 그러므로 조용기 목사에 의하면 신도들이 마귀와의 영적 싸움 가운데 있음을 아는 것은 아주 중요하다.

최문홍이 볼 때 영산의 하느님 나라의 이해에서 궁극적인 목표는 그 나라의 확장이다.[20] 영산은 천국 안에 들어온 백성은 사람들에게 천국의 열매를 보여줄 뿐 아니라 이웃에게 나누어 줄 것을 강조한다.[21] 신자가 누려야 할 하느님 나라의 열매는 오중복음과 삼중축복인데, 그에 의하면 이 열매는 4차원의 영성을 통하여 누릴 수 있다. 이와 같이 영산의 하느님 나라 이해는 그의 신학의 중심사상인 오중복음과 삼중축복 그리고 4차원의 영성과 밀접한 관계가 있다.[22]

영산 조용기 목사는 현(現)시대를 교회 시대가 끝나고 종말이 임박한 말세지말(末世之末)로 인식하면서 말세의 증거로 몇 가지를 제시한다. 역사적인 증거로는 이스라엘의 독립과 유럽공동체의 형성을, 교회적인 증거로는 1900년도부터 시작된 성령운동을, 시대적인 증거로는 거짓 선지자의 등장과 교회의 분열, 전쟁, 기근, 핍박과 지진을 언급한다. 그는 다니엘서 9장 24-27절의 문자적 해석을 근거로 말세가 되면 교회시대가 끝나고 7년 동안 환란이 있을 것이며, 그때 교회(또는 성도)는 휴거될 것을 주장한다.[23]

---

19 같은 글, 194-196.
20 같은 글, 176.
21 같은 글, 197.
22 같은 글, 175.

영산은 또한 천년왕국의 천국과 관련하여 그리스도의 재림을 '공중 재림'과 '지상 재림'이라는 두 가지로 나누어 다음과 같이 설명한다. 공중 재림은 '예수 그리스도의 강림을 간절히 바라고 기다리는 기름을 준비한 성도들을 데리러 오시는 재림'이다.[24] 공중 재림은 환란 이전에 일어나는데, 그때 교회(혹은 성도들)와 첫째 부활에 참여한 죽은 성도들이 휴거하여 공중에서 7년 혼인 잔치에 참여하며 지상에서는 7년 환란이 일어난다. 공중 재림은 심판을 위한 재림이 아니라 성령 충만으로 기름을 준비한 신부를 데리러 오는 재림이다.[25]

조용기 목사는 7년 환란을 하느님께서 불순종의 인간들에게 주시는 마지막 회개의 기회라고 보면서 7년 환란, 지상 재림, 아마겟돈 전쟁, 천년왕국에 대해 다음과 같이 설명한다. 그는 7년 환란기간에 어떤 사람은 신앙을 지키다가 순교를 당하거나 극도의 고통 속에서도 하느님을 신뢰하기도 할 것인데 이 마지막 이삭줍기 구원은 하느님께서 베푸시는 끈질긴 사랑의 표현이라고 강조한다.[26] 그리고 7년 환란 후에 예수님은 휴거된 사람들과 함께 언약의 말씀을 이루기 위해(요한 14, 3), 세상을 심판하고(마태 16, 27; 25, 31-33), 성도를 영광스럽게 변화시키기 위해(필립 3, 20-21), 공중구름(마태 24, 30) 가운데 천군천사들과 함께(마태 25, 31) 지상에 재림하신다는 것이다. 그 시기는 정확히 알 수 없지만(마태 24, 36) 많은 징조를 통해 예고되기 때문에 그 징후는 알 수 있다고 하면서 예수께서 지상 재림하실 때 아마겟돈

23 류장현, "영산의 종말론에 관한 비판적 고찰," 183.
24 최문홍, "영산 조용기 목사와 하나님의 나라," 189.
25 류장현, "영산의 종말론에 관한 비판적 고찰," 187.
26 영산연구원, 『오중복음과 삼중구원의 축복』(서울말씀사, 1991), 111.

전쟁이 일어난다고 말한다(묵시 19, 19). 조 목사에 의하면 아마겟돈 전쟁은 지구 최후의 전쟁이다(다니 11, 40-45; 묵시 19, 17-21).[27] 또한 지상에 재림하신 예수께서는 적그리스도와 거짓 선지자를 잡아 불과 유황불 못에 던지고, 마귀는 무저갱에 천 년 동안 결박해 가둘 것이다 (묵시 20, 2-3). 그 후 예수께서는 이 땅의 임금이 되시며 성도들은 주님과 함께 주님의 신부로서 이 지상에서 천 년 동안 세상을 다스리게 된다고 설명한다. 이것이 바로 조용기 목사가 말하는 '천년왕국의 천국'이다.[28]

조용기 목사에 의하면 영원무궁의 천국은 천년왕국의 천국이 지난 후에 도래한다. 그는 천년왕국 이후의 상황과 최후의 심판 그리고 새 하늘과 새 땅에 관해서도 설명한다. 즉, 천년왕국의 기한이 다 차면 마귀를 무저갱에서 잠시 풀어내는데 이 때에 마귀는 이 땅의 수많은 백성들을 미혹한다는 것이다. 하느님께서는 천 년 동안 마귀의 미혹 없이 지낸 수많은 사람들, 즉 그리스도를 따를 백성과 마귀를 따를 백성을 분리하여 다시 걸러내신다. 양과 염소가 분명히 갈라졌을 때 하늘에서 불이 내려와 성 밖의 사람들을 다 소멸하고, 그들을 미혹하던 마귀는 불과 유황 못에 던져져 영원토록 고통을 받게 된다고 설명한다(묵시 20, 7-10). 조용기 목사에 의하면 그 후에 최후의 심판(흰 보좌 심판)이 있다. 예수께서 흰 보좌 위에 앉으시고, 주를 믿지 않고 죽은 모든 사람들이 부활해서 그 보좌 앞에 서서 한 사람씩 심판을 받는다는 것이다. 누구든지 생명책에 기록되지 않은 자들은 불 못에

---

27 류장현, "영산의 종말론에 관한 비판적 고찰," 188.

28 최문홍, "영산 조용기 목사와 하나님의 나라," 190.

던져지고 영원토록 고통을 당한다(묵시 20, 11-12). 그러나 그는 주님을 따르는 백성들은 신천신지(新天新地) 영원무궁의 세계로 들어가며, 새 하늘과 새 땅의 수도로서 새 예루살렘이 하느님께로부터 하늘에서 내려온다고 강조한다. 그리고 새 예루살렘에는 하느님과 어린양의 보좌가 있는데 그 보좌로부터 생명수의 강이 흐르며 강 좌우에는 생명나무가 있고 다시는 죽음과 애통, 앓는 것과 저주가 없을 것이라고 역설한다. 그러므로 조용기 목사는 "약한 몸이 강한 몸으로, 육의 몸이 신령한 몸으로, 추한 몸이 영화로운 몸으로 변화되어 예수님과 함께 영원히 살게 될 것입니다. 이것이 바로 우리가 기대하는 최후의 천국인 것입니다"라고 최후의 천국을 설명한다.

조용기 목사의 가르침에 의하면 누구든지 예수를 구주로 영접하는 성도는 그 마음속에 천국(마음 천국)이 임하며, 성도들의 모임인 '교회 천국'을 통하여 장차 '천년왕국의 천국' 그리고 '영원무궁의 천국'에 들어가 예수와 함께 세세 무궁토록 왕 노릇하며 살게 될 것이다.[29]

휴거설은 환란 기간과 관련해서 환란 전 휴거설, 환란 중간 휴거설, 환란 후 휴거설로 구분된다. 영산 조용기 목사는 환란 전 휴거설을 지지한다. 이에 따르면 교회는 7년 환란 전에 모두 휴거하여 환란을 당하지 않는다. 교회는 부활한 죽은 성도들과 함께(첫째 부활: 묵시 20, 4-5) 환란 전에 예수가 공중 재림할 때 휴거한다. 형식적인 신앙인은 휴거되지 못하며(요한 3, 5) 오직 성령 충만함을 받아 기름을 준비한 사람만이 휴거된다. 따라서 영산은 성령 세례가 휴거의 확실한 보증

---

29 같은 글, 191-193.

이라고 하면서 환란 전 휴거설을 따른다.[30]

3. 조용기 목사의 하느님 나라에 관한 류장현의 평가

류장현은 영산 조용기 목사가 하느님 나라의 종교적/ 실존적 기능을 강조하는 경향이 있다고 평가한다. 조용기 목사는 예수 그리스도의 십자가의 고난을 통해 타락한 영혼과 병든 마음, 방탕한 도덕 생활과 병든 육체가 치료되며, 하느님께서 성령으로 인간의 마음에 거하시면 하느님의 자녀와 천국 시민이 됨을 강조한다. 그러나 하느님 나라의 종교적/ 실존적 기능을 지나치게 강조하는 것은 하느님 나라를 인간의 실존적 영역에 제한하여 사회적 기능을 약화시킬 수 있으므로 류장현은 종교적 기능과 사회적 기능을 동시에 강조해야 한다고 주장한다. 하느님 나라는 하느님께서 아버지가 되시고, 인간이 그의 자녀가 되는 종교적 관계뿐 아니라 인간이 서로 형제와 자매가 되는 사회적 관계가 올바로 형성된 새로운 상태이기 때문이다. 그리고 종교적 메시지와 사회적 메시지를 동시에 선포하는 것이 21세기 성령운동의 선교적 사명이라고 역설한다.[31]

류장현은 조용기 목사의 종말론이 전체적인 신학적 기조로 보아 전천년설을 주장하는 세대주의 종말론이라고 평가한다. 그러므로 영산의 종말론은 말세론을 주장하는 세대주의 종말론과 신학적인

---

30 류장현, "영산의 종말론에 관한 비판적 고찰," 184-185.
31 같은 글, 173-174.

문제점, 즉 문자적 성서해석, 역사적 결정주의, 기독교적 숙명주의 등을 공유하고 있다고 본다. 류장현은 이것은 21세기 성령운동이 올바른 영적 운동으로 발전하기 위해 반드시 극복해야 할 신학적 과제라고 주장한다. 따라서 그는 신학적으로 깊이 숙고되어야 할 세 가지 문제점을 지적하면서 다음과 같이 설명한다.

첫째, 종말론은 말세론과 구별되어야 한다. 종말론은 세상과 역사의 끝에 일어날 사건을 말하는 말세론이 아니라 역사의 목적에 관한 학문이며 하느님 나라의 본질과 하느님 나라가 완성되는 방법에 관한 논술이다. 즉, 새로운 시작을 말하는 역사의 전환점으로서 이 세대의 철저한 해체와 새로운 질서, 곧 새 하늘과 새 땅의 도래에 관해 서술한다. 그러므로 종말론은 하느님의 정의로운 통치에 대한 믿음과 세계 현실 속에 불의한 세력에 대한 저항과 비판 정신을 내포한다. 류장현은 이 두 가지 요소가 결여된 종말론은 비성서적이며 성도들을 미혹하는 사이비 종말론이 된다고 주장한다. 둘째, 류장현은 문자적 성서해석은 종말의 표상들을 올바로 이해하는 방법이 아니라고 분명히 말한다. 문자적 성서해석은 7년 환란, 휴거, 예수의 공중 재림과 지상 재림, 적그리스도의 출현과 아마겟돈 전쟁, 천년왕국 등 묵시문학적 표상들을 미래의 역사적 사실로 이해하며, 예수의 재림을 통해서 성취되는 약속으로 믿는다. 그러나 류장현은 성서의 종말론적 표상들은 하느님 나라가 적그리스도와의 투쟁을 통해서 완성될 것이며, 임박한 하느님 나라의 도래를 위해 언제나 깨어 있으라는 경고와 권고의 메시지로 이해할 것을 주장한다(마태 25, 13; 마르 13, 32-33). 셋째, 세대주의적 종말론은 하느님의 구원 활동을 역사의 법칙 안에 제한한다. 그것은 하느님 계시의 성격과 목적이 세대별로 이미 결정되었다고 주장한다. 그러므로 류장현에 의하면 이러한 종말론은 하느님 나라의 완성을 역사의 법칙성에 제한시키는 역사적 결정주의에 빠트리고, 그리스도교적 숙명주의에 입각하여 세상의 불의한 사건들을 예수의 재림이전에 반드시 일어날 필연적 사건으로 정당화시킨다.[32] 하느님 나라는 하느님의 의지에 따라서 완성되는 자유의 나라이다. 그러므로 류장현은 21세기 성령의 시대에 한국 성령운동이 하느님에게서 위임받은 시대적 사명을 잘 감당하기 위해서는 뜨거운 성령 체험과 함께 올바른 종말 신앙을 회복해야 한다고 주장한다. 그리고 이것은 전적으로 조용기 목사의 후학들이 그의 종말론의 장점을 창조적으로 계승하면서 그 한계를 극복하는 신학 연구에 얼마나 정진하느냐에 달려있다고 주장한다.[33]

영산 조용기 목사는 환란 전 휴거설을 믿지만 교회가 7년 환란전에 모두 휴거하며, 후 3년 반을 실제적인 환란의 기간으로 이해하기때문에 전통적인 환란 전 휴거설이나 환란 중간 휴거설과는 차이가있다. 영산에 의하면 교회가 휴거한 후에 144,000명(묵시 7, 14)이 남아서 휴거되지 못한 사람들을 위한 전 3년 반 동안의 전도 사역을 마치고나서 휴거한다. 영산은 실제적 환란 기간은 후 3년 반으로 이해할 뿐아니라, 모든 성도들이 아니라 성령 충만한 사람만이 휴거되기 때문에 전체 휴거설이 아닌 부분적 휴거설을 따른다. 그러므로 류장현은7년 환란설과 휴거설은 문자적 성서해석에 근거하는데 실제로 성서에는 휴거란 개념이 없다고 지적하면서 다음과 같이 설명한다. 휴거

32 같은 글, 192-193.
33 같은 글, 194.

설의 성서적 근거로 자주 인용되는 테살로니카 1서 4장 14-17절은 휴거설이 아니라 고난받는 성도들을 위로하고 부활에 대한 확신을 주기 위한 말씀이다. 또한 요한 계시록에서 첫째 부활은 현실적인 이스라엘 민족의 회복을 상징하며, 둘째 부활은 종말론적 개인의 부활을 의미한다. 그러므로 류장현은 성서에는 오직 한 번의 종말론적인 부활이 있다고 말한다. 또한 그는 7년 환란설이 예수님의 재림 이전에 적그리스도의 등장과 환란을 필연적 사건으로 보기 때문에 세상의 불의를 운명적 사건으로 받아들이는 그리스도교적 숙명주의라고 비판한다.[34]

4. 조용기 목사의 교회론

조용기 목사가 이해한 하느님 나라에 대한 특징은 지상에서의 교회를 하느님 나라로 보았다는 점이다.[35]

하나님께서는 예수 그리스도께서 십자가 위에서 당하신 고난의 대가로 이 세상에 하나님 나라의 기초를 확실하게 다지신 것입니다. 그 하나님 나라는 우리가 모여서 예배드리는 교회입니다. 예수님께서 교회의 기초를 다져 놓으시고 하나님 나라의 능력이신 성령을 보내셔서 날로 교회를 튼튼히 하고 계십니다.[36]

---

34 같은 글, 186-187.

35 조영모, "영산 조용기 목사의 하나님 나라 이해: 신약을 중심으로," 「영산의 목회와 신학」 3권(영산신학연구소, 2008), 한세대학교 말씀사, 110.

영산에 의하면 예수님은 교회의 머리이시고 임금이시며 절대주권자이시기 때문에 교회는 예수 그리스도의 소유물이며 예수 그리스도의 지상천국이다. 그러므로 왕이신 예수님은 직접 교회를 경영하고 다스리신다는 것이다.[37] 또한 하느님 나라에는 회복이 있고 축복이 있으므로 현재 교회에서 그 복을 누리는 것은 당연하지만,[38] 현재의 삶과 축복이 성도에게는 전부가 아니기 때문에 영산은 하느님 나라에 대한 종말론적인 소망을 가지고 땅끝까지 복음을 전할 것을 강조한다.[39]

영산은 또한 교회는 예수께서 십자가에서 마귀와 그 왕국을 파괴하고 천국을 이룬 곳이라고 말한다. 그러므로 그는 교회가 '예수 그리스도의 승리의 왕국'이므로 오늘날 교회는 가는 곳마다 마귀와 귀신들을 포로로 잡고 전리품을 싣고 와야 한다고 주장한다. 전리품에는 용서, 성령 충만, 치료, 축복, 영생이 있다고 하면서 조용기 목사는 오늘날 '살아있는 교회'란 바로 이런 전리품들을 가는 곳마다 나누어 줌을 실천하는 교회라고 역설한다. 또한 그는 교회란 예수께서 왕으로서 주권을 가지고 통치하시는 예수님의 왕국이라고 여기면서 교회와 하느님의 나라를 동일시한다. 그리고 예수께서 승천하시기 전에 제자들에게 하신 명령(마르 16, 15-18)은 오늘에도 해당되므로 성도들은 하느님 나라의 증인이 될 것을 강조한다.[40]

---

36 조용기 목사 설교, "그의 나라와 그의 의가 무엇인가?," 「조용기 목사 설교 전집」, 제17권, 255-256.

37 같은 글, 96-97.

38 김판호, "오중복음과 삼중축복 사상에 나타난 하나님 나라," 243.

39 같은 글, 245.

40 최문홍, "영산 조용기 목사와 하나님의 나라," 198.

5. 조용기 목사의 교회론에 대한 개신교 신학자들의 해석

조영모가 볼 때 영산 조용기 목사는 지상에서의 교회가 하느님 나라라고 일관되게 주장한다. 그는 영산의 이런 관점은 어떤 교리나 신학의 영향이라기보다 오히려 하느님 나라에 대한 그의 현재적인 축복관과 연결된다고 해석한다. 영산이 교회를 하느님 나라로 설명하는 전후 문맥을 보면 교회와 하느님 나라의 현재적인 축복이 늘 관련되는 점이 있기 때문이다. 조영모는 한국이 IMF위기에 처했던 1997년 12월 7일에 조용기 목사가 "경제 난국을 살아가는 지혜"라는 주제로 '교회가 하느님 나라'라고 설교한 예를 든다. 여기에서 영산은 교회인 하느님 나라를 확장하는 방법이 주일 성수와 십일조 및 전도인의 삶을 사는 것이라고 강조한다. 성도들이 경제적으로 가장 힘든 시기에 '교회가 하느님 나라'라는 논리로 설명함으로 그 하느님 나라 안에서 누릴 수 있는 축복의 원리와 방법의 메시지를 선포하는 것이다. 조영모는 영산에게 교회란 예수의 왕권을 인정한 구속받은 백성들의 신앙 공동체이며, 이 점에서 하느님 나라와 교회 사이에는 동일한 왕과 동일한 백성의 관계가 형성된다고 요약한다. 따라서 조영모는 여의도순복음교회의 성장의 힘이 바로 조용기 목사의 이런 신학에 기초하는 것으로 추정한다.[41]

최문홍은 영산의 목회 초기의 처참한 상황이 그가 하느님 나라의 '현재성'을 집요하게 전파할 수밖에 없도록 만들었다고 평가한다. 영

---

41 조영모, "영산 조용기 목사의 하나님 나라 이해," 97-99.

산은 하느님 나라 임재의 장소로 신자의 '마음'을 강조하면서 예수께서 십자가를 통하여 이루어 놓으신 오중복음과 삼중축복의 열매들을 '마음 하늘'에 이루어지게 해야 한다고 역설하기 때문이다. 특별히 영산은 신자의 운명은 마음 다스림에 달려 있기 때문에 생각, 꿈, 믿음, 말이라는 네 가지 요소로 마음을 다스릴 것을 강조한다. 그러므로 최문홍은 영산신학의 중심부인 4차원의 영성과 영산의 하느님 나라 이해는 긴밀히 연결되었다고 정리한다.[42]

6. 가톨릭교회의 하느님 나라에 대한 이해

「가톨릭교회 교리서」[43]는 그리스도의 승천과 하느님 나라 그리고 그리스도의 재림에 대해 다음과 같이 설명한다. 그리스도의 승천은 그분의 인성이 하느님의 권능과 권위에 참여함을 뜻한다. 예수 그리스도께서는 주님이시며 하늘과 땅의 모든 권능을 지니고 계신다. 그분은 "권세와 세력과 능력과 주권의 여러 천신들을 지배하신다. 성부께서 만물을 그분 발아래 굴복시키셨기" 때문이다(에페 1, 21-22). 그리스도께서 성부 오른편에 앉아 계심은 메시아 나라의 시작, 곧 사람의 아들에 관해 예언자 다니엘이 보았던 환시의 성취를 의미한다.

그리스도의 나라는 이미 당신의 교회 안에 현존한다. 그러나 "권능을 떨치며 영광에 싸여 오시는"(루카 21, 27) 왕의 지상 내림으로 완성

---

42 최문홍, "영산 조용기 목사와 하나님의 나라," 199-200.
43 「가톨릭교회 교리서」(한국천주교중앙협의회, 2004), 662-678항.

된 것은 아니다. 그리스도의 파스카로 '악의 세력'의 뿌리는 정복되었지만, 그리스도의 나라는 그들의 공격을 받고 있다. 모든 것이 그분에게 굴복할 때까지, 정의가 깃드는 새 하늘과 새 땅이 이루어질 때까지 순례하는 교회는 피조물들 사이에서 살고 있다. 비록 "그때와 시기는 아버지께서 당신의 권능으로 결정하셨으니 우리가 알 바 아니지만"(사도 1, 7) 승천 이래 그리스도의 영광스러운 재림은 임박해 있다. 그러나 가톨릭교회는 장차의 메시아 나라를 왜곡하는 이른바 '천년왕국설'과 그 완화된 형태까지도 배격한다. 특히 '본질적으로 사악한' 세속화된 메시아 신앙의 정치적 형태를 배격한다.

주님이신 그리스도께서는 당신의 몸인 교회의 머리이시다. 그분께서는 하늘로 올려지고 영광스럽게 되어 지상교회 안에 머무르신다. '신비 안에서 이미 현존하는 그리스도의 나라'는 교회 안에 자리 잡고 있다. 그러므로 교회는 '지상에서 하느님 나라의 싹과 시작'이 된 것이다. 그리스도께서는 하늘에서 당신의 사제직을 영원히 수행하고 계신다. 그분은 "항상 살아계셔서 그들을 위하여 중재자의 일을 하시니 당신으로 말미암아 하느님께 나아오는 사람들을 언제나 구원해 주실 수 있으시다"(히브 7, 25). 교회의 머리이신 예수 그리스도께서는 우리보다 먼저 아버지의 영광스러운 나라에 들어가셔서 당신 몸의 지체인 우리가 언젠가는 당신과 영원히 함께 하리라는 희망을 가지고 살아가도록 하신다.

그리스도께서 재림하시기 전에 교회는 많은 신자들의 신앙을 흔들어 놓게 될 마지막 시련을 겪어야 한다. 이 박해는 종교적 사기의 형태로 '죄악의 신비'를 드러내게 될 것이다. 최고의 종교적 사기는 거짓 그리스도, 곧 가짜 메시아의 사기이다. 이로써 인간은 하느님과 육신을 지니고 오신 하느님의 메시아 대신에 자기 자신에게 영광을 돌리는 것이다. 예수님께서는 마지막 날에 말씀하실 것이다. "너희가 여기 있는 형제 중에 가장 보잘것없는 사람 하나에게 해 준 것이 바로 나에게 해 준 것이다"(마태 25, 40).

교황 바오로 6세의 자의교서 "하느님 백성의 신앙고백"(*Sollemni hac liturgia*, 1968. 6. 30.)에서 하느님 나라는 그리스도 교회 안에서 시작되었지만, 이 세상에 속하지 않는다는 점 그리고 그의 성장은 하느님의 사랑에 대한 열정적인 응답과 인간 사이에 거룩함의 확산으로 이루어진다는 점을 강조한다. 그리고 그 하느님 나라의 성장은 과학이나 인간적 기술의 발전과 동일시될 수 없음을 언급한다. 더나아가 그리스도인들은 지상 국가의 복지에 기여하며, 정의와 평화 그리고 형제적 화합을 촉진시키고, 가난하고 불쌍한 형제들에게 도움을 베풀 것을 촉구한다.[44]

교황 바오로 6세는 교황권고 "현대의 복음 선교"(*Evangelii nuntiandi*, 1975. 12. 8.)에서 교회는 다양한 인간 해방의 선포가 하느님 나라의 선포를 대신하는 것을 거부하며, '그리스도를 통한' 구원의 선포를 소홀히 한다면 해방에 대한 교회의 공헌도 불완전한 것이라고 단언한다.[45]

교황 요한 바오로 2세는 회칙 "교회의 선교 사명"(*Redemptoris Missio*, 1990. 12. 7.)에서 하느님 나라, 그리스도, 교회의 관계를 다음

44 J. NEUNER, sj & J. DUPUIS, sj, *La Fede Cristiana nei documenti dottrinali della Chiesa cattolica* (Milano: San Paolo, 2002), 29(#39.20).
45 교황 바오로 6세, 교황권고 『현대의 복음 선교』(*Evangelii nuntiandi*, 1975. 12. 8.), 한국천주교중앙협의회, 2009, 34항.

과 같이 말하는 것을 볼 수 있다. 하느님 나라는 그리스도나 교회와 나눌 수 없다. 그리스도께서는 그 나라를 선포하셨고 당신 안에서 그 나라를 현존하게 하시고 실현시키셨다. 또한 하느님 나라는 멋대로 해석할 수 있는 개념이나 교리나 계획이 아니다. 하느님 나라는 하느님의 형상이신 예수님의 모습과 이름을 지닌 한 위격이다. 만일 이 나라를 예수님에게서 분리하면, 그분께서 계시하신 하느님 나라는 더 이상 존재하지 않게 된다. 하느님 나라를 교회와 분리할 수도 없다. 교회는 하느님 나라의 싹이고 표징이며 도구로서 하느님 나라를 지향하기 때문이다. 따라서 하느님 나라와 그리스도와 갖는 특별한 유대 때문에 교회는 "하느님과 그리스도의 나라를 선포하고 모든 민족 가운데에 이 나라를 세울 사명을 받은" 것이다(교회의 선교 사명 18항).[46]

가톨릭 신학자 심상태 신부는 전통 종말론과 오늘날의 종말론을 다음과 같이 설명한다. 전통 종말론은 대략 15세기경부터 각 개인의 생활과 세계 역사의 종말에 관해 하느님으로부터 계시된 일종의 사전 정보(事前情報)로 이해되어왔다. 여기서는 다가올 실제적인 최종상태에 대한 사전 예고라는 인상을 주었는데 이것은 고대의 신화론적 세계관과 중세의 우주론적 세계관에 입각하여 사변적으로 또는 성서 진술을 자의적(字義的) 해석으로 시도했기 때문이다. 그리스도교 종말론은 초기 신학에서 '나는 죽으면 어떻게 되는가? 나는 이 세상에서의 삶이 끝난 뒤에도 피안적 삶을 살 수 있는가? 이 피안세계의 삶은 어떠한가?'

---

46 교황 요한 바오로 2세, 『교회의 선교 사명』(Redemptoris Missio): 교황 요한 바오로 2세의 회칙, 한국천주교주교회의, 2014, 18항.

에 관심을 두었다. 예수 승천 후에 그의 재림이 지연되면서 그리스도 인들의 관심은 우선 개인의 미래에로 쏠린 때문이다. 개인의 영혼 구원이 중심이므로 인류 전체와 세계의 궁극의 처지에 대한 관심은 뒤로 밀려났고, 전통적 종말론은 죽음과 심판, 천당과 지옥에 대한 가르침을 개인주의적 관점에서 다루었다. 여기서 말하는 각 개인과 세계 전체의 종말 상태는 대략 다음과 같이 묘사될 수 있다. 각 인간은 원죄 때문에 죽음을 맞는다. 죽으면 영혼이 육신에서 분리되어 즉시 하느님 대전에서 심판을 받는다. 하느님은 각 사람이 살아서 이룩한 행업에 따라 천당 영복이나 지옥 영벌 또는 연옥 단련을 받도록 심판 을 내리신다. 동방교회와 개신교회와는 달리 가톨릭교회는 소죄(小 罪) 중에 사망한 사람들의 영혼은 완전히 정화되어 천국에 들어갈 수 있을 때까지 연옥 단련을 받는다고 본다. 이 연옥 영혼들은 지상에 살아있는 신자들의 미사나 기도 또는 선행 등을 통해 도움을 받는다. 세계와 역사의 종말에 우주적 이변이 발생하는 가운데 그리스도가 재림하면서 죽었던 사람들이 부활하여 그리스도로부터 공적으로 심 판을 받는다. 이 심판을 통해서 의인들은 영복을 누리고 악인들은 영벌을 받게 되면서 세계는 목표에 도달하게 되어 완성된다.[47]

　　루터(Martin Luther, 1483~1546)와 칼뱅(Jean Calvin, 1509~1564) 등 종교 개혁가들은 연옥에 관한 전통적 교리를 부정하였다. 그러므로 이에 대항하여 트렌트 공의회(1545~1563)에서는 죽은 이들의 운명에 관한 피렌체 공의회(1439~1445)의 가르침(DH 1304~1306 참조)을 인 용하면서 연옥 교리를 다음과 같이 재확인하였다.[48]

---

47 심상태,『2000년대의 한국교회』, 신학선서 15(성바오로, 1993), 23-26.

가톨릭교회는 성령의 감도를 받아 성경과 교부들의 오랜 전통에 근거해서 여러 거룩한 공의회들과 최근에 이르러서는 본 거룩한 보편 공의회를 통하여 연옥이 존재하고 그곳에 있는 영혼들은 신자들의 기도를 통하여, 특별히 거룩한 미사성제를 통하여 도움을 받을 수 있다는 것을 가르쳐 왔다. 따라서 본 거룩한 공의회는 주교들에게 거룩한 교부들과 공의회들을 통하여 전수되어 온 연옥에 관한 건전한 교리가 어디서든지 믿어지고 보존되며 가르쳐지고 선포되도록 정성을 다하여 감독할 것을 명하는 바이다(DH 1820).

심상태 신부는 1960년대 이래 신학계에 일반적으로 정착된 종말론적 입장들은 전통적 종말론과 구별된다고 하면서 그 특징을 다음과 같이 요약한다. 우선 종말 사건에 관한 성서 진술들은 그리스도교적 희망의 비유라는 통찰이 널리 확산되고 있으며, 이 희망의 성서적 비유들을 종말 사건에 관한 객관적 정보로 해석해서는 안 된다는 입장이 지배적이라는 점이다. 그래서 인간과 세계의 종말과 관련된 진술들은 본질적으로 신앙에 속하는 약속과 희망의 표현들이라고 해석한다. 또한 오늘날의 종말론은 종말 실재를 객관적으로 사물화하며 장소적으로 규정하지 않고 인격적 하느님 자체로 파악하려는 일반적 경향을 드러낸다고 말한다. 그리고 그리스도에서 발생한 종말 사건이 우리 인간들한테서는 아직 완성되지는 않았으나 시작의 형태로 이미 현존한다는 통찰이 지배적인 점을 강조한다. 그러므로 심상태

---

48 박준양, 『종말론-영원한 생명을 향하여』(생활성서, 2011), 104-105;

DH = H. Denginger-A. Shonmetzer, *Enchiridion Symbolorum definitionum et declarationum de rebus fidei et morum* 한국어판, 하인리히 덴칭거, 『신경, 신앙과 도덕에 관한 규정 편람』(한국천주교주교회의, 2017).

신부에 의하면 현대 종말론은 개인주의적 협소성에서 탈피하여 개인의 운명에 관한 물음도 전체 세계 역사의 구원 전망 속에서 보려고 한다.[49]

심상태 신부는 오늘날 종말론의 입장이 다수의 형태로 존재하지만 대체로 두 가지 조류로 나누어볼 수 있다고 한다. 그러므로 그는 개인의 종말론적 처지 규정에 치중하는 종말론과 세계와 역사의 관계를 중시하는 종말론에 관해 다음과 같이 설명한다. 우선 개인의 종말론적 처지 규정에 치중하면서 세계 및 역사 자체와 이 역사 과정에서의 개인의 유대를 경시하는 종말론 유형들을 볼 수 있다. 여기에는 '실존론적', '초월적' 그리고 '인격주의적' 종말론이 있다. 이것은 50년대까지 신학계에서 큰 호응을 얻었다고 한다. 이와 달리 개인의 처지보다는 세계와 역사의 관계를 중시하는 종말론 유형들이 있다. 여기에는 '진화 혁명적', '정치적' 그리고 '해방적' 종말론이 들어간다. 이것은 60년대 이후에 신학계를 주도하고 있는 입장이라는 것이다. 심상태 신부는 이 두 가지 유형은 상호 제휴 내지 보완의 관계를 맺는 것이 바람직하다고 판단한다[50].

심상태 신부는 그리스도교 신학계 안에서 오늘날 광범하게 확산되어 정설로 인정되고 있는 종말 신앙의 기본 내용을 개략적으로 다음과 같이 정리한다. 그리스도인의 종말 희망은 파악 불가능한 하느님의 역사(役事)에 입각하여 세워진다. 그러므로 그리스도인이란 최후 미래에 대하여 다른 사람보다 더 많고 정확한 정보를 소유한 사람이

---

49 심상태, 『2000년대의 한국교회』(신학선서 16), 27-28.
50 같은 책, 30-31.

아니다. 오히려 그리스도인이란 예수님을 죽음에서 부활시키신 하느님은 사랑 자체이신 분이시며, 그분은 만사를 선하게 이끄실 것이라는 희망을 지닌 사람을 의미한다. 그리스도인이 희망하는 하느님의 나라는 죽음 뒤에야 비로소 입장하게 되는 사후세계가 아니라 이미 현세 안에서 현존하는 나라이다. 그리스도인은 인간과 세계 전체를 완성케 하는 하느님 나라가 선물로 다가오리라고 희망한다. 그러나 이러한 그리스도교적 희망은 하느님 나라를 수수방관하면서 수동적으로 기다리는 것이 아니다. 이 희망은 아직 온전히 실현되지 않은 하느님 나라의 완성을 위해 역사 세계 안에서 자유와 평등 그리고 평화의 구현을 위한 투신으로서 행동화되어야 한다. 하느님 나라에 대한 희망은 창조적 사랑의 힘으로부터 나오는 '새 하늘과 새 땅'에 대한 희망이다. 이 희망은 악과 불화만을 산출하는 과거의 악순환으로부터 인간을 해방시켜 낡은 것을 잊고 용서하도록 한다. 그리고 다른 사람들과 함께 새로운 미래를 향하여 모험을 감행토록 한다.[51] 하느님 나라의 구현은 한 인간이 행하는 모든 사랑의 행위 안에서 지금 이미 역사 속에서 영원히 이룩된다. 그래서 사랑 안에서 현재와 미래가 함께 연계된다. 그러므로 심상태 신부는 이 사랑이 현재로부터의 떨어짐이라기보다 현재 안에서 발생하는 미래의 시작이며 여명이라고 볼 수 있다고 말한다.[52]

심상태 신부는 또한 대부분의 현대 신학이 보는 지옥과 연옥, 천국에 관한 내용을 다음과 같이 요약하여 설명한다. 지옥은 어느 특정

---

51 같은 책, 31-32.
52 같은 책, 33.

장소가 아니라 범죄적 행위 안에서의 고착화를 의미한다. 지옥에 대한 성서적 진술은 하느님과 인간에 대한 사랑을 거부하고 오로지 자기 자신만을 행동 추구의 동기와 척도로 취하는 생활 자세에 대한 경고로 이해되어야 할 것이다. 지옥은 해명할 수 없는 신비로 머문다. 한 인간이 이기주의의 노예가 되어 이웃을 물리치고 사랑의 공동체를 배척할 때 지옥은 현실 세계 안에서 이미 발생한다고 말할 수 있다. 연옥은 반지옥이 아니라 죽음과 함께 발생하는 하느님과의 해후의 한 순간이다. 연옥은 인간이 사랑이신 하느님과 완전한 일치를 이루기에 부당함을 인지하면서 부끄럽고 고통스럽게 하느님을 만나면서 정화되는 과정이다. 인간이 하느님의 순수한 사랑 앞에 벌 받아 마땅할 죄인이라고 스스로 심판하게 되는 것이다. 인간이 자신을 하느님께 더욱 개방하고, 하느님은 당신 자신을 더욱 강렬하게 전달하시는 가운데 정화가 이루어지며, 인간은 자기 폐쇄에서 해방되어 하느님과 더 완전한 일치를 향해 나아간다. 천국이란 인간 삶의 완성된 충만으로서, 사랑과 통교의 완성된 형태이다. 인간은 자신으로부터 벗어나 사랑을 실천할 때 자기 충만에 이른다. 이 천국은 개인적, 집단적 이기주의가 극복되고, 아가페 사랑이 생활화되는 곳에서 현실적으로 이미 시작되어 확장되어 나아간다. 그러므로 심상태 신부는 극도의 고독성을 지옥의 본질적 소인이라고 본다면, 복된 인간들의 유대 내지 공동체성은 천국의 본질적 소인이라고 정리한다.[53]

---

53 같은 책, 34-35.

4장

결론

1. 삼중축복

지금까지 보아온 조용기 목사의 삼중축복을 정리하면 다음과 같다.

그는 절대 절망에 처한 사람들에게 절대 희망을 주는 것이 그의 목회의 핵심 동기이다. 요한3서 1장 2절은 그가 성경을 풀어나가는 열쇠였다. 그의 오중복음(중생, 성령 충만, 축복, 신유, 재림)이 신앙을 위한 이론과 교리라면, 그 이론과 교리를 실천하는 실제와 적용은 전인 구원의 차원에서 삼중축복(영혼의 축복, 생활의 형통, 육체의 건강)이라고 한다. 여기에 우선순위가 있다. 즉, 영혼이 잘되는 축복을 말한다. 그 다음은 범사에 잘되는 축복과 육체의 건강을 말한다. 이를 위해서는 기도, 말씀 공부, 하느님께 예배드림에 힘써야 한다. 또한 병이 들면 죄와 불순종을 회개하고 치료받기 위한 금식 철야기도를 강조한다.

누구나 영혼이 구원받고 건강하며 모든 일이 잘되길 바란다. 따라서 삼중축복 신학은 많은 이들에게 희망을 주는 메시지가 될 수 있고, 여의도순복음교회가 세계적으로 가장 큰 개별 교회로 성장하는 데 핵심 역할을 해 온 것도 사실이다. 그러나 좀 더 심화시킬 면도 있기 때문에 앞에서 살펴보았듯이 신학자 간에는 축복 신학에 대해 긍정적 평가 또는 부정적인 평가를 하는 부류가 있다.

최문홍은 조용기 목사의 삼중축복을 긍정적으로 평가한다. 그는 삼중축복을 풍성히 누리기 위해서는 성령과의 인격적인 교제가 필요하다고 말하면서 이 삼중구원 신학에 입각한 사회구원의 사역은 민중신학과 해방신학과는 달리 실패하지 않을 것이라고 기대한다.

마원석은 축복 신학이 그리스도의 속죄 사역을 통한 구원론적 동기 부여가 되었다고 평가하면서 성령론적인 탐구가 더 이루어져야 한다고 지적한다. 또한 조용기 목사의 축복 신학에서 신학적 목표나 의도가 불분명하다고 짚으면서 몇 가지 질문을 던진다.

즉, "무엇을 위한 축복인가? 그것이 인간 자신을 섬기는가, 하느님 나라를 섬기는가? 그리스도인의 축복 개념이 샤머니즘이나 세속적 축복 개념과 어떤 차이점이 있는가?"를 묻는다. 마원석은 또한 축복 신학이 개인주의에 치우치는 것에 반대하면서 사회공동체적 상황이 무시될 수 없다는 주장과 함께 사회봉사를 위한 오순절적 개념에 대한 토론의 중요성을 언급한다.

정용섭은 예수를 잘 믿으면 소위 삼박자 축복을 받는다는 조용기 목사의 주장은 거짓말이며 조용기 목사의 설교는 개인의 구원에 대한 관심보다는 자신의 재물, 건강, 성공에 집착하게 만든다고 지적한다.

박원근은 번영 신학에서 세계적으로 눈에 띄는 목사들이 공통적으로 가지는 부정적 측면을 언급하면서 교회 성장이 과연 "누구를 위한 교회 성장인가?"라고 묻는다.

윤기석은 조용기 목사와 그의 가족의 물질 소유욕은 한국교회의 부패를 표현한다고 비난한다. 그리고 도덕적 감각이 없이 사는 목사는 더 이상 목사가 아니라고 역설한다.

이러한 여러 가지 질문에 덧붙여 "삼중축복 신학은 영혼 축복, 건강 축복, 물질 축복들 상호 간의 균형 있는 삶을 어떻게 가르치는가?"를 물어보고 싶다. 성령 안에서 이 세 분야의 균형보다는 인간적으로 쉽게 빠질 수 있는 유혹의 하나로 물질 축복의 확장이 삼중축복의 중심이 될 수 있기 때문이다. 또한 물질 축복으로 얻은 돈을 각 개인과 교회 차원에서 과연 어디에 어떻게 사용하라고 가르치는지도 궁금하다. "누구를 위한 교회 성장인가?"에 대한 답은 조용기 목사의 별세 이후 여의도순복음교회의 미래를 보면 알 수 있다고 보겠다. 또한 축복 신학은 하느님이 오늘 축복 신학을 사는 이들만을 위해 우주를 창조하신 느낌을 준다. 그러므로 "우리 이전의 모범적인 그리스도인들의 삶과 삼중축복의 관계를 어떻게 신학적으로 설명할 수 있는가?" 예를 들어 교회의 거대한 두 성인인 베드로 사도와 바오로 사도가 복음을 전하면서 물질에 관해서는 그다지 축복되지 않았던 것을 어떻게 설명하는지 궁금하다. 그리고 "삼중축복을 따르는 신자들이 물질적 풍요를 기도하고 그것을 누리게 되면 과연 언제 자신이 아주 부자라고 말하면서 만족할 수 있는가?"에 대한 설명이 필요하다.

조용기 목사는 인간 중심의 물질 축복은 강조하지만, 그의 신학은 무속적이지 않다. 물질 축복을 구함은 모든 종교의 공통점이다. 조용기 목사는 성부 성자 성령이신 삼위일체 하느님을 믿고 그분께 찬미와 영광을 드리며 성경 말씀을 따른다. 무엇보다 그는 무속인들이 모시는 신의 이름으로 점을 치거나 치유와 복을 구하지 않기 때문이다.

2. 신유(치유)

조용기 목사는 신유(Divine Healing)란 일반적인 의료 행위를 통한 치료가 아니라 하느님의 능력과 섭리에 의해 이루어지는 초자연적인 치료라고 정의한다. 그는 신유가 예수 그리스도의 대속적 고난 중에 포함되어 있는 반드시 증거되어야 할 하느님의 선물이라고 강조한다. 이와 관련된 성경 말씀으로 "그분이 매 맞고 상처를 입으신 덕택으로 여러분의 상처는 나았습니다"(1베드 2, 24)를 말한다. 또한 조용기 목사에 의하면 죄 사함과 병 고침이 동전의 양면처럼 공존하기 때문에 십자가 위에서 인간의 가장 근원적 문제인 죄의 문제를 해결한 예수 그리스도께서 질병의 문제도 함께 치유하셨다고 한다. 그리고 예수 그리스도는 영원토록 동일한 분이므로 2천 년 전에 발생했던 그리스도의 치유 역사가 현재에도 반복될 수 있다. 따라서 그분이 성령을 통해 우리 가운데 임재하신다면, 그분의 사역을 지금도 동일하게 행하시는 것이다. 여기에 근거해서 조용기 목사는 기적적인 치료의 가능성을 확신하고 신자들에게 이 체험에 참여할 것을 강력히 촉구한다. 그러나 조용기 목사는 그리스도가 치료를 위하여 대속의 피를 흘렸다면, 그리스도를 믿지 않는 이에게 결코 진정한 의미에서의 신적인 치료란 존재할 수 없다고 주장한다. 치료의 전제는 치료자 되시는 그리스도를 받아들이는 것이기 때문이다.

가톨릭교회에서는 치유에 대해 다음과 같이 설명하면서 질병이 의인에게도 찾아오는 이유에 대한 답을 신약성서에서 찾는다. 예수님께서는 공생활 동안 병자들을 지속적으로 만나셨으며, 기적적인 치유가 그분 활동의 특징으로 나타나듯 많은 사람을 치유하셨다. 이러한 치유들은 메시아로서 그분의 사명을 드러내는 징표이며(루카 7, 20-23 참조), 온갖 악에 대한 하느님 나라의 승리 및 전인적 치유인 영혼과 육체의 치유를 상징한다. 그러므로 가톨릭교회에서는 이 치유들이 예수님께서 죄를 용서하시는 권한을 가지셨다는 것을 증명한다고 본다(마르 2, 1-12 참조).[1]

가톨릭교회는 또한 그 밖의 인간 고통처럼 질병에 대한 메시아의 승리는 치유 기적을 통해서뿐 아니라 그리스도의 자발적이고 죄 없는 수난의 고통을 통해서도 이루어진다고 말한다. 그리고 주님은 당신의 수난으로 모든 사람이 주님의 고통에 자신을 일치시킬 수 있는 기회를 주셨다고 설명한다. 고통을 통해 구원 사업을 완수하신 그리스도께서는 또한 인간 고통을 구원의 차원으로까지 들어올리셨다. 그러므로 각 개인은 자신의 고통 속에서 그리스도의 구원의 고통에 동참할 수 있게 된다는 것이다.[2]

가톨릭교회에서 질병은 그리스도와 일치를 이루는 도구 및 영적 정화의 도구로 이해된다. 또한 병자와 함께 있는 사람들에게는 사랑을 실천하는 기회로 여겨진다. 그리고 특별히 기도하는 때가 된다. 질병을 하느님의 뜻이라고 받아들일 수 있는 은총을 청하거나 치유를 얻고자 간절히 기도하기 때문이다.[3] 어쨌든 질병은 구원의 신비 안에

1 ERMINIO LORA ed., *Enchiridion Vaticanum*, vol. 19 (Bologna: EDB, 2004), 761-763; 한국천주교주교회의, "치유기도에 관한 훈령,"「가톨릭교회의 가르침」 18호 (2001), 161.
2 ERMINIO LORA ed., *Enchiridion Vaticanum*, vol. 19, 763-765; 한국천주교주교회의, "치유기도에 관한 훈령," 162-163.
3 ERMINIO LORA ed., *Enchiridion Vaticanum*, vol. 19, 757; 한국천주교주교회의, "치유기도에 관한 훈령," 158.

그 의미를 가진다고 한다.4

가톨릭교회에는 치유를 위한 개인의 기도뿐 아니라 병자들과 임종을 앞둔 이들에게 베푸는 병자성사가 있다. 그리고 건강 회복을 위한 치유기도는 건강을 보전하고 회복하려는 효과적인 자연 치유법과 의학적인 치료를 거부하지 않고 오히려 이를 장려한다.5

교회는 주님께로부터 "앓는 사람은 고쳐 주어라"(마태 10, 8)는 사명을 받았다. 그러므로 교회는 병자들을 보살피고 그들을 위해 기도드림으로 이 사명을 수행하고자 노력한다.6 그러므로 가톨릭교회는 7개의 성사 가운데는 병으로 고통당하는 사람들에게 힘을 주기 위해 병자성사를 베푼다.7

가톨릭교회는 병자성사의 효과를 네 가지 면에서 설명한다. 우선 성령의 특별한 선물인 은총을 받는다. 즉, 중병이나 노쇠 상태의 어려움 극복에 필요한 위로와 평화와 용기의 은총이다. 그리고 죽음 앞에서 번뇌와 좌절에 빠지는 마귀의 유혹에 흔들리지 않게 해준다. 또한 병자들의 영혼의 치유 및 죄의 용서도 받으며, 하느님께서 원하시면 육체의 치유도 받는 은총이다. 둘째, 그리스도의 수난에 결합된다. 즉, 병자성사의 은총으로 병자는 자신을 그리스도의 수난에 더욱 가까이 결합시키는 힘과 은혜를 받는다. 원죄의 결과인 고통에 새로운

---

4 ERMINIO LORA ed., *Enchiridion Vaticanum*, vol. 4 (Bologna: EDB, 1978), 173; 한국천주교주교회의, 『병자성사 예식』, 한국천주교주교회의 전례위원회(2018), 1항.

5 ERMINIO LORA ed., *Enchiridion Vaticanum*, vol. 19, 769; ERMINIO LORA, ed., *Enchiridion Vaticanum*, vol. 7 (Bologna: EDB, 1982), 349; 한국천주교주교회의, "치유기도에 관한 훈령," 165; 한국천주교주교회의 전례위원회, 『병자성사 예식』, 4항.

6 「가톨릭교회 교리서」, 1509항.

7 같은 책, 1511항.

의미가 부여된다. 곧 고통은 예수님의 구원 사업에 참여하는 일이 되는 것이다. 셋째, 하느님 백성의 선익에 기여한다. 병자성사를 받은 병자도 나름대로 이 성사의 은총을 통해서 교회의 성화와 모든 이의 선익에 이바지한다. 교회는 이 성사를 거행함으로써 성인들의 통공 안에서 병자들의 선익을 위해 전구한다. 넷째, 마지막 길을 준비한다. 병자성사는 환자들을 위한 것이면서 특별히 '생명이 떠나려는 순간에 처한 이들'에게 베풀어져야 한다. 병자성사 때에 도유(기름 바름)가 있는데 이는 다른 성사 때의 도유와 구분된다. 즉, 세례 때의 도유는 우리 안에 새 생명을 새겨 주고, 견진 성사 때의 도유는 이 생명의 싸움을 위하여 우리를 굳건하게 해주며, 병자성사 때의 도유는 하느님 아버지의 집에 들어가기 전에 있을 마지막 싸움에 대비하여 지상 생활의 마지막에 튼튼한 방패를 마련해 준다.[8]

가톨릭교회는 병자성사를 베풀면서 임종을 앞둔 사람들에게 병자의 도유 외에도 노자성체를 준다. 아버지께로 갈 때 모시는 그리스도의 몸과 피는 특별한 의미와 중요성을 지닌다. 즉, 이 성체는 영원한 생명의 씨앗이며 부활의 힘이다. 그리고 죽음에서 생명으로, 이 세상에서 하느님 아버지께로 건너가는 성사가 된다.[9]

조용기 목사는 오직 그리스도의 보혈만이 인간의 온전한 의이며, 십자가 위에서 인간의 가장 근원적 문제인 죄의 문제를 해결한 예수 그리스도께서 질병의 문제도 함께 치유하셨다고 확신한다. 이 점을 기억하면서 가톨릭 신학자 설리번(Francis A. Sullivan)은 치유에 관해

---

8 「가톨릭교회 교리서」, 1520-1523항.
9 같은 책, 1524항.

어떻게 생각하는지를 보겠다.

설리번에 의하면 죄로 인해 세상에 죽음이 왔다면(로마 5, 12 참조) 의화된 상태에서는 아프지도 않고 죽지도 말아야 한다. 그러므로 구원이 본래의 의화 상태로 회복됨을 의미한다면 구원받은 이들은 질병에서도 해방되어야 한다. 그러나 구원이 본래의 의화 상태의 회복이라는 의미는 맞지 않다. 우리는 여전히 죽어야 하기 때문이다. 그리고 예수께서 치유해주셨고 죽음에서 살려주신 이들도 우리들처럼 모두 죽었기 때문이다.[10]

설리번은 치유에 관해 조용기 목사와 다른 이론을 제시한다. 그는 "그리스도가 우리를 죄에서 해방시킨 것과 같은 방법으로 우리를 질병에서 해방시킨다는 개념을 수용할 수 없다면 어떻게 치유와 구원의 관계를 이해할 수 있는가?"라고 하면서 스탠리(David Stanley)의 이론에 동의한다. 즉, 복음사가들은 예수님께서 이루신 치유를 인류에 대한 악의 세력에 대적하는 싸움이라고 이해한다는 것이다.[11]

마르코에 의하면 예수님께서 하신 치유들은 사탄의 나라에 대적하는 초기의 공격을 의미한다. 예수님께서는 인류 역사 안에서 하느님의 나라를 시작하기 위해 오셨다. 그분은 인간을 힘센 사람 또는 사탄의 속박에서 해방시키면서 세상에서 악의 지배를 쳐부수기 시작하셔야만 했다.[12]

마태오는 예수님의 치유 업적이 지상에서 사탄의 나라를 파괴하

---

10 FRANCIS A. SULLIVAN, *Carismi e Rinnovamento Carismatico* (Milano: Ancora, 1983), 182-183.

11 같은 책, 184.

12 DAVID STANLEY, "S. I. Salvation and Healing," *The Way* 10 (1970), 307-308.

기 위한 싸움의 중요한 요소라고 하면서 마르코의 견해와 함께 한다.[13]

루카에 의하면 예수님은 이러한 치유들 안에서 악이 패하는 초기 단계를 보신다.[14]

더 나아가 스탠리는 예수님의 치유들을 사탄의 나라에 대적하는 '초기의' 움직임이며 '시작 단계'에 있는 악의 패배라고 묘사한다. 치유들은 죽음에 대한 전적인 완전한 승리를 이루는 것이 아니다. 죽음은 여전히 들이닥칠 것이기 때문이다.

그러므로 설리번은 예수님께서 이루신 치유들을 인류에게 미치는 죽음의 세력에 대적하는 미래에 있을 완전한 승리의 표지라고 이해할 것을 주장한다. 예수님의 치유는 우주에 미칠 당신 미래의 주권을 나타낸다는 것이다. 그러나 예수님의 주권은 아직 절대적이거나 확실하지는 않다. 그분의 원수들이 아직 힘을 발휘하고 있으며 이 원수들은 '더 이상 죽음이 없을' 예수님의 재림 때까지는 완전히 소멸되지 않을 것이기 때문이다(묵시 21, 4).

설리번은 이런 원리를 가지고 출발한다면 예수님께서 왜 공생활에서 많은 사람들을 치유하셨을 뿐 아니라, 제자들에게도 치유의 능력을 주시면서 세상에 파견하셨는지 이해할 수 있다고 설명한다. 그리고 교회사를 볼 때에 성령께서 치유의 은사들을 왜 지속적으로 나누어주셨는지도 이해할 수 있다. 즉, 그리스도의 몸이며 신부로서의 교회는 사탄에 맞서는 그분의 싸움에 참여한다는 것이다. 설리번은 교회가 기도와 성사들을 통해 얻는 치유들과 예수님께서 하신 치유들

---

13 같은 책, 311.
14 같은 책, 314.

은 당신의 부활을 통해 이루신 죽음에 대한 승리의 표지이며 또한 재림 때에 마지막으로 물리칠 원수인 죽음에 대한 승리의 표지라고 이해한다.

더 나아가 설리번은 치유가 참으로 구원의 표지가 되기 위하여 구원된 이들이 모든 병에서 치유되는 것은 필수가 아니라고 한다. 치유는 우리 육체적 구원의 표지이다. 그러나 그 구원이 완전히 실현되었음을 말하지는 않기 때문이다. 그런데도 설리번은 모든 경우에 적용할 수는 없지만, 치유가 나름대로 가치가 있고 설득력이 있는 표지라고 여긴다.[15]

설리번은 또한 성령 쇄신 운동, 즉 오순절운동을 통해서 체험하는 치유들은 아직 와야 하는 죽음에 대한 완전한 승리를 나타내는 표지라고 여긴다. 이 점은 누구는 기도를 통해 치유를 받지만, 어떤 사람들은 치유를 받지 못한다는 사실을 받아들이는 데 도움이 된다고 본다. 성령 쇄신에서의 치유들은 미래에 검증될 육체의 구원을 미리 맛봄이며, 이것은 완전히 무상으로 주어지는 것이다. 그러므로 그는 여전히 죽음을 맞이해야 하는 우리가 질병과 죽음에서 해방될 권리를 하느님께 주장할 수 없다고 주장한다. 성령 쇄신에서의 치유는 하느님께서 당신의 자유의지에 따라 언제 어디에서 치유하실지 허락하시기 때문이다. 또한 이것은 죽은 이들을 영원한 생명으로 부활시키시는 하느님 능력의 표지로서 예수님 재림 때에 있을 육체의 부활을 미리 보여주는 것이라고 한다.[16]

---

15 FRANCIS A. SULLIVAN, *Carismi e Rinnovamento Carismatico*, 185-186.
16 같은 책, 187.

설리번에 의하면 지상에서 우리는 질병에 대한 최후의 승리를 거둘 수는 없지만, 의학의 발전과 함께하는 모든 치유들은 인류 전체에 미치는 죽음의 세력에 대항하는 전투에서의 승리를 말한다. 그러므로 그는 우리가 병이 들면 의학의 도움을 받기를 하느님께서는 원하시는데 이러한 도움을 거절하는 것은 치유자이신 하느님의 능력을 믿지 못하는 교만일 수 있다고 주장한다. 또한 기도에만 의지하고 의사의 도움을 거절하는 것은 하느님께서 기적을 일으키시도록 강요하는 방법이며, 이것은 참된 종교적 신앙의 자세가 아니라 하느님을 조종하려는 시도에 지나지 않는다고 지적한다.[17] 설리번은 치유기도를 할 때 우리가 원하는 방법대로 하느님이 꼭 응답하시도록 명령해서는 안 된다고 주장한다. 그에 의하면 하느님께서 환자를 걱정하고 계시다는 확신을 가지고 기도해야 한다. 그리고 하느님의 영광을 위해 어떤 형태로 죽음을 이길지를 마르타와 마리아가 몰랐던 것처럼 우리도 정확히 모른다는 사실을 겸손히 인정해야 한다.[18]

위에서 검토한 내용들을 정리 비교하면 다음과 같다. 우선 조용기 목사와 가톨릭교회가 말하는 치유가 조금 차이가 있음을 볼 수 있다. 조용기 목사는 신유(Divine Healing)라는 용어를 일반적인 의료 행위를 통한 치료가 아니라 하느님의 능력과 섭리에 의해 이루어지는 초자연적인 치료라고 특별히 정의한다. 그러나 가톨릭교회에서는 하느님께서 기도뿐 아니라 병자성사 및 의학과 자연 치유법을 통해서도 치유하신다고 보면서 치유라는 용어에 대한 특별한 정의를 내리지 않는

---

17 같은 책, 189.
18 같은 책, 191.

다. 조용기 목사는 신유가 예수 그리스도의 대속적 고난 중에 포함되어 있는 반드시 증거되어야 할 하느님의 선물이라고 한다. 그리고 죄 사함과 병 고침이 동전의 양면과 같으며 예수 그리스도께서는 영원토록 동일한 분이시므로 그리스도의 치유 역사가 현재에도 반복될 수 있다고 신자들이 이 체험에 참여할 것을 촉구한다. 가톨릭교회에서는 우선 건강을 회복하려는 다방면에서의 적극적인 노력을 장려한다. 그리고 예수님 공생활에서의 치유는 메시아로서의 당신 사명을 드러내는 징표이며 죄를 용서하는 권한을 가지셨다는 증거임을 강조한다. 더 나아가 각 개인은 자신의 고통 속에서 그리스도의 구원의 고통에 동참하는 것과 함께 그리스도와의 일치를 위한 도구 및 영적정화의 도구라고 이해한다. 무엇보다 가톨릭교회에서는 질병은 구원의 신비 안에 그 의미를 가진다고 해석하는 것이 특징이라고 볼 수 있다.

3. 하느님 나라

조용기 목사가 말하는 하느님 나라는 '하느님의 주권이 이루어지는 곳' 또는 '살아계신 하느님의 지배와 능력 있는 통치가 충만하게 임재한 곳'이다. 따라서 그는 이 하느님 나라를 다양한 천국 개념, 즉 '사후 천국', '새 하늘과 새 땅', '인간의 마음', '영원한 천국', '내재적인 천국', '심령 천국'과 '교회 천국' 등의 용어로 설명한다. 그는 특별히 교회가 지상에서 하느님 나라인 점을 강조하는데 이것은 그가 목회 초기에 접한 처참한 상황과 직결되어 하느님 나라의 현재성을 집요하게 전파했기 때문이다.

가톨릭교회는 조용기 목사와 달리 천국, 연옥, 지옥을 말하며, 지상 교회와 천상 교회의 친교를 강조한다. 즉, 지상에서 순례자로 있는 사람들 그리고 천상에서 남은 정화 과정을 거치고 있는 죽은 이들과 하늘에 있는 복된 분들이 모두 오직 하나의 교회를 이룬다고 믿는다. 그리고 이 친교 안에서 하느님과 그분의 성인들이 우리의 기도에 항상 귀를 기울이고 있다는 '모든 성인들의 통공'을 믿는다.[19]

가톨릭교회는 하느님 나라를 교회와 분리할 수 없다고 한다. 교회는 하느님 나라의 싹이고 표징이며 도구로서 하느님 나라를 지향하기 때문이다. 그러므로 교회는 하느님과 그리스도의 나라를 선포하고 모든 민족 가운데에 이 나라를 세울 사명을 받았다고 가르친다. 조용기 목사는 하느님 나라의 축복을 누리면서 종말론적인 소망으로 전리품을 나누어 주며 교회가 성장됨을 강조하는 데 반해 가톨릭교회는 하느님 나라는 그리스도 교회 안에서 시작되었지만 이 세상에 속하지 않으며, 그의 성장은 하느님의 사랑에 대한 열정적인 응답과 인간 사이에 거룩함의 확산으로 이루어진다는 점을 강조한다. 그리고 그리스도인들은 지상 국가의 복지에 기여하며, 정의와 평화 그리고 형제적 화합을 촉진시키고, 가난하고 불쌍한 형제들에게 도움을 베풀 것을 촉구한다.

조용기 목사는 '천년왕국설'을 주장하며 환란 전 휴거설을 지지한다. 그는 다니엘서 9장 24-27절을 문자적으로 해석하면서 말세가 되면 교회 시대가 끝나고 7년간 환란이 있을 것이며, 그때 교회 또는 성도는 휴거될 것을 말한다. 여기에 대해 류장현은 조용기 목사의

---

19 「가톨릭교회 교리서」, 962항.

종말론이 전천년설을 주장하는 세대주의 종말론이라고 평가하면서 이러한 종말론은 성령운동이 올바른 영적 운동으로 발전하기 위해 반드시 극복해야 하는 신학적 과제라고 지적한다.

가톨릭교회는 장차의 메시아 나라를 왜곡하는 전천년설과 같은 '천년왕국설'과 그 완화된 형태까지도 배격한다. 특히 '본질적으로 사악한' 세속화된 메시아 신앙의 정치적 형태를 배격한다. 그리고 오직 하느님만이 그때를 아신다고 가르친다. 이처럼 가톨릭교회와 조용기 목사의 신학에서 전천년설에 대한 믿음의 태도는 아주 크게 다름을 볼 수 있다.

구원론에서 조용기 목사신학과 가톨릭교회의 신학에는 차이점이 분명하다. 조용기 목사는 주일예배에 형식적으로 참석하는 신자는 휴거될 수 없고, 성령 충만한 사람만이 휴거된다고 한다. 조용기 목사에 의하면 성령 세례는 휴거의 보증이다. 그러나 가톨릭교회는 성령 세례를 받은 오순절 신앙인만이 휴거될 수 있다고 주장하는 조용기 목사의 신학에 비해 다른 전통 종교인들의 구원에 대해 포괄적이며, 에큐메니칼 운동과 종교 간 대화에 더욱 개방적이다. 성령 세례를 받지 않은 수많은 그리스도인들이 있다. 그러므로 조용기 목사의 신학은 이런 그리스도인들에 관해 신학적으로 설명할 필요가 있다. 가톨릭교회는 사심판과 공심판, 연옥에 관해 언급하며 연옥 영혼들은 미사와 기도, 선행을 통해 천국에 갈 수 있다고 믿는다. 또한 개인 이기주의와 집단 이기주의를 극복하는 아가페적 삶을 강조한다.

조용기 목사는 하느님 나라의 속성으로 '죄가 없는 나라', '병을 고쳐주는 나라', '귀신을 축출하는 나라', 부유한 나라'를 말한다. 그런데 조용기 목사는 여의도순복음교회와의 관계에서 금전 문제로 실형을 받았으며, 그로 인해 교회의 내분도 컸다. 교회가 하느님의 나라인 것을 특별히 중요시하는 그의 신학은 이 점을 어떻게 보는지 궁금하다. 또한 조용기 목사는 영원한 하늘나라인 영원한 천국과 이 땅에 있는 내재적인 천국을 말한다. 목회자로서 그는 신도들은 물론 가족들도 영원한 천국에 가도록 인도하여 구원받는 데 도움을 주어야 한다. 그러나 가족들의 이 땅에서의 누림을 위해 자기 삶의 마지막을 떳떳하지 못하게 장식함은 무엇을 위한 교회 성장이었나를 다시 한번 생각하게 만든다.

조용기 목사는 성도들이 성령께 의지하여 마귀와 귀신들과 싸워야 함을 역설한다. 마귀와의 전쟁이 예수께서 십자가에서 승리하신 이미 '끝난 전쟁'인데 이미 이루어 놓으신 천국을 소유하고 오중복음과 삼중축복의 전리품을 얻을 것을 역설한다. 그러므로 신도들이 마귀와의 영적 싸움 가운데 있음을 아는 것이 아주 중요하다고 가르친다. 그리고 살아 있는 교회가 되기 위해 이 전리품들을 가는 곳마다 나누어 줌을 실천하는 교회가 되어야 함을 강조한다.

조용기 목사가 영적 싸움을 언급하면서 오중복음과 삼중축복이라는 전리품에 초점을 맞추는 데 반해 가톨릭교회가 말하는 영적 투쟁의 방향은 그와 다름을 볼 수 있다. 교황 프란치스코의 권고 『기뻐하고 즐거워하여라』(*Gaudete et Exsultate*, 2018. 3. 19.)에서는 영적 투쟁에 관해 다음과 같이 설명한다.

교황 프란치스코는 그리스도인의 삶은 끊임없는 투쟁이며, 우리에게는 악마의 유혹을 뿌리치고 복음을 선포할 힘과 용기가 필요하다고 강조한다. 그는 이러한 투쟁은 인간적인 나약함과 나쁜 성향에 대한 투쟁으로 축소될 수 없으며 그것은 악마, 곧 악의 우두머리에 대항하는 지속적인 투쟁이라고 역설한다.

그리스도인의 삶은 끊임없는 투쟁입니다. 우리에게는 악마의 유혹을 뿌리치고 복음을 선포할 힘과 용기가 필요합니다. 우리의 삶 안에서 주님께서 승리하실 때마다 기뻐할 수 있기에 이러한 투쟁은 달콤합니다.

우리는 단순히 세상에 대항하는 투쟁, 우리를 기만하고 열정과 기쁨이 부족한 지루하고 시시한 사람으로 만드는 세속적인 사고방식에 대항하는 투쟁을 다루고 있는 것이 아닙니다. 이러한 투쟁은 (나태, 음욕, 질투, 시기 또는 그 밖의) 인간적인 나약함과 나쁜 성향에 대한 투쟁으로 축소될 수 없습니다. 그것은 또한 악마, 곧 악의 우두머리에 대항하는 지속적인 투쟁입니다. … 예수님께서는 제자들이 복음을 선포하는 데에 앞서 나가고 악의 반대를 극복하였을 때 기뻐하셨습니다.[20]

교황의 권고는 악이 추상적인 악이 아니라 우리를 공격하는 인격적 존재인 '악한 자'를 가리킨다고 명시한다. 그리고 예수님께서는 우리가 '주님의 기도'에서 "저희를 악에서 구하소서"라고 기도하면서 악마의 힘이 우리를 지배하지 않도록 간청하라고 가르치셨다고 구체적인 예를 든다.

우리가 초자연적 이해 없이 경험적 기준만으로 삶을 해석하기를 고집한다면 악마의 존재를 인정하지 않을 것입니다. 이러한 악의 힘이 우리 가운데에

---

20 교황 프란치스코, 『기뻐하고 즐거워하여라』(Gaudete et Exsultate, 2018. 3. 19.): 현대 세계에서 성덕의 소명에 관한 교황 권고, 한국천주교주교회의, 2018, 158-159항.

존재한다는 바로 그 확신을 가질 때에 우리는 악이 때때로 얼마나 파괴적인 힘을 가질 수 있는지를 이해할 수 있게 됩니다. … 악마는 성경의 맨 처음부터 등장하며 성경은 결국 악마에 대한 하느님의 승리로 마무리됩니다. 실제로 예수님께서는 우리에게 '주님의 기도'를 남겨 주시면서 우리가 하느님 아버지께 "저희를 악에서 구하소서"라고 간청하며 기도를 마치기를 원하셨습니다. 이 마지막 구절은 추상적 악을 의미하는 것이 아닙니다. 더욱 정확히 옮기면 '악한 자'입니다. 이는 우리를 공격하는 인격적 존재를 가리킵니다. 예수님께서는 악마의 힘이 우리를 지배하지 않도록 악마에게서 우리를 구해 달라고 날마다 간청하라고 가르치셨습니다.[21]

교황 프란치스코는 악마를 하나의 신화, 표상, 상징, 비유 또는 관념으로 여겨서는 안 되며, 악마는 우리에게 미움과 시기, 악습의 독을 퍼뜨리기 때문에 경계를 풀지 말 것을 강조한다. 그리고 성덕을 향한 우리의 길은 바로 끊임없는 투쟁인데 이러한 영적 투쟁을 위하여 기도, 하느님 말씀 묵상, 미사 참여, 성체조배, 고해성사, 자선 활동, 공동체 생활, 선교 활동에 의지할 수 있다고 말한다.

그래서 우리는 악마를 하나의 신화, 표상, 상징, 비유 또는 관념으로 여겨서는 안 됩니다. … 악마는 우리에게 미움, 우울, 시기, 악습의 독을 퍼뜨립니다. 우리가 경계를 풀 때, 악마는 이를 이용하여 우리의 삶, 우리의 가정, 우리의 공동체를 파괴합니다. 악마는 "으르렁거리는 사자처럼 누구를 삼킬까 하고 찾아 돌아다닙니다"(1베드 5, 8).

---

21 같은 책, 160항.

… 성덕을 향한 우리의 길은 바로 끊임없는 투쟁이기에, 이러한 표현은 감성에 젖은 말이 아닙니다. … 이러한 영적 투쟁을 위하여, 우리는 하느님께서 주신 강력한 무기, 곧 믿음으로 충만한 기도, 하느님 말씀 묵상, 미사 참여, 성체조배, 고해성사, 자선 활동, 공동체 생활, 선교 활동에 의지할 수 있습니다.[22]

교황은 악에 맞서 균형을 지키는 최상의 방책으로 세 가지, 즉 선한 모든 것을 증진하고 영적인 삶으로 나아가며 사랑을 키우는 것이라고 제시한다. 또한 강인한 온유함으로 악의 공격에 맞서 싸우기 위해 십자가의 깃발을 들 것을 강조한다.

이 여정에서, 선한 모든 것을 증진하고 영적인 삶으로 나아가고 사랑을 키우는 것은 악에 맞서 균형을 지키는 최상의 방책입니다. 중립으로 남아 있기를 선택하고 하찮은 것에 만족하며 주님께 기꺼이 자신을 봉헌하려는 이상을 포기한 사람들은 결코 버틸 수 없을 것입니다. 패배감에 젖는다면 더 나빠집니다. "확신 없이 싸움을 시작한 사람은 이미 싸움에서 절반은 진 셈이고, 자신의 재능을 묻어 버린 것"이기 때문입니다. "그리스도인의 승리는 언제나 십자가입니다. 그러나 동시에 이 십자가는 승리의 깃발입니다. 악의 공격에 맞서 싸우는 강인한 온유함으로 우리는 이 깃발을 들고 갑니다."[23]

교황 프란치스코는 삶의 매 순간에 또 우리가 해야 하는 모든 선택

---

22 같은 책, 161-162항.
23 같은 책, 163항.

의 순간에 예수님께서 나에게 기대하시는 바가 무엇인지 늘 성령께 여쭈어볼 것을 권한다.[24] 그리고 성덕의 길은 성령께서 우리에게 주신 평화와 기쁨의 원천임을 강조한다. 교황은 영적 타락이란 편한 자기만족의 눈먼 형태라고 보면서 악한 것은 무엇이든 멀리하고 깨어 있을 것을 권한다. 사탄도 천사의 탈을 쓰고 나타나기 때문이다. 이처럼 교황 프란치스코는 영적 싸움에서 성덕의 길을 강조하는 데 비해 조용기 목사는 전리품을 강조하는 것을 볼 수 있다.

> 성덕의 길은 성령께서 우리에게 주신 평화와 기쁨의 원천입니다. … "악한 것은 무엇이든 멀리하십시오"(1테살 5, 22), "깨어 있으십시오"(마태 24, 42; 마르 13, 35), "잠들지 마십시오"(1테살 5, 6). …
>
> 영적 타락은 편한 자기만족의 눈먼 형태이기에 죄인의 쇠락보다 더욱 나쁜 것입니다. 그래서 기만, 중상, 이기주의, 다른 미묘한 형태의 자기중심성과 같은 것들이 전부 용납되는 것처럼 보입니다. "사탄도 빛의 천사로 위장하기"(2코린 11, 14) 때문입니다. … 예수님께서는 타락으로 쉽게 이끄는 이러한 자기기만에 대하여 경고하십니다. 예수님께서는 악마에게서 자유로워진 사람에 대하여 말씀하십니다. 그 사람은 자신의 삶이 이제는 정돈되었다고 확신하였으나 결국 더 악한 일곱 영에게 사로잡혀 버렸습니다(루카 11, 24-26 참조).[25]

---

24 같은 책, 23항.
25 같은 책, 164-165항.

III부

사목적 도전

여의도순복음교회의 성장은 근본적으로 조용기 목사의 설교, 셀 그룹 시스템, 4차원 이론과 오순절 형태의 예배의 결실이라고 말할 수 있다. 그러므로 조용기 목사의 사목 분야를 검토하기 위해 4차원 이론을 먼저 다루고 난 후에 설교 방법과 셀 그룹 시스템을 다루겠다. 설교 부분에서는 조용기 목사가 권하는 방법과 교황 프란치스코가 권하는 강론법을 제시하여 개신교와 가톨릭교회의 공통점과 각각의 고유한 특징을 관찰하겠다. 셀 그룹 시스템 부분 역시 여의도순복음교회의 구역예배와 천주교서울대교구 중심의 소공동체에 관한 내용을 제시겠다. 이것은 사목적 쇄신과 신자들의 영적 성장을 위한 방법을 숙고하기 위함이다.

1장

조용기 목사의 인간론과 4차원 영성

4차원 이론은 조용기 목사 영성의 필수요소이다. 차원(dimension) 이란 공간이나 도형이 넓어지는 정도를 나타내는 개념이다. 기하학의 아버지인 유클리드는 점, 선, 면, 입체 등의 정의를 다음과 같이 내렸다. "점이란 부분을 갖지 않는 것이고 선이란 폭이 없는 길이이다. 면이란 길이와 폭만 가진 것이고 입체란 길이와 폭과 높이를 가진 것이다."

조용기 목사는 기하학의 점, 선, 면, 입체 개념을 가지고 자신의 4차원 영성 이론의 기초를 다음과 같이 설명한다. 즉, 기하학은 두 점 사이를 연결하면 선이 되며, 이것이 1차원이라고 한다. 그런데 조용기 목사는 여기서 1차원을 가상의 선이라고 한다. 1차원에서 선은 두께와 넓이가 없어야 하기 때문이다. 예를 들면 연필로 선을 그으면 실제로는 그 선의 연필심 높이만큼의 두께가 생긴다. 그러므로 선을 긋는 순간 그 선은 이미 두께가 생겼기 때문에 정확히 말하면 2차원이라는 것이다. 그렇기 때문에 1차원은 연필로 그려지는 순간에 운명적으로 2차원 속으로 들어가 2차원의 지배를 받는다고 설명한다. 똑같은 원리로 그는 2차원을 설명한다. 2차원은 평면인데 그 평면을 그리는 순간에 이미 두께가 생기기 때문에 수학적인 이해로는 2차원이지만 실제로는 3차원인 입체가 된다는 것이다. 따라서 그는 2차원도 3차원을 포함하며, 3차원의 지배를 받는다고 말한다. 같은 원리로 본다면 3차원이란 면으로 만들어지는 입체이다. 그런데 입체를 만드는 순간에 거기에는 공간이 들어있기 때문에 4차원인 시공간을 포함하며 4차원의 지배를 받게 된다. 즉, 3차원은 4차원을 포함한 3차원이 되는 것이다. 그러므로 3차원은 시간과 공간을 포함하고 있으며 공간에는 무한이 들어와 있고, 시간에는 영원이 들어와 있다. 그래서 조용기 목사는 4차원이란 3차원의 공간에 시간이 더해져 생기는 시공간의 세계라고 말할 수 있고, 감각적인 세계를 뛰어넘은 영혼의 세계이자 영적인 세계라고 설명한다. 그리고 영원과 무한의 주인은 하느님이시며, 하느님 자체가 영원하시며 무한하시다는 것이다.

기하학은 두 점 사이를 연결하면 선이 된다고 합니다. 이것이 1차원입니다.[1] 1차원은 두 점 사이에 선을 긋지만 두께도 없고 넓이도 없어야 합니다. 1차원은 두께와 넓이가 없는 선이므로 그것은 가상의 선입니다. … 만약 연필로 선을 그으면 그 선의 연필심 높이만큼 두께가 생깁니다. 그렇다면 선을 긋는 순간에 벌써 그 선은 1차원이 아닙니다. 이미 두께가 생겼기 때문에 정확히 말하면 2차원이 됩니다. 그렇기 때문에 우리가 표현하고 그리는 1차원은

1 DR. PAUL YONG-GI CHO, *The Fourth Dimension*, vol.1 (Rhema Publication Ministry, 1979), 38.

그려지는 순간에 운명적으로 2차원 속으로 빨려 들어가 지배를 받게 됩니다.
...

똑같은 원리로 2차원은 평면인데 그 평면을 그리는 순간에 이미 1차원적인 선에 두께가 생기기 때문에 수학적인 이해로는 2차원이지만, 실제로는 3차원인 입체가 됩니다. ... 1차원과 마찬가지로 2차원인 평면도 실제로는 가상적인 것입니다. 전혀 두께가 없는 평면이 2차원이기 때문입니다. 그렇다면 2차원도 운명적으로 싫든 좋든 3차원에 속하여 지배를 받게 됩니다. 2차원의 입장에서는 3차원을 포함하는 2차원이 되는 것입니다.

3차원은 면으로 만들어지는 입체인데, 입체를 만드는 순간에 공간이 들어오기 때문에 온전한 3차원이 아닙니다. 3차원적인 입체 개념도 가상적이 되는 것입니다. 따라서 3차원은 운명적으로 4차원의 지배를 받으면서도 4차원인 시공간을 포함하게 됩니다. 즉, 3차원은 4차원을 포함한 3차원이 되는 것입니다. 그러므로 3차원은 입체, 즉 시간과 공간을 포함하고 있으며, 시간과 공간이 생기는 동시에 이미 공간은 무한에 소속되고 시간은 영원에 소속됩니다. ... 공간에는 무한이 들어와 있고, 시간에는 영원이 들어와 있습니다. 그래서 4차원은 3차원의 공간에 시간이 더해져 생기는 시공간의 세계라고 말할 수 있습니다. 감각적인 세계를 뛰어넘은 영혼의 세계이자 영적인 세계입니다. 영원과 무한의 주인은 하나님이십니다. 하나님 자체가 영원하시며 무한하십니다.[2]

조용기 목사의 4차원 영성을 이해하기 위해 잊지 말아야 할 것은 높은 차원이 낮은 차원을 포함하고 다스린다는 것이다. 그는 이것을

---

2 조용기, 『4차원의 영성』(교회성장연구소, 2010), 63-65.

하느님과 피조물의 관계에도 연관시킨다.

조용기 목사에 의하면 사람은 3차원의 세계에 속한 입체적 존재이므로 이러한 3차원적인 존재는 존재하자마자 4차원에 속하고, 4차원의 지배를 받는 존재이다. 따라서 그는 3차원의 모든 인간은 무한과 영원에 점령당하는 존재로 창조되었으며, 인간은 앉으나 서나, 자나 깨나 하느님께 점령당하게 되었다고 이해한다. 또한 그렇기 때문에 영원하고 무궁한 존재이신 하느님은 3차원 이하의 모든 세계를 다스리신다고 이해한다. 그는 이런 원리가 하느님을 인식하는 중요한 단서라고 강조하면서 높은 차원이 낮은 차원을 포함하고 다스린다는 것은 과학적인 이치라고 주장한다.

사람은 3차원의 세계에 속한 입체적 존재입니다. 사람은 3차원의 세계에 속해 있기 때문에 3차원이 생기자마자 운명적으로 4차원에 속하고 그 4차원의 지배를 받는 존재로 지어졌습니다. 따라서 입체적인 존재이기에 3차원이라는 공간이 생기면서 무한이 우리 안에 들어와 있고, 시간이 생기면서 영원 또한 우리 안에 들어와 있습니다. 이것은 하나님을 믿는 모든 사람이나 그렇지 않은 사람이나 모두에게 다 포함되는 원리입니다. 즉, 3차원의 입체적인 모든 인간은 무한과 영원에 점령당하는 존재로 창조된 것입니다. 그러므로 우리는 앉으나 서나, 자나 깨나 하나님께 점령당하게 되어 있습니다. 이런 원리는 하나님을 인식하게 하는 중요한 단서입니다. 높은 차원이 낮은 차원을 포함하고 다스린다는 것은 매우 과학적인 이치입니다. 그렇기 때문에 영원하고 무궁한 존재이신 하나님은 우리가 사는 3차원 이하의 모든 세계를 다스리시는 것입니다.[3]

조용기 목사는 또한 인간은 영혼을 가진 영적인 존재이므로 3차원의 세계에 있으면서 4차원에 속한다고 한다. 그리고 인간의 영과 육체의 관계를 보면 인간의 영은 3차원인 육을 다스리고 영이 성하면 육체가 건강하다고 말한다.

인간은 영혼을 가진 영적인 존재이기 때문에 3차원의 세계에 있으면서 4차원에 속합니다. … 인간의 육체는 흙으로 돌아가지만, 영혼은 천국에 가든 지옥에 가든 영원히 존재하게 됩니다. 이런 4차원적인 의미에서 보면 인간은 영원히 사는 존재입니다. 인간의 영은 3차원인 육을 다스립니다. 그 영이 상하면 육체가 병들고, 그 영이 성하면 육체가 건강한 것입니다.[4]

그는 4차원적인 존재로 하느님과 인간 그리고 마귀가 있다고 설명한다. 그런데 인간은 4차원 중에서 가장 낮고 마귀는 중간, 하느님은 가장 높은 4차원에 계시다고 말한다. 그리고 4차원에 속한 사탄은 자기보다 낮은 차원에 있는 인간과 3차원을 지배하려 든다고 강조하면서 4차원 이론을 전개한다.

4차원적인 존재는 하나님과 인간 그리고 사탄인데, 현재 우리는 똑같은 4차원 중에서 가장 낮은 4차원에, 마귀는 중간 4차원에 있으며, 하나님은 가장 높은 4차원에 계십니다. 4차원은 3차원을 지배하므로 인간이 3차원의 세계를 지배하고 있습니다. 또한 우리 인간은 영적인 존재이기에 발명과 발견을

---

3 같은 책, 66.
4 같은 책, 68.

통해 3차원을 변화시킬 수 있습니다. 사단도 4차원에 속한 존재입니다. 그래서 그보다 낮은 차원인 인간과 3차원을 지배하려 듭니다.[5]

조용기 목사는 이처럼 우리가 속한 3차원의 세계는 4차원의 세계에 속한 마귀가 통치하고 있다고 보면서 이 땅에서는 마귀와의 영적 싸움이 불가피하다고 주장한다. 이 영적 싸움에서 이기면 마귀가 3차원의 세계에 영향을 줄 수 없기 때문이다. 그러나 마귀에게 굴복하면 그때부터 마귀가 우리의 3차원을 지배하고 영향력을 휘두르기 시작하므로 그는 이것이 영적 싸움에서 우리가 승리해야만 하는 중요한 이유라고 역설한다.[6]

조용기 목사는 구원받은 사람이 영원한 생명을 하느님의 4차원을 통해 얻는다고 말한다. 그리고 그의 영과 마음과 생각은 하느님의 4차원으로 가득 차게 되는데, 이 사실을 믿고 매일 계속되는 영적 싸움에서 승리를 선포하며 나아간다면 3차원의 세계는 하느님의 주권에 의해 온전히 다스려질 것이라고 한다.[7] 그러면서 영적 싸움에서 승리하기 위한 훈련의 필요성을 역설한다. 하느님께서는 우리를 4차원의 세계로 옮겨 놓으셨지만 우리는 여전히 낮은 차원의 삶을 살고 있기 때문에 사탄을 다스리고 3차원의 세계를 다스릴 수 있도록 4차원의 영성을 훈련해야 한다는 것이다.

하나님은 우리에게 천국 열쇠를 주셨습니다. 하나님이 속하신 4차원의 세계

---

5 같은 책, 69.
6 같은 책, 70.
7 같은 책, 71.

로 우리를 옮겨 놓으셨습니다. 그런데도 여전히 낮은 차원의 삶을 살고 있습니다. 3차원의 세계와 사단을 다스릴 권세를 주셨음에도 불구하고 여전히 그것에 묶여 있는 삶을 자청하고 있는 것입니다.

예수님을 믿음으로써 구원받은 우리는 거룩한 4차원의 영적 세계로 옮겨졌습니다. 이제 그곳에 거하며 사단과 3차원의 세계를 다스릴 수 있어야 합니다. 우리의 육신은 3차원에 속해 있지만 영은 하느님의 거룩한 4차원에 속해 있다는 것을 기억하고 이것을 내 것으로 만들어야 합니다. 이것이 4차원의 영성을 훈련해야 하는 이유입니다.[8]

그는 또한 3차원의 인생이 변화되기 위해서는 4차원이 변해야 하는데 이 4차원의 변화는 그것을 이루는 네 가지 요소인 생각, 믿음, 꿈, 말을 어떻게 다루느냐, 즉 어떻게 프로그래밍 하느냐에 달려 있다고 주장한다. 이렇게 할 때 4차원의 영성이 작동되기 때문이다.

이것은 궁극적으로 4차원이 변화해야 3차원의 인생이 변화한다는 것을 의미합니다. 4차원의 변화는 그것을 이루는 네 가지 요소인 생각, 믿음, 꿈, 말을 어떻게 다루느냐에 달려 있습니다. 이 요소들을 변화시켜야 합니다. 우리 안에 있는 생각, 믿음, 꿈, 말을 4차원의 생각, 믿음, 꿈, 말로 프로그래밍 (programming)해야 합니다. 프로그래밍은 컴퓨터가 작업을 할 수 있도록 명령을 만드는 일입니다. 4차원의 생각, 믿음, 꿈, 말을 우리 안에 프로그래밍 하면 4차원의 영성이 작동되는 것입니다. 이 과정을 통해 우리의 인생도 변화할 수 있습니다.[9]

---

8 같은 책, 72-73.

조용기 목사의 이러한 이론을 더 잘 이해하기 위해 그의 성령론적 인간론을 먼저 숙고해보는 것이 필요하다.

1. 조용기 목사의 성령론적 인간론

조용기 목사는 인간이 하느님의 형상으로 창조되었으며 영, 혼, 육으로 구성되어 있다고 본다. 이것을 삼위일체 하느님과 연결하여 3가지의 다른 그릇에 비유하면서 그의 특징도 설명한다. 즉, 영은 하느님을 모시는 그릇이다. 그리고 혼은 자기를 담아놓은 그릇이므로 지식과 감정, 의지와 인격을 담고 있다는 것이다. 육체는 세상을 담아놓는 그릇인데, 이 육체는 오관을 통하여 주위에서 일어나는 모든 일을 알 수 있다는 것이다.

하나님께서 성부, 성자, 성신, 삼위일체이신 것처럼 인간도 영과 혼과 육으로 지으셨습니다. 성부, 성자, 성신의 직분이 각각 다른 것처럼 영, 혼, 육의 직분도 각각 다르게 창조하셨습니다. 영은 하나님을 모시는 그릇입니다. 그러므로 영을 통하지 않고는 하나님을 알 수가 없습니다. 오늘날 사람들이 하나님을 모르는 까닭은 그들의 영이 하나님과 분리되었기 때문입니다. 혼은 자기를 담아놓은 그릇입니다. 지식과 감정과 의지와 인격을 담고 있습니다. 혼이 센 사람은 자아의지가 강하고, 혼이 약한 사람은 자아가 약합니다. 마지막으로 육체는 세상을 담아 놓는 그릇입니다. 우리는 육체의 오관을 통하여 우리

9 같은 책, 76-77.

주위에서 일어나는 모든 일을 알 수 있습니다.[10]

영산 조용기 목사는 인간이 하느님의 주권에 의해 하느님의 형상으로 창조되었고, 성령에 의해 창조된 영적인 인간이라고 말한다. 즉, 창세기 2장 7절에 의하면 사람은 동물들과 달리 하느님께서 인간의 코에 생기를 불어넣음으로 '생령'이 되었다. 그러므로 하느님의 영으로 만들어진 인간은 3차원의 물질세계뿐만 아니라 4차원의 영적 세계에 참여하게 되었다는 것이다[11]. 그러나 인간은 영적인 존재로서 4차원의 영적 세계에 속하지만 타락했기 때문에 자유의지를 상실하고 사탄의 종으로 전락해 버렸다고 한다. 조용기 목사는 이러한 절대 절망의 인간이 절대 희망의 인간으로 변화될 수 있는 것은 예수 그리스도를 통한 하느님의 절대주권적 은혜 안에서만 가능하다고 주장한다. 그리고 우리가 하느님의 절대주권을 전적으로 신뢰하면서 의지하고 나아갈 때 4차원의 영적 법칙을 우리의 삶 속에 적용할 수 있다고 역설한다.[12]

영산은 어떻게 하면 이렇게 할 수 있는지를 가르쳐주면서 성령의 소원에 어긋나지 않는 명확한 목표를 마음속에 인식하고, 목표에 대한 사실적인 그림을 마음에 그리고 뜨겁게 기도할 것을 권한다. 그러나 이것을 '마인드 콘트롤'이나 '마인드 익스팬션', 요가나 초월적 명상 그리고 일련정종과 혼동하지 말 것을 당부한다. 그가 볼 때 이런

---

10 조용기, 『순복음의 진리 (하)』(서울말씀사, 1979), 258; 신문철, "영산의 성령론적 인간론," 「영산신학저널」 제4권(영산신학연구소, 2007), 한세대학교, 99.

11 신문철, "4차원의 영성에 대한 신학적 고찰," 「영산신학저널」 13권(영산신학연구소, 2008), 한세대학교, 222.

12 같은 글, 220-221.

의식들은 단순히 인간의 정신세계를 계발하려는 사탄의 영역에 불과하기 때문이다.

먼저 성령의 소원에 어긋나지 않는 명확한 목표를 여러분의 마음속에 인식하십시오 그리고 그 목표에 대하여 마음의 그림을 생생하고 사실적으로 그린 다음, 완전한 응답이 올 때까지 뜨겁게 기도하십시오. 그러나 '마인드 콘트롤'(mind control)이나 '마인드 익스팬션'(mind expansion)이나 요가나 초월적 명상이나 일련정종과 혼동하지는 마십시오. 이런 의식들은 단순히 인간의 정신세계(혼의 잠재력)를 계발하려는 사탄의 영역에 불과할 뿐입니다. 여러분은 일어나서 애굽의 어떤 마술사들보다 더 분명히, 전능하신 하나님의 기적을 나타내십시오.13

따라서 영산이 말하는 4차원의 영성은 '마인드 콘트롤'이나 인간의 정신 훈련을 통해서 얻어지는 것이 아니라 분명히 하느님의 절대주권 안에서 가능하다는 것이다. 실제로 그는 자신의 목회 초기에는 교회 부흥을 위해서 알미니우스의 영향으로 인간의 자유의지를 강조하였지만, 그 후 자신이 가지고 있는 신관은 하느님의 절대주권 사상이라고 고백한다.14

조용기 목사는 인간이 하느님의 형상을 올바르게 회복하고, 만물을 다스리고, 본래적인 인간의 지위를 확보하는 것은 하느님의 영이신 성령으로 말미암은 것이라고 하면서 영, 혼, 육을 가진 인간에 대한

---

13 조용기, 『4차원의 영적세계』(서울:말씀사, 2010), 85.
14 신문철, "4차원의 영성에 대한 신학적 고찰," 219.

성령의 역할을 설명한다. 즉, 성령은 인간의 영을 통하여 인간과 영적인 관계를 맺고, 인간의 혼을 통하여 인간이 진리와 선을 추구하는 이성과 의지를 부여하시며, 육체를 통하여 인간이 하느님의 말씀에 따라 살도록 은혜를 베푸신다는 것이다. 그러므로 신문철은 영산의 성령론적 인간론이 하느님의 은혜와 인간의 자유의지 사이에서 타락한 인간이 어떻게 본래적인 하느님의 형상을 회복할 수 있는지 그리고 어떻게 바람직한 하느님의 형상으로서의 삶을 살게 되는가에 대한 해답을 제시할 수 있다고 본다.[15] 영산 조용기 목사의 성령론적 인간론에서 인간의 의지가 성령과 협력한다는 점에서 의지는 필수[16] 조건이라고 말할 수 있다. 조용기 목사는 "하나님께서는 성령을 통하여 그의 뜻을 행할 의지를 우리 안에 두시고 우리 마음에 소원을 주십니다"라고 말하면서 이렇게 기도할 것을 권한다. 즉, "주여, 이제 당신의 뜻에 따르는 소원을 제게 내려 주십시오"라고 기도하는 것이다. 그리고 주님의 뜻이 무엇인지 마음 문을 열고 성령께서 주시는 하느님의 소원만이 점점 부각될 때까지 주님 앞에서 참을성 있게 기다리라는 것이다.

"주여, 이제 당신의 뜻에 따르는 소원을 제게 내려 주십시오" 기도하고 하나님께서 거룩한 소원을 주실 때까지 기다리십시오 여러분이 기도할 때 하나님께서 주시는 거룩한 소원들이 마음속에 넘쳐흐르는 것입니다. 그런데 여러분은 기도할 때 하나님의 소원이 자리 잡을 동안 기다려야 합니다. 조금 기도하

---

15 신문철, "영산의 성령론적 인간론," 100.
16 같은 글, 102.

다가 일어나서 "아, 나는 모든 해답을 얻었다"라고 말하고서 급히 나가 버리지 마십시오. … 왜냐하면 소원은 때로 엉뚱하게 사탄이 가져다주는 생각이나 여러분 자신의 생각으로부터 오기도 하기 때문입니다. … 그러므로 여러분은 주님의 뜻이 무엇인지 마음 문을 열고 주님 앞에서 기다리십시오. 그러면 큰 평안과 함께 한 가지 소원만이 다른 생각 위로 떠오를 것입니다. 여러분이 참을성 있게 기다리면 여러분 자신의 소원과 사탄의 소원은 점점 희미해지고 성령께서 주시는 소원만이 점점 강하게 부각되는 것입니다.[17]

신문철은 영산 조용기 목사의 4차원의 영성 안에서 성령론적 인간론을 도출해 낼 수 있다고 다음과 같이 정리한다. 즉, 성령께서는 인간에게 4차원의 영적 언어인 꿈과 비전을 주시고, 인간이 3차원의 물질 세계를 창조적으로 다스리게 하신다는 것이다. 그리고 성령이 구원받은 자 안에서 꿈과 비전을 부화시키면 인간은 4차원의 영적 원리인 하느님의 생각, 하느님의 꿈, 하느님의 믿음 그리고 하느님의 말을 3차원의 세계에서 사용할 수 있는 능력을 가지게 된다. 이때 인간의 의지는 전적으로 하느님의 은혜에 의지하면서 성령의 도우심으로 그리스도 안에서 새롭게 될 때 창조적인 사람으로 변할 수 있다는 것이다. 신문철은 이처럼 성령론적 인간론이란 인간의 영혼 안에서 활동하는 성령의 역사라고 이해할 수 있다고 말한다.[18].

조용기 목사는 성경 말씀을 통해 우리가 성령의 언어를 배운다고 한다. 그리고 성령께 내어 맡기면서 성령께서 당신의 언어인 꿈과

---

17 조용기, 『4차원의 영적세계』, 128.
18 신문철, "4차원의 영성에 대한 신학적 고찰," 223.

비전을 우리에게 가르치시도록 구할 것과 그 비전들을 잘 간직할 것
그리고 우리의 삶을 성령께서 인도하시는 대로 복종할 것을 충고
한다.

성경은 3차원이 아니라 4차원의 영적 세계에 대한 신령한 말씀입니다. …
성경 말씀을 통해 우리는 성령의 언어를 배웁니다. 그리고 성령께서 여러분의
비전과 꿈을 어떻게 키워 주시고, 이루어 주시는지 알 수 있습니다. 성령께
맡기십시오. 성령께서 여러분에게 임하셔서 여러분이 읽은 말씀을 소생시키
게 하십시오. 그런 다음 하나님의 말씀에 따라 여러분의 소원을 마음에 간직
하십시오. 여러분은 수많은 사람들이 하나님의 기적을 보고 하나님께 영광
돌리게 해야 할 책임이 있습니다. 그러므로 성령께서 여러분에게 성령의
언어인 꿈과 비전을 가르치도록 구하십시오. 그 비전들을 잘 간직하십시오.
성령을 의지하십시오. 성령께서 여러분의 삶을 인도하시는 대로 복종하십시
오.[19]

조용기 목사는 우리에 대한 하느님의 뜻을 창조와 함께 연결시켜
다음과 같이 설명한다. 즉, 하느님이 모든 것을 창조하신 후에 아담과
하와를 창조하셨는데 일곱째 날은 아담에게 첫날이었다. 하느님께서
는 당신이 안식하시는 날에 아담이 삶을 시작하도록 계획하여 실행하
셨다는 것이다. 조용기 목사에 의하면 이는 아담이 일을 하라고 창조
하신 것이 아니라, 하느님의 영광을 위해 살아가도록 그리고 하느님
안에서 안식하라고 창조하신 것이다.

---

19 조용기, 『4차원의 영적세계』, 84-85.

하나님이 모든 것을 창조하신 후에 아담과 하와를 창조하셨습니다. … 아담과 하와가 하나님께 와서 이렇게 말했다고 상상해 보십시오. "하나님, 이 날은 우리 삶의 첫날입니다. 모든 것이 매우 아름답습니다만, 제가 하나님을 위해 도와드릴 것이 없을까요?" 하나님께서 이렇게 말씀하셨을 것입니다. "없노라. 나는 너희들을 위해 모든 것을 이미 마쳤느니라! … 나는 안식하는 날에 네가 삶을 시작하도록 계획하여 실행했노라. 너는 일하도록 창조된 것이 아니라 나의 영광을 위해 살아가도록 창조되었느니라! 이제 너는 내 안에서 안식하라!" [20]

그는 또한 하느님께서 인간을 창조하신 목적을 인간과 교제하고 교통하시기 위한 것이며, 인간이 하느님의 풍성한 영광을 즐기게 하려는 것이라고 이해한다.[21] 그리고 조용기 목사는 구원과 신앙인의 역할을 다음과 같이 정리한다. 즉, 인간이 구원받기 위해서 인간은 아무것도 할 필요가 없다는 것이다. 하느님께서 예수 그리스도 안에서의 구원하시려는 계획은 2천 년 전 골고타 십자가에서 완전히 이루어졌기 때문이다. 그러므로 아무리 죄가 많아도 예수님을 믿음으로 하느님께 나오기만 하면 하느님께서 선물로 주시는 완전한 구원을 받는다는 것이다. 조용기 목사는 구원은 하느님의 은혜로 말미암는 것이지 결코 인간의 행위로 받는 것이 아님을 강조한다. 그러면서 오늘날 신앙인의 역할은 우리가 하느님의 안식에 들어가기 위해 매일 일하고 기도하며 설교를 듣는 것이라고 주장한다.

---

20 같은 책, 227-228.
21 같은 책, 230.

어떤 사람이 "하나님, 구원받기 위하여 제가 무엇을 해야 합니까?"라고 물으면서 하나님께 갑니다. 그럴 때 하나님께서 말씀하시죠. "아들아, 아무것도 할 필요가 없노라. 내가 너를 위해 모든 것을 했으니 더 이상 할 것이 없노라! 너는 나의 안식 안에서 살아가거라. 내가 일을 끝마쳤노라! 이제 내가 너를 위해 마련한 영적인 새 삶을 살아가도록 너를 초대하노라. 네가 할 일은 단지 나를 믿는 것이니라. 내게 예배할지니라. 다만 나를 따르라. 내게 와서 쉬어라. 내 아들아, 나의 은혜로 네가 구원받았도다."

당신이 만약 자신의 선행으로 구원을 얻고자 한다면 당신은 하나님의 권위를 침해하는 것입니다. 구원의 사역은 하나님께 속한 것이기 때문입니다. … 어떤 인간적인 종교도 우리들의 영혼을 구원할 수 없습니다. 그러나 당신이 비참하고 죄가 많음에도 불구하고 예수님을 믿음으로 하나님께 나오기만 하면, 당신은 하나님께서 선물로 주시는 완전한 구원을 받습니다. 구원은 하나님의 은혜로 말미암는 것이지 결코 인간의 행위로 받는 것이 아닙니다. … 하나님께서 영원 전부터 예수 그리스도 안에서 구원하시려던 계획은 2천 년 전 갈보리 십자가에서 완전히 이루어졌습니다.

하나님께서 모든 일을 완성하시고 쉬셨는데, 오늘날 신앙인으로서 당신의 역할은 무엇입니까? … 오직 한 가지 이유 때문에 우리는 매일 일하고 기도하며 설교를 듣습니다. 그것은 우리가 하나님의 안식에 들어가기 위한 것입니다.[22]

이처럼 조용기 목사에게는 하느님의 안식과 인간의 관계가 무척 중요하다. 그러므로 그는 소가 멍에를 메는 법을 어떻게 배우는지

---

22 같은 책, 234-235.

그리고 우리는 자신의 멍에를 어떻게 지어야 하는지를 다음과 같이 설명한다. 우선 송아지와 어미 소의 예를 든다. 송아지는 어미 소와 같이 멍에에 매인다. 그러나 실제로는 어미 소가 무거운 멍에를 지고 가기 때문에 송아지는 고삐에 매이지 않고도 쟁기질하는 법을 배운다는 것이다. 그다음에 조용기 목사는 우리 자신의 일과 예수님의 멍에와 연관지어 설명한다. 그는 우리가 자신의 멍에를 혼자 짊어져야 한다고 예수님께서 말씀하시지 않았고 오히려 "나의 멍에를 메고 내게 배우라", "나의 멍에 아래 와서 휴식할지어다"라고 말씀하셨다고 이해한다. 그러면서 우리는 예수님의 멍에를 지도록 초대받았는데 "예수님의 멍에는 쉽고 가볍다"는 것을 강조한다. 또한 일과 멍에를 연결하면서 일은 우리 자신의 것이 아니라 하느님의 것이므로 우리는 예수님 앞에 나와 하느님의 쉼을 누리며 살 것을 주장한다.

오래전 팔레스타인 지역에서는 농부가 송아지에게 밭 가는 훈련을 시킬 때면 송아지를 멍에 아래에 두었습니다. 그러나 실제로는 멍에는 어미 소의 목에 얹혀 있었습니다. 송아지는 어미 소와 같이 멍에에 매이는 것을 처음에는 주저했겠지만 나중에는 재미있고 즐거웠을 것입니다. 왜냐하면 송아지가 그 무거운 멍에를 진 것이 아니라 어미 소가 지고 갔기 때문입니다. 송아지는 어미 소가 하는 대로 따라만 갔습니다. 이런 식으로 송아지는 어미 소와 멍에를 같이함으로써 고삐에 매이지 않고도 쟁기질하는 법을 배웠습니다.
예수님께서는 우리가 자신의 멍에를 혼자 짊어져야 한다고 말씀하신 적이 없습니다. 예수님께서는 우리에게 분명히 말씀하십니다. "나의 멍에를 메고 내게 배우라." ··· "내가 십자가를 지고 갈 때 너의 짐도 지고 갔노라. 너희는 스스로 너희의 죄값을 치르지 않았도다. 너희가 죄값으로 고통당하지 않았도다. 너희는 아무 대가도 치르지 않았도다. 오직 내가 너희들의 무거운 죄 짐을 지고 피 흘려 고통당했노라. 나의 멍에 아래 와서 휴식할지어다." 여러분 은 예수님의 멍에를 지기 위해 초청받았습니다. 예수님의 멍에는 쉽고 가볍습 니다. 일은 여러분 자신의 것이 아니라 하나님의 것입니다. 그러므로 우리는 예수님 앞에 나와 하나님의 쉼을 누리며 살아가야 합니다! 우리가 하나님의 안식 안에 살아가고 있다는 것이 얼마나 큰 복입니까![23]

조용기 목사가 볼 때 예수님께서는 오늘 우리의 짐이 어떤 것일지 라도 관계없이 그 짐을 대신 져 주시기를 원하시지만, 문제는 우리에 게 있다. 우리가 너무 자기중심적이고 독자적인 삶을 살고 있는 관계 로 무거운 짐을 벗어 버리는 데 때로는 시간이 걸리기 때문이다. 그러 나 우리가 주님의 가르침에 따르면 모든 문제를 해결 받고 힘을 얻을 수 있다고 강조한다.[24] 하느님 안에서 안식함은 조용기 목사의 인간론 에 아주 강한 측면이다. 그는 "아들아, 너는 왜 그 모든 짐을 스스로 지려고 하느냐? … 그 교회는 너의 교회가 아니고 나의 교회니라. … 너는 오직 나의 은혜 안에서 살아가고 내 안에서 안식할지어다"라고 성령께서 말씀해 주셨다고 확신하면서 자신의 체험을 다음과 같이 나눈다:

"아들아, 너는 왜 그 모든 짐들을 스스로 지려고 하느냐? 그것은 네게 너무 무겁다. 내가 너에게 위임한 목회의 일과 너 자신의 일은 다 내게 속한 것이다.

---

23 같은 책, 238.
24 같은 책, 240.

그 교회는 너의 교회가 아니고 나의 교회니라. 너는 나의 안식 안에서 살아가야 하느니라. 나의 교회를 위한 계획과 실행 방법은 내가 알고 있기 때문에 그 해답은 내게 있느니라. 너는 오직 나의 은혜 안에서 살아가고 내 안에서 안식할지어다." 하나님께서 나의 마음속에 주신 그 말씀은 내 삶을 완전히 바꾸어 놓았습니다. 그리고 이제껏 나의 어깨를 짓누르던 무거운 짐이 사라졌음을 느꼈습니다.[25]

2. 생각

영산은 4차원의 영적 세계에 속한 첫째 요소로 생각을 말하면서 생각은 영원하고 무궁하다고 설명한다. 그것은 4차원에 소속되어 있으면서 3차원적으로 계산할 수 없으며, 두께도 없고, 넓이도 없고, 보이지도 않기 때문이다. 기억해야 할 점으로 '생각은 3차원의 세계를 변화시키고 이끌어 갈 수 있다'고 강조한다. 예를 들면 만일 어떤 사람이 4차원의 생각을 부정적으로 가지면 3차원의 세계의 모든 요소가 부정적으로 나타난다는 것이다.[26] 생각은 행동에도 영향을 미친다. 하고자 하는 일들이 가능하다고 생각하는 정도에 따라 성공할 가능성도 달라진다고 역설한다. 안 될 것이라고 생각하면 행동이 소극적이고 소홀해질 확률이 높지만, 된다고 생각하면 행동에 가속도가 붙고 적극적으로 실행하기 때문이다. 그리고 생각은 신체의 반응에도 영

---

25 조용기, 『4차원의 영적세계』, 239.
26 신문철, "4차원의 영성에 대한 신학적 고찰," 207.

154 III부 • 사목적 도전

향을 미친다. 영상이나 글에서 묘사하는 장면을 마음속으로 상상할 때 신체도 그대로 반응하기 때문이다. 유쾌한 장면을 떠올리면 몸이 가볍고 활발해진다. 무서운 상황을 상상하면 심장 박동이 빨라진다.[27] 그러므로 영산은 4차원의 생각을 바꾸면 3차원의 행동이 달라진다고 확언하면서 행동을 바꾸기 전에 먼저 생각을 바꿔야만 한다고 주장한다.[28]

생각은 감정과 행동 그리고 신체 반응에까지 영향을 준다. 조용기 목사는 그러나 무조건적인 낙관주의는 인본주의적 생각이며 그것이 삶의 모든 문제를 해결해 주지는 않는다고 역설한다. 그것은 인간적인 4차원의 생각이기 때문이다. 그는 말씀 묵상을 통해 하느님의 생각을 닮으라고 권한다. 하느님과 대화하면서 자신의 생각이 아닌 하느님의 주권 안에 있는 생각을 가져야 하는데 그러기 위해서는 자신의 생각을 점검, 성찰 그리고 회개해야 한다는 것이다.[29]

그는 또한 하느님의 생각이 우리의 사고방식을 통해 우리의 영에 임하면 믿음이 생겨난다고 한다. 그러기 위해서는 먼저 말씀을 들어야 하는데, 들음으로써 하느님의 말씀이 우리의 생각 속에 오기 때문이다.

먼저 여러분은 말씀을 들어야 합니다. 들음으로써 하나님의 말씀이 여러분의 생각 속에 옵니다. 여러분의 사고방식을 통해서 하나님의 생각이 여러분의 영에 임하여서 믿음이 생겨나는 것입니다. 그리고 이러한 믿음을 통해서

---

27 조용기, 『4차원의 영성』, 96-97.
28 조용기, 『4차원의 영성: 실천편』(교회성장연구소, 2010), 38.
29 조용기, 『4차원의 영성』, 98-99.

여러분의 삶이 그리스도인의 삶으로 변화되어가는 것입니다.[30]

조용기 목사는 우리의 생각을 하느님의 말씀으로 가득 채우기 위해 규칙적으로 성경을 읽을 것을 권한다. 성경을 읽을 때는 우리의 마음과 생각을 살찌우고 성령께서 우리의 사고방식을 새롭게 하시는 영의 양식을 얻으려는 자세가 중요하다.

여러분은 규칙적으로 생명의 양식인 성경을 읽어야 합니다. 그러나 하나님 앞에서 형식적으로 어떤 삶의 새로운 원칙을 찾기 위한 방편으로 읽지는 마십시오. 또한 역사적인 연구 목적을 위해서만도 성경을 읽지 마십시오. 그런 것보다는 여러분의 마음과 생각을 살찌우고 성령께서 여러분의 사고방식을 새롭게 하실 재료 곧 영의 양식이 되도록 성경을 읽으십시오. 여러분이 생각을 하나님의 말씀으로 가득 채우십시오. 말씀을 깊이 묵상하십시오. 그리하면 여러분은 새로운 차원에서 하나님과 함께 걷고 대화할 수 있습니다.[31]

조용기 목사는 '하느님을 어떤 분이시라고 생각'하는가에 따라 우리의 삶이 크게 달라진다고 말한다. 즉, 꾸짖으시고 심판하시는 하느님, 두려우신 하느님이란 생각은 삶에 활기가 없고 기쁨이 없게 만들지만, '좋으신 하느님이 내 안에 계심'을 깨달을 때는 하느님의 능력에 힘입어 기쁘게 살 수 있다는 것이다.[32]

그는 또한 우리의 몸을 일종의 4차원 컴퓨터실로 비유하면서 긍정

---

30 조용기, 『4차원의 영적세계』, 141.

31 조용기, 『4차원의 영적세계』, 171.

32 조용기, 『4차원의 영성: 실천편』, 39.

적인 생각으로 프로그램을 창조하는 사람은 언제나 자신의 3차원에 긍정적인 역사가 일어난다고 말한다. 그러므로 '할 수 있다'는 설득적인 사고방식과[33] 더 크고 더 넓게 생각하는 적극적인 사고를 제안한다. 적극적인 생각이란 칠전팔기 정신으로 적극적으로 행동에 옮기는 사고를 말한다.[34] 여기서 크기를 논한 것은 생각의 크기가 현실을 만든다는 측면에서 한 말이다. 보고 생각하는 것이 작으면 작은 현실의 열매를 맺고, 큰 생각은 큰 열매를 맺을 가능성이 높다는 뜻이다.

그러나 조용기 목사는 자신의 53년 목회를 돌아볼 때 자신이 생각만 크게 한 것이 아니라, 그 생각을 이루기 위해 피 나는 기도와 헌신 그리고 연구와 노력도 계속했음을 고백한다. 생각이 현실로 자라게 하기 위해서는 노력과 헌신이 반드시 필요하기 때문이다.[35]

3. 믿음

'믿음'은 교회에서 가장 많이 사용되는 용어 중의 하나이다. 조용기 목사는 '참된 믿음은 기적을 베푸시는 하나님을 믿는 것'이라고 정의하면서 "우리가 하나님께 나아갈 때는 항상 마음속에 하나님은 기적을 베푸시는 분이심을 명심해야 합니다"라고 역설한다.[36] 앞이 캄캄하고 아무 희망도 보이지 않는 상황에 부딪혔을 때 우리는 어떻게

---

33 조용기, 『4차원의 영성』, 111.
34 조용기, 『4차원의 영성: 실천편』, 40.
35 조용기, 『4차원의 영성』, 109-110.
36 조용기, 『나의 교회 성장이야기』(서울말씀사, 2005), 335.

하는가? 보이는 3차원의 모든 것이 우리의 생각과 마음을 부정적이고 혼란스럽게 흔들어 놓기 때문에 강한 믿음을 가지고 있다고 해도 그 믿음을 지키기는 어렵다. 조용기 목사는 이럴 때일수록 4차원에 계신 하느님을 생각하고 의지해야만 주님께서 그런 상황을 극복할 수 있는 힘을 주시고 기적도 베푸신다고 한다.[37]

조용기 목사는 또한 "믿음이란 육신의 눈에는 보이지 않는 마음의 실체"이며, "하느님의 뜻과 마음을 현실화하는 능력"이라고 정의한 다. 하느님과의 관계에서 믿음은 절대적인 조건이며 하느님께서 좋은 것을 주시려고 해도 우리가 믿지 않으면 모두 허사라고 강조한다. 그는 특별히 "믿음은 보지 못하는 것의 실상이므로 믿음의 눈으로 없는 것을 있는 것처럼 바라볼 것", 그래서 믿음으로 사는 법을 터득하여 "삶의 승리자"가 될 것을 중요시한다.

> 믿음이란 육신의 눈에는 보이지 않는 마음의 실체입니다. 더구나 하나님과의 관계에서 믿음이란 절대적인 조건입니다. … 하나님이 아무리 좋은 것을 주시려고 해도 우리가 믿지 않으면 모두 허사입니다. 믿음은 하나님의 뜻과 마음을 현실화하는 능력입니다.
>
> … 하나님의 세계는 모든 것을 믿음으로 보아야 합니다. 믿음은 보지 못하는 것의 실상이기 때문에 믿음의 눈으로 없는 것을 있는 것처럼 보아야 합니다. 이렇게 하나님의 은총을 바라볼 때 우리의 삶 속에 그것들이 현실로 나타나게 됩니다. … 이렇게 믿음으로 사는 법을 터득한 당신은 언제나 삶의 승리자가 될 것입니다.[38]

---

37 조용기, 『4차원의 영성』, 126.

그는 참된 믿음을 가지려면 먼저 하느님의 마음을 가지는 것이 중요하다고 강조하면서 4차원의 세계를 활용하여 그 방법을 다음과 같이 설명한다. 즉, 인간은 과거 현재 그리고 미래라는 시간과 공간의 제약을 받는다. 그러나 하느님은 그런 제약을 받지 않으시므로 미래의 시점에 이루어질 것이 이미 현재의 시간에 이루어진 것으로 보고 부르실 수 있다는 것이다. 조용기 목사는 우리도 하느님의 꿈과 환상의 4차원의 세계로 들어가면 하느님처럼 없는 것을 있는 것 같이 부를 수 있는데 이것은 자기 암시를 하는 것이 아니라고 분명히 밝힌다.

또한 그는 믿음은 받아들이는 것이라고 주장한다. 즉, 아직은 몸이 불편하고 고통스러워도 이미 몸이 치유되었음을 믿음으로 마음 가운데 받아들이라는 것이다. 그리고 치료의 하느님을 믿는다는 것은 이미 하느님은 우리를 치료하시고 온전케 하셨음을 믿는 것이라고 한다. 조용기 목사는 또한 예수님께서 우리의 모든 허물과 질병을 짊어지고 십자가에 달리셨다고 주장한다. 그리고 하느님께서는 십자가를 통하여 이미 치유 받고 온전케 된 우리를 보고 계신다고 확신한다.

인간은 과거 현재 그리고 미래라고 하는 시간과 공간의 제약을 받습니다. 그래서 우리는 현재의 시점에서 소원하는 것들이 미래의 시점에 이루어지길 기대하는 것입니다. 그러나 하나님은 시간과 공간의 제약을 받지 않으십니다. 하나님은 미래의 시점에 이루어질 것이 이미 현재의 시간에 이루어진 것으로 보고 부르실 수 있습니다. 그러므로 우리가 진정한 믿음을 가지기 위해서는 먼저 하나님의 마음을 가져야 합니다. 하나님의 마음을 가지게

---

38 같은 책, 128-129.

되면 우리도 없는 것을 있는 것 같이 부를 수 있게 됩니다. 그렇다면 어떻게 해야 시간과 공간의 장벽을 뛰어넘어 우리도 하나님처럼 없는 것을 있는 것 같이 부를 수 있을까요? 바로 꿈과 환상의 4차원의 세계로 들어가야만 합니다. … 꿈과 환상의 4차원의 세계로 들어가면 이제 더 이상 시간과 공간이 여러분을 가두지 못합니다. 여러분에게 "지금 소원하는 것이 이미 이루어졌다"라는 자기암시를 하라는 것이 아닙니다. 하나님의 꿈과 환상 속으로 들어가야 한다는 것입니다.

… 믿음은 애를 쓰고 노력한다고 해서 얻어지는 것이 아닙니다. 믿음은 받아들이는 것입니다. 비록 아직은 몸이 불편하고 고통스럽더라도 이미 몸이 치유되었음을 믿음으로 마음 가운데 받아들이는 것입니다. 성경은 분명히 "그러므로 내가 너희에게 말하노니 무엇이든지 기도하고 구하는 것은 받은 줄로 믿으라. 그리하면 너희에게 그대로 되리라"(마르 11, 24)고 말씀하고 있습니다. 예수님은 우리의 모든 허물과 질병을 짊어지고 십자가에 달리셨습니다. 하나님은 결코 육신의 질병과 삶의 고통으로 괴로워하는 존재로 우리를 보지 않으십니다. 십자가를 통하여 이미 치유 받고 온전케 된 모습으로 우리를 보고 계십니다. 우리도 역시 예수 그리스도의 십자가를 통하여 우리 자신의 모습을 바라보면, 이미 치유 받고 건강하게 된 우리의 모습을 볼 수가 있습니다. 그렇게 되면 더 이상 하나님께 치료해 달라고 기도하지 않게 됩니다. 오히려 감사와 찬양이 넘쳐나게 됩니다. 이미 승리한 우리 자신의 모습을 보게 되면 괴로워할 이유가 없습니다. 치료의 하나님을 믿는다는 것은 단지 하나님이 치료의 능력이 있는 분이심을 믿는 데 그치는 것이 아닙니다. 이를 넘어서서 이미 하나님은 우리를 치료하시고 온전케 하셨음을 믿는 것입니다. 그러므로 믿음은 매우 실제적이고 구체적입니다.[39]

영산 조용기 목사는 현재 자신의 삶 속에 역사하시는 하느님을 믿어야 실제로 하느님이 그 삶 속에서 함께 동행하신다고 주장한다. 그러므로 그에게 있어서 믿음에는 '지금 믿겠습니다'라는 현재의 고백을 하는 것이 매우 중요한 것이다. 그는 일부 그리스도인들이 질병, 가난, 절망 속에 허덕이면서도 그러한 현실을 뒤엎을 하느님의 역사를 구하지 않는다고 지적한다. 이것은 믿음을 미래의 믿음으로 해석하면서 현재에는 오직 죄만 용서받고 구원받을 수 있다는 생각 때문이라고 본다. 또한 이것은 살아 계신 하느님이 행하시는 현재의 신앙을 부인하는 태도라고 본다. 영산에 의하면 믿음은 언제나 지금, 현재이다. 그러므로 현재에 하느님의 행하심을 믿지 않으면 하느님은 그들의 현재를 구원하지 않으시며, 이러한 믿음은 진정한 믿음이라고 말할 수 없다고 말한다.[40] 하느님은 영원하신 분이시므로 하느님께는 과거와 미래는 존재하지 않고 항상 현재만 존재하기 때문이라는 것이다.[41]

조용기 목사가 처음 목회를 시작할 때는 진정한 믿음이란 미래에 좋은 일이 일어날 것을 믿는 것이라고 생각했다. 즉, "오늘 기도한 것이 내일 다 이루어질 줄을 믿습니다. 다음 달에는 이번 달에 기도한 것이 다 이루어질 줄을 믿습니다. 내년에는 올해 기도한 것이 반드시 이루어질 것을 믿습니다"는 것이다. 그러나 이렇게 기도했을 때 아무것도 이루어지지 않았다고 한다. 여러 번 실수하면서 그는 진정한 믿음이란 '미래에 될 것을 믿는 것이 아니라 소원하는 것이 이미 이루

39 조용기, 『나의 교회 성장이야기』, 336-338.
40 조용기, 『4차원의 영성: 실천편』, 70.
41 조용기, 『나의 교회 성장이야기』, 342.

어졌음을 믿는 것'임을 배웠다. 이것을 깨닫고 나서 꿈과 환상을 통해 미래를 현재 안으로 가지고 들어왔더니 소원하는 것들이 현재 안에서 이미 이루어지기 시작했다고 그는 고백한다. 그러면서 '여인이 아이를 잉태하듯 우리는 꿈과 환상을 잉태해야 한다'는 확신과 함께 국민일보와 강남의 지성전 건축을 하면서 그가 체험한 쌍둥이 잉태에 관한 구체적인 예를 다음과 같이 나눈다:

> 나는 지금 국민일보를 내 안에 잉태하고 있습니다. 미래에 신문이 나올 것을 믿는 것이 아닙니다. 이미 국민일보는 꿈과 환상을 통해서 내 생명의 일부가 되었습니다. 또한 나는 강남에 짓고 있는 지성전을 내 안에 잉태하고 있습니다. 미래에 교회 건물이 완성되고 성도들이 그곳에서 예배드리게 될 것을 꿈꾸는 것이 아닙니다. 나는 이미 교회가 완성되어 수많은 성도들이 예배를 드리고 은혜를 받는 모습을 보고 있습니다.
>
> 지금 내 안에 쌍둥이가 무럭무럭 자라고 있습니다. 한 아이의 이름은 국민일보이고 다른 아이의 이름은 강남 지성전입니다. 이들은 내 몸 안에서 움직이고 발로 차면서 장난도 합니다. 나는 내 아이들을 느낄 수 있습니다. … 이들은 내 생명의 일부입니다. 내가 살아 숨을 쉬는 동안 내 안에 있는 꿈과 비전도 계속해서 살아갑니다. 그러나 내가 죽으면 이들도 죽게 됩니다. 우리는 하나입니다.[42]

신문철은 조용기 목사가 믿음을 두 가지로 본다고 말한다. 하나는 3차원의 세계에서 발생하는 인간의 신념이고, 다른 하나는 4차원의

---

42 같은 책, 338-341.

영적 세계에서 나오는 하느님의 믿음이다. 조용기 목사가 강조하는 4차원의 믿음은 우리 자신 안에서 분출하는 신념이 아니라 하느님으로부터 나오는 하느님의 믿음이다.[43]

조용기 목사는 믿음과 관련하여 기록된 말씀과 선포된 말씀에 관해 다음과 같이 설명한다. 그는 우리에게 주신 '하느님의 말씀'은 영원 불변의 절대 진리임을 확실히 말한다. 그러나 단지 기록된 말씀을 읽는 것으로는 하느님에 대한 지식을 얻고 이해는 할 수 있어도 성경에 기록된 모든 말씀에 대해 믿음이 생기는 것은 아니라고 주장한다. 즉, 하느님께로부터 어떤 특별한 일을 이루기 위한 믿음을 얻는 것은 아니라는 것이다. 다시 말하면 로마서 10장 17절("그러므로 들어야 믿을 수 있고 그리스도를 전하는 말씀이 있어야 들을 수 있습니다")은 믿음을 세우는 재료가 단순히 하느님의 말씀을 읽는 것 이상이라고 해석한다.[44] 예를 들면 조용기 목사가 볼 때 풍랑 중에 있던 베드로에게 그리스도께서 주신 말씀은 영원한 말씀이신 예수님께서 특별한 말씀으로 "오라"고 하신 '선포된 말씀'이다. 그는 이 '선포된 말씀'은 믿음을 가져다주며, 믿음은 들음에서 나온다고 주장한다. 그러므로 조용기 목사는 베드로가 전능하신 하느님에 대한 지식적인 믿음만으로 물 위를 걸은 것이 아니라, 그때에 예수님께서 하신 특별한 말씀을 직접 받아 믿음이 생겼기 때문에 물 위를 걸을 수 있었다[45]고 해석한다.

조용기 목사는 '기록된 말씀'과 '선포된 말씀' 그리고 성령의 역할에 대해 좀 더 설명을 한다. 그는 '선포된 말씀'은 '기록된 말씀'에서

---

43 신문철, "4차원의 영성에 대한 신학적 고찰," 213.
44 조용기, 『4차원의 영적세계』, 112.
45 같은 책, 115.

나온다고 주장한다. 하느님의 말씀을 듣고 공부할 때 그 말씀을 성령께서 감동시키거나 그 말씀이 우리의 특수한 상황에 적용하시는 말씀이 될 때 '기록된 말씀'은 '선포된 말씀'이 된다는 것이다. 그러나 조용기 목사는 특정한 개인에게 '선포된 말씀'은 모든 사람들에게 공통적으로 주어지는 것이 아님을 분명히 한다. 또한 '선포된 말씀'은 성령께서 '기록된 말씀'을 '선포된 말씀'으로 되살릴 때까지 주님을 의지하고 기다리는 신실한 사람들에게 주어진다고 기다림의 중요성을 말한다.

> '선포된 말씀'은 '기록된 말씀'에서 나옵니다. '기록된 말씀'은 베데스다의 못과 같은 것입니다. 여러분은 하나님의 말씀을 듣고 성경을 공부합니다. 그러나 그 말씀을 성령께서 감동시키거나 여러분의 특수한 상황에 적용하시는 말씀이 될 때에 '기록된 말씀'은 '선포된 말씀'이 되는 것입니다.
> '기록된 말씀'은 모든 사람에게 주어집니다. … 세계 만민에게 하나님에 대하여 알게 해줍니다. 그러나 특정한 상황에 있는 특정한 개인에게 '선포된 말씀'은 모든 사람들에게 공통적으로 주어지는 것이 아닙니다. '선포된 말씀'은 성령께서 '기록된 말씀'을 '선포된 말씀'으로 되살릴 때까지 주를 의지하고 기다리는 신실한 사람들에게 주어집니다.[46]

조용기 목사는 만일 주님을 의지하고 기록된 말씀을 선포된 말씀으로 되살릴 때까지 기다릴 시간이 전혀 없다면 주님께서도 우리의 마음속에 필요한 성구를 되살려 주시지 않을 것이라고 하면서 오늘날의 복회자들을 걱정한다. 조용기 목사가 볼 때 목회자들이 설교 준비

---

46 같은 책, 117.

보다는 다른 일들로 너무 바쁘기 때문이다. 즉, 관리인으로, 재무관으로, 건축가로, 이외에도 수많은 일을 지시하는 데 시간을 소비한다. 그리고 너무 지쳐서 주님을 섬길 시간도 없고, 말씀의 푸른 풀을 섭취하여 젖으로 변화시킬 시간도 없다. 따라서 그 교회 성도들은 단순히 풀만 먹게 될 뿐 말씀의 젖을 공급받지 못한다는 것이다. 조용기 목사는 이것은 중대한 실수라고 지적하면서 사도들처럼 목사는 기도와 하느님의 말씀을 전하는 일에 열중하고 그 밖의 교회 일은 집사, 평신도에게 분담할 것을 제안한다.[47]

　"믿습니다"라고 말하는 것은 쉽지만, 실제로 마음에 조금도 의심 없이 믿는다는 것은 쉽지 않다. 그러므로 조용기 목사는 마르코 복음 11장에 관해 설명한다. 즉, "하느님을 믿어라. 나는 분명히 말한다. 누구든지 마음에 의심을 품지 않고 자기가 말한 대로 되리라고 믿기만 하면 이 산더러 '번쩍 들려서 저 바다에 빠져라' 하더라도 그대로 될 것이다. 그러므로 내 말을 잘 들어 두어라. 너희가 기도하며 구하는 것이 무엇이든 그것을 이미 받았다고 믿기만 하면 그대로 다 될 것이다"(마르 11, 22-24)는 내용이다. "하느님을 믿어라"고 하신 부분을 어떤 희랍어 학자들은 "하느님 안에서 믿음을 가지라"로 번역하는데, 다른 편의 학자들은 "하느님의 믿음을 가지라"로 번역한다는 것이다. 조용기 목사는 이 두 가지 번역이 모두 정확하므로 그 두 가지 의미를 함께 묶어서 취해야 한다고 주장한다. 우리는 하느님을 믿어야 할 뿐 아니라, 우리 안에 하느님의 믿음을 가져야만 하기 때문이다[48].

---

47 같은 책, 118-119.
48 같은 책, 172-173.

또한 조용기 목사는 선포된 말씀을 받았을 때 그 믿음은 우리들 자신의 것이 아니라 하느님께서 우리에게 주신 믿음이라고 한다. 이 믿음을 받은 후에 우리는 산더러 던지우라고 명령할 수 있으며, 하느님의 믿음을 받지 않고는 그 일을 할 수 없다고 말한다.[49]

조용기 목사는 하느님의 믿음을 소유하기 위해 철저히 예수 그리스도를 의지해야 한다고 가르친다. 믿음으로 하느님께 나아가며, 믿음으로 구원받는 것이지만, 그것은 '그리스도에 대한 믿음으로' 받기 때문이다. 다시 말해서 "그리스도께서 믿음을 통하여, 우리를 구원하시는 것이지, 구원하는 능력이 믿음 그 자체에 있는 것은 아니다"라는 것이다. 그는 예수 그리스도를 통해서 주어지는 하느님의 믿음은 하느님의 말씀인 성경을 통해서 주어진다고 주장한다. 그러므로 조용기 목사는 하느님의 말씀을 매일 묵상하고 읽음으로 믿음을 더 크게 가질 수 있고, 하느님의 기적을 3차원의 세계에서 행할 수 있다고 가르친다. 그는 "믿음이 하느님의 말씀을 의지하지 않는다면 그것은 맹신의 신앙으로 전락될 수 있는 위험"이 있으며 말씀의 기초가 없는 신앙의 위험성을 경계해야 한다고 말한다. 신문철이 볼 때 영산에게 있어서 믿음과 하느님의 말씀은 항상 함께 나타난다.[50]

조용기 목사는 그리스도인으로서 꼭 가져야 하는 "신념은 예수 그리스도를 믿고 죄 사함을 얻었다는 믿음, 하느님이 나와 항상 함께 하셔서 내 인생을 이끌어주신다는 믿음"[51]이라고 말한다. 또한 이 믿음을 실천에 옮기기 위해 '말씀이 역사하는 힘'을 믿고 따르는 삶이

---

49 같은 책, 133.
50 신문철, "4차원의 영성에 대한 신학적 고찰," 214-215.
51 조용기, 『4차원의 영성: 실천편』, 66.

필요하다고 말한다. 그는 이의 첫 단계로 '레마'(Rhema)의 말씀을 발견하라고 로고스와 '레마'에 관해 다음과 같이 구분하여 설명한다. 즉, 로고스는 일반적인 하느님의 말씀이며 레마는 성경을 읽다가 성령님을 통해 어느 구절이 갑자기 가슴속에 부딪혀 불길을 일으키고 우리에게 굳센 믿음을 줄 때의 말씀이라는 것이다.

> 로고스는 일반적인 하나님의 말씀으로, 이 말씀이 어떤 개인에게 특별히 주어지는 말씀이 되기 위해서는 하나님의 음성이 들려와야 합니다. 하나님의 음성은 하나님께서 성령님을 통하여 우리의 마음에 특별히 말씀해 주시고, 그 말씀에 의해서 믿음이 생길 때 들려옵니다. 이러한 믿음이 생길 수 있게 하는 말씀을 헬라어로 '레마'라고 합니다. 우리가 성경을 읽다가 어느 구절이 갑자기 가슴속에 부딪혀 불길을 일으키고 우리에게 굳센 믿음을 줄 때 그 말씀이 곧 '레마'입니다.[52]

조용기 목사는 마르코 2장 1-5절의 말씀, 즉 중풍병자의 친구들이 지붕을 뜯고 구멍을 내어 그를 예수님 앞에 데려와 치유 받은 사건을 활용하여 하느님의 믿음을 얻는 것에 관해 다음과 같이 설명한다. 신앙의 첫째 단계에서 그 중풍병자는 믿음을 가졌지만 아무 일도 일어나지 않았다. 그런데도 둘째 단계로 들어가 예수님을 직접 만나서 병 고침을 받으려는 소원을 가지고 실천에 옮겼다. 조용기 목사는 예수님께서 그 중풍병자의 믿음을 보시고 그가 가진 믿음에 하느님의 믿음을 더해 주셨기 때문에 기적을 체험했다고 해석한다. 이 점을

---

52 같은 책, 67.

가지고 그는 하나의 원리를 말한다. 즉, 하느님께서는 우리의 믿음 위에 하느님의 믿음을 얹어 주신다는 원리이다. 아무리 작은 믿음이라도 실천하면 더욱 자라고 성장하여 기적을 체험하는 하느님의 믿음을 얻게 된다는 것이다. 또한 조용기 목사는 '믿음의 씨앗'을 가르친 오랄 로버츠 목사를 언급하면서 '믿음의 씨앗'이란, 씨앗 속에 생명이 있듯이 우리의 믿음이 살아있는 것을 하느님께 보여 드리는 것이라고 설명한다.

> 신앙의 첫 번째 단계에서 그 중풍병자는 믿음을 가졌습니다. 그는 진실로 믿었지만 아무 일도 일어나지 않았습니다. 그럼에도 불구하고 두 번째 단계로 들어가 예수님을 직접 만나서 병 고침을 받으려는 소원을 갖고 실천에 옮겼습니다. 예수님께서는 병 고침을 받고자 하는 그의 소원과 예수님 앞으로 나오고자 하는 그의 결심을 아셨습니다. 그리고 그가 소원과 결심을 행동으로 옮기기 위해서 최선을 다했다는 것도 아셨습니다. … 예수님께서는 그 중풍병자의 믿음을 보시고 그가 가진 믿음에 하나님의 믿음을 더하여 주셨습니다. 그 순간에, 그 중풍 병자는 산을 움직이는 기적을 체험했습니다. 여기에 매우 중요한 원리가 있습니다. 그것은 하나님께서는 우리의 믿음 위에 하나님의 믿음을 얹어 주신다는 것입니다. … 그러므로 아무리 작은 믿음이라도 실천하면 더욱 자라고 성장하여 마침내 산을 움직이는 기적을 체험하는 하나님의 믿음을 얻게 됩니다. 하나님의 믿음은 우리의 믿음 위에 역사합니다. … 오랄 로버츠 목사는 기적을 일으키는 하나님의 믿음을 받아들이는 가장 중요한 원리로 '믿음의 씨앗'을 가르쳤습니다. "'믿음의 씨앗'이란 씨앗 속에 생명이 있듯이 우리들의 믿음이 살아 있는 것을 하나님께 보여 드리는 것이다."[53]

조용기 목사는 인간적으로 믿으려고 노력하는 믿음과 하느님의
믿음 사이에 있는 분명한 차이점 그리고 하느님의 믿음을 받아들이는
자세를 다음과 같이 설명한다. 먼저 믿음은 인간적인 측면에서 시작
되는데 이것은 일종의 노력하는 믿음이라는 것이다. 하느님의 믿음
은 성령께서 주시는 믿음인데 이것을 받아들이기 위해서는 우리 측에
서 시작하는 믿음이 있어야 하기 때문이다. 그러므로 우리가 가지고
있는 믿음을 하느님께서 보시도록 할 수 있는 모든 것을 실천하여
믿음의 씨앗을 심어야 한다는 것이다. 아무리 적은 믿음의 씨앗이라
도 심어 싹이 나는 것을 보시고, 그 위에 하느님의 믿음을 주시기 때문
이다. 조용기 목사는 씨앗을 심고 난 뒤에는 하느님의 말씀 위에 서서
기도하면서 하느님의 때를 기다릴 것을 중요시한다. 그분의 때가 되
면 우리의 준비된 믿음 위에 하느님의 믿음을 나타내 주실 것이기
때문이다.

인간적으로 믿으려고 노력하는 믿음과 하나님의 믿음 사이에는 분명한 차이
가 있습니다. 먼저 믿음은 인간적인 측면에서 시작하게 되는데, 이것은 일종
의 노력하는 믿음입니다. (물론 이 믿음조차 하나님의 선물이기는 합니다.)
… 우리 측에서 시작하는 믿음이 있어야 우리는 성령께서 주시는 하나님의
믿음을 받아들일 수 있습니다. 그러면 어떻게 하나님의 믿음을 받아들일
수 있습니까? 여러분이 가지고 있는 믿음을 하나님께서 보실 수 있도록 여러
분이 할 수 있는 모든 것을 실천하십시오. 즉, 행동으로 믿음의 씨앗을 심고
나서 하나님의 말씀 위에 서서 기도하십시오. 여러분이 살아 있는 믿음의

53 조용기, 『4차원의 영적세계』, 174-175.

씨앗을 심으면 그것은 하나님께서 그분의 믿음을 뿌리내리게 하실 수 있는 기초가 되는 것입니다. … 씨앗을 심고 난 뒤에는 기도하면서 기다려야 합니다. 기다리는 기간은 대단히 중요합니다. 기다리지 않고 여러분 자신의 믿음만 가지고 일을 서둘러서는 안 됩니다. 하나님을 믿으십시오 하나님을 예배하십시오 하나님의 때가 되면 하나님께서 여러분의 준비된 믿음 위에 하나님의 믿음을 나타내 주실 것입니다.[54]

영산 조용기 목사는 절대주권을 가지신 전능하신 하느님께서는 우리 모두에게 각자의 분량대로 믿음을 주시고, 우리가 받은 믿음을 적극 활용하기를 원하신다고 가르친다. 그는 믿음이 성장하여 완전하고 효과적으로 사용되기 위한 성장 단계, 즉 우리의 믿음이 깨어나는 부화의 과정에 있는 네 가지 기본적인 단계를 설명한다. 첫째, '분명한 믿음의 대상'을 마음속에 그릴 수 있어야 한다고 말한다. 믿음이란 우리가 "바라는 것들(분명한 것들)의 실상"이기 때문에(히브 11, 1) 믿음에는 바라는 분명한 목표가 있어야 한다는 것이다. 그는 만약 기도할 때 목표가 분명하지 않고 막연한 생각만 가지고 있으면, 그 기도는 하느님께 상달되지 않는다고 본다.[55] 예를 들면 책상과 의자가 필요할 경우에 막연하게 책상과 의자를 청하지 말고, 가지고 싶은 책상과 의자의 종류나 내용을 분명히 구체적으로 말해야 한다는 것이다.[56] 둘째, 불타는 소원을 가지라고 한다. 즉, 생생한 그림을 마음속에 가진 다음에는 그 대상을 향해 불타는 소원을 가져야 한다.

---

54 같은 책, 184-185.
55 같은 책, 24-25.
56 같은 책, 28.

조용기 목사는 1958년 처음 목회를 시작했을 때 한국에서 제일 큰 교회를 목회하고 싶다는 불타는 소원이 있었으며, 그는 오직 자나 깨나 그 생각에만 집중하며 살았다고 한다. 그 결과 세계에서 가장 큰 교회로 알려지게 되었다고 고백한다. 셋째, 불타는 소원이 끓어오르면 무릎을 꿇고 기도하되 확신과 평화를 얻을 때까지 기도하라고 조언한다. 예를 들면 만일 기도하는 순간 마음속에 하느님께서 주시는 평안과 확신이 생기면, 그 문제를 놓고 더 이상 기도하며 매달리지 않아도 된다는 것이다. 확신을 얻는 데 때로는 20분이나 2시간, 2주, 2년이 걸릴 수도 있다. 그러나 그는 시간이 얼마가 걸리든 믿음의 실상을 얻을 때까지 기도할 것을 주장한다.[57] 넷째, 하느님의 말씀을 전하라고 한다. 확신을 갖게 된 후에는 믿음의 증거를 보여야 한다는 것이다. 조용기 목사는 성경은 하느님께서 죽은 자도 다시 살리신다고 기록한다(로마 4, 17)고 말하면서 이 말씀은 하느님께서는 '없는 것을 있는 것처럼 부르시는 기적의 하느님'이신 것을 의미한다고 해석한다. 또한 조용기 목사는 창세기 (창세 17, 1-5; 18, 14)에서 "아브람아, 너는 더 이상 '아브람'이 아니라 많은 민족의 조상이 되리라. 네 이름은 이제 아브람이 아니라 아브라함이라 불리리라. 그리고 너는 네 아내를 '사래'라고 부르지 말고 많은 민족의 어미라는 뜻인 '사라'라고 불러야 하느니라"를 인용하여 예를 든다. 이에 따라 아브라함과 사라는 서로를 '아브라함'과 '사라'라고 불렀고, 그들이 서로 부르고 확신한 대로 '웃음'이라는 뜻을 지닌 '이사악'을 낳게 되었다고 믿음의 증거를 어떻게 보이는가를 설명한다.[58]

---

57 같은 책, 40-42.

조용기 목사는 기도해야 할 때가 있는가 하면 명령해야 할 때가 있다고 가르친다. 먼저 기도실에 들어가 기도해야 하며, 기도를 마치고 영적 전투장으로 나오면 그 일이 이루어지도록 창조적인 말씀으로 권세 있게 명령해야 한다는 것이다. 그는 복음서에서 예수님께서는 항상 명령하셨고 밤을 새워 기도하셨으며 사람들이 살아가는 삶의 현장에서 그들의 병이 낫도록 말씀으로 명령하신 면을 중요시한다. 하느님께서는 우리에게 믿음의 말로 명령하여 병을 고치라고 말씀하시는데 그것은 물론 우리 안에 계신 그리스도를 통해서 치료하라는 말씀이라고 한다. 따라서 조용기 목사 자신도 사목 현장에서 담대하게 신유의 말씀을 선포하고 있으며, 자신이 돌보는 교회에서는 성령의 역사하심으로 병자들이 고침을 받고 있다고 말한다.[59] 조용기 목사는 자신이 받은 은사를 한 가지 말하면 바로 '그리스도 안에서의 담대한 믿음'이라고 밝힌다. 담대함을 가지고 믿음으로 선포하면 성령께서 역사하신다는 것이다.[60] 그는 어머니가 아이를 잉태해서 낳는 데 시간이 걸리는 것처럼 우리가 간절히 원하며 기도한 것이 응답되어 실제로 이루어지는 데도 시간이 필요하다고 강조한다. 그는 이 원리를 가지고 기도 응답을 받은 체험담을 말한다. 즉, 간절히 청한 물건들을 주실 주님께 찬양을 드리고, 이미 받은 줄로 믿고 감사하며 입술로 줄기차게 시인하니까 하느님의 때에 기도한 대로 정확하게 응답하셨다는 것이다.[61]

---

58 같은 책, 45-47.
59 조용기, 『4차원의 영적세계』, 49-50.
60 같은 책, 53.
61 같은 책, 33.

4. 꿈

영산 조용기 목사는 4차원 영적 세계에 속한 요소의 하나로 꿈과
비전에 대해 언급하면서 꿈을 성령의 영적 언어라고 표현한다. 그에
따르면 성령께서는 믿는 자들에게 꿈과 환상을 주시고, 그들이 창조
적인 삶을 살도록 인도하신다. 그리고 하느님의 말씀을 통해서 꿈과
비전을 우리에게 가르쳐 주신다는 것이다.[62] 영산은 꿈이 없으면, 즉
4차원이 꿈으로 프로그래밍되지 않으면 3차원도 희망이 없음을 강조
한다.[63]

영산은 꿈과 비전이 결실을 거두기 위해 네 개의 과정을 거쳐야
한다고 다음과 같이 설명한다: ① 성령께서는 여러 가지 꿈과 비전을
우리 마음속에 불어넣어 주시고 그것들을 통해 계속 말씀하신다. ②
우리는 하느님께 의지하여 목표를 구체적으로 꿈꾸면, 자신의 미래
를 부화할 수 있다. ③ 목표를 향한 끊임없는 노력을 통해 결국 좋은
결과를 얻게 될 것이다. ④ 이 모든 것은 하느님의 주권에 속하므로
성령 안에서 꿈을 꾸되, 하느님께 귀하게 쓰임 받고자 하는 소원을
가지고 꿈을 계발한다.[64]

조용기 목사는 꿈과 비전이 3차원의 물질세계에서 나타나는 개인
적인 야망이나 욕심과는 매우 다르다고 한다. 개인적인 야망이나 욕
심이 사탄의 영향을 받거나 인간의 영혼에 의해 만들어진 꿈일 수도
있다고 보기 때문이다. 그는 하느님의 꿈이 이런 것들과 구별된 꿈이

---

62 신문철, "4차원의 영성에 대한 신학적 고찰," 210.
63 조용기, 『4차원의 영성』, 82.
64 조용기, 『4차원의 영적세계』, 62.

라는 것을 강조한다.[65]

영산은 바른 꿈과 욕심의 차이를 비교한다. 즉, 꿈은 내일에 대한 희망이 있고 죄를 지을 필요가 없지만, 욕심은 모든 것을 어기고 죄를 범해야 이룰 수 있다는 것이다. 그는 아무리 좋은 꿈과 이상이라도 하느님이 함께하지 않으시면 인간적인 야망과 욕심에 그친다고 여긴다. 그러면서 모세와 아브라함과 요셉의 예를 든다.

> 꿈에는 내일에 대한 희망이 있습니다. 법을 어기거나 죄를 지을 필요가 없습니다. 그러나 욕심은 모든 것을 어기고 죄를 범해야 이룰 수 있습니다. 모세가 젊었을 때 민족 구원에 실패한 이유가 있습니다. 젊은 혈기만으로, 자신만의 생각대로 꿈을 꾸었기 때문입니다. 아무리 좋은 꿈과 이상이라도 하나님이 함께하지 않으시면 인간적인 야망과 욕심에 그치는 것입니다. 반대로 아브라함과 요셉은 환난 가운데서도 승리했습니다. 그들은 하나님과 함께 꿈꾸었기 때문입니다.[66]

그리고 조용기 목사는 항상 '희망의 꿈'을 간직하고 확산시키라고 하면서 하느님의 희망을 품고 굳세게 기도하라고 말한다.

> 하나님 안에서 바라보고, 믿고 꿈꾸고, 기도하면 모든 것을 이루어 주십니다. 하나님의 희망을 품고 굳세게 기도하십시오 우리는 모두 택함 받은 하나님의 존귀한 사람입니다. 당장 눈에 보이지 않는다고 실망할 필요 없습니다. 기다

---

65 신문철, "4차원의 영성에 대한 신학적 고찰," 212.
66 조용기, 『4차원의 영성』, 154-155.

리십시오. 십자가의 고난을 묵상하십시오 그리고 희망을 나누는 삶을 사십시오.[67]

조용기 목사는 '바라보는 것은 소유하는 것'이라고 주장한다. 예를 들면 창세기에 하느님께서 아브라함에게 "고개를 들어 네가 있는 곳에서 동서남북을 둘러보아라. 네 눈에 비치는 온 땅을 너와 네 자손에게 아주 주겠다"(창세 13, 14-15)는 말씀이 있다. 조용기 목사에 의하면 아브라함은 그 땅을 바라보았고, 장막으로 돌아가서는 자리에 누워 그 땅을 소유하게 될 것을 꿈꾸었다는 것이다. 또한 성령께서는 아브라함의 4차원의 영적 세계의 언어를 사용하심으로 지배력을 행사하시기 시작하셨다고 본다. 그리고 아브라함이 백 살, 사라가 아흔 살일 때 아들 이사악을 낳았다고 설명한다[68].

조용기 목사는 또한 4차원의 영적 세계에서 '마음의 눈으로 바라보는 것'은 위대한 역할을 한다고 믿는다. 그러면서 동물들은 인간과 달리 절대로 상상의 능력을 발휘할 수 없는데, 그 이유는 상상이란 영적인 활동이기 때문이라고 한다. 영산은 야곱이 외삼촌 라반과의 관계에서 어떻게 자신의 품삯을 받았는지 창세기 30장 32-41절의 말씀을 가지고 바라봄의 역할과 연결하여 설명한다. 창세기에 야곱은 자신의 품삯으로 얼룩진 가축들만 받기로 하고 라반이 남겨 둔 흰색의 가축들만 돌보게 되었다는 내용이 나온다. 야곱은 얼룩지게 반점이 있도록 만든 나뭇가지들로 울타리를 만들어 튼튼한 양들이 물 마시는

---

67 같은 책, 183.
68 조용기, 『4차원의 영적세계』, 64.

물 구유 앞에 세워두었으며, 그곳에서 양들이 물을 마시고 새끼를 배었다는 것이다. 조용기 목사는 야곱이 매일 그곳에 서서 얼룩진 새끼 양들이 태어나는 모습을 믿음으로 그리며 바라보고 있었다고 본다. 그리고 하느님께서 야곱의 마음에 비전과 꿈을 창조하셨으며, 그 결과 야곱이 바라본 그 믿음대로 얼룩진 새끼들이 많이 태어났다는 것이다.

외삼촌, 이제부터는 다음과 같은 조건하에서 일을 하겠습니다. 제가 맡아서 치고 있는 외삼촌의 양 떼 중에서 아롱진 것과 점 있는 것과 검은 것들을 전부 가려내십시오. 저는 흰색으로 된 양들만 돌보겠습니다. 그래서 그 흰색의 양들이 혹 아롱지거나 점 있거나 검은 새끼들을 낳으면 그것들을 모두 제 품삯으로 주십시오. …

라반은 자신의 양과 염소 중에서 아롱진 것과 점 있는 것과 검은 것들을 모두 가려내어 사흘 길 되는 먼 곳에 떼어 놓았습니다. 야곱은 외삼촌 라반이 남겨 둔 흰색의 가축들만 치게 되었습니다. 야곱은 산에 가서 버드나무, 살구나무, 신풍나무를 베어다가 칼로 껍질을 벗겨 흰 무늬를 내어 반점 있고 얼룩지게 만들었습니다. 그래서 그 나뭇가지들로 울타리를 만들어 튼튼한 양들이 물 마시는 물 구유 앞에 세워두었습니다. 그곳에서 양들은 물을 마시고 새끼를 뱄습니다.

야곱은 날이면 날마다 그곳에 서서 얼룩덜룩하고 점 있고 아롱진 새끼 양들이 태어나는 모습을 믿음으로 그리며 바라보고 있었습니다. 하나님께서는 야곱의 마음에 비전과 꿈을 창조하셨습니다. … 야곱이 그 나뭇가지들을 볼 때마다 하나님의 약속을 믿음의 눈으로 구체적으로 바라보고 꿈꿀 수 있도록 도와주신 것입니다. … 그는 자면서도 양들이 얼룩덜룩한 새끼를 낳는 꿈을 꾸었을 것입니다. 그 결과 야곱이 바라본 그 믿음대로 양들은 얼룩지고 점 있고 아롱진 새끼들을 많이 낳았습니다.[69]

조용기 목사는 야곱이 살았던 시대로부터 오랜 세월 후에 하느님 께서는 또 다른 나무, 즉 십자가를 세우셨다고 말한다. 이 나무는 칼로 껍질을 벗겨서 반점이 있는 것이 아니고, 독생자의 생명의 피로 얼룩 졌다. 그러므로 조용기 목사는 누구든지 예수님의 보혈로 얼룩진 십 자가 나무를 바라보면, 성령의 능력으로 새 생명과 새 자화상과 새 꿈과 비전을 받고 변화될 수 있다고 주장한다.

야곱이 살았던 시대로부터 오랜 후에, 하나님께서는 또 다른 나무를 세우셨습 니다. 이번에는 갈보리 언덕 위에 십자가를 세우신 것입니다. 이 나무는 칼로 그 껍질을 벗겨서 얼룩지고 반점이 있는 것이 아니고, 하나님의 독생자의 생명의 피로 얼룩진 것이었습니다. 누구든지 예수님의 보혈로 얼룩진 이 십자가 나무를 바라보면, 성령의 능력으로 새 생명과 새 자화상과 새 꿈과 비전을 받고 변화될 수 있습니다.[70]

조용기 목사에게 있어 4차원의 요소인 꿈의 목표는 구체적이어야 한다. 3차원에 나타날 현실 상황은 실제로 일어나는 아주 사실적인 것이기 때문에 그 실제의 모습을 바라보면서 자세하고 확실한 목표를 세워야 한다는 것이다. 조용기 목사는 그 목표를 얻기 위해 기도를

---

69 같은 책, 70-71.
70 같은 책, 72.

많이 해야 하는데 특히 금식기도를 권장한다. 금식기도는 4차원의 세계를 명확하게 하기 위함이고 꿈을 명확하게 하기 위함이다. 그는 금식을 하면서 에너지원을 끊어버리고, '내 힘으로 할 수 있다'라는 자아를 포기하고 오직 하느님만 바라볼 것을 강조한다. 그렇게 하여 자신이 변하면 4차원의 세계가 변화되어 하느님이 보여주시는 꿈을 세밀하게 알 수 있다는 것이다.[71]

조용기 목사는 예수 그리스도의 십자가를 바라보면서 영혼과 육체 그리고 생활의 질병에서 건강해지는 구체적인 꿈의 목표를 마음속에 받아들여야 함을 강조한다. 현재의 몸과 마음 그리고 삶이 어떤 상황에 있든 연연하지 말고 십자가를 통해 예수님의 꿈을 받아들이면 그때에 하느님의 능력을 보게 된다는 것이다.

예수 그리스도의 십자가를 바라보며 영혼과 육체 그리고 생활의 질병에서 건강해지는 구체적인 꿈의 목표를 마음속에 받아들여야 합니다. 현재의 몸과 마음 그리고 삶이 어떤 상황에 있든 그것에 연연하면 안 됩니다. 우리는 십자가를 통해 예수님의 꿈을 받아들여야 합니다. 그때 우리의 정신적인 장애가 제거되고 나음을 얻으며, 하나님의 능력을 보게 됩니다. 그렇습니다. 우리는 십자가를 통해 예수 그리스도 안에 있는 꿈의 목표를 바라보아야 합니다. 이로써 저주와 가난의 정신적인 장애를 제거하고 그리스도를 통해 아브라함의 축복과 형통을 받아들일 수 있습니다. 이것이 그리스도가 우리를 향해 품으신 꿈입니다.[72]

---

71 조용기, 『4차원의 영성』, 170.
72 같은 책, 171.

그는 꿈을 사용하는 방법과 관련된 두 가지 예를 든다. 첫째는 교회 성장을 원하는 목회자를 대상으로 세미나를 하면서 가르쳐준 내용이다. 기도하는 중에 바라본 2년 후 자신의 교회의 모습과 목표를 종이에 구체적으로 적어 교회 사무실에 붙인 것을 바라보며 밤낮으로 기도하면 성령님께서 역사하신다는 것이다. 그는 이처럼 꿈을 바라보면 그 꿈이 믿음을 생산하고 성령의 역사를 일으키므로 가슴속에 꿈을 품는 것을 강조한다. 조용기 목사에 의하면 가슴에 품고 있는 그 꿈이 바로 미래를 창조하시는 하느님의 손길이 되기 때문이다.

> 종이 한 장과 연필을 준비하십시오. 여러분이 기도하는 중에 바라본 2년 후 교회의 모습과 목표를 그 종이에 기록해 보십시오. 그리고 자신의 교회는 2년 이내에 몇 명의 성도를 꿈꾸는지 구체적으로 적어 보십시오 … 목표를 적은 종이를 여러분의 교회 사무실에 붙여 놓고 밤낮으로 쳐다보며 기도하고, 마음속에 그 모습을 그리십시오. 성령님께서 역사하실 것입니다.[73]

또 다른 예로 든 것은 남미의 어느 목사가 한쪽 귀가 없는 아이를 도와준 내용이다. 목사는 하느님께서 멋진 귀를 만들어 주시는 장면을 상상하면서 간절한 마음으로 안수기도를 했다. 처음에는 조그만 혹이 생겨났는데 부모들도 매일 없는 귀를 있다고 생각하고 "우리 아기, 귀가 참 예쁘구나"라고 말하면서 쓰다듬어주었다. 목사와 부모가 계속 기도한 결과 그 작은 혹이 부채처럼 퍼지는 기적이 일어났다. 이 경우를 조용기 목사는 성령 안에서 믿음으로 먼저 그림을 그리고

---

73 같은 책, 167-168.

꿈꾸면서 상상을 하니까 그 그림대로 나타난 것이라고 설명한다.

한 어머니가 귀가 없는 아이를 안고 안수기도를 받으러 왔다고 합니다. 카브레 목사는 기도를 하면서 그 아이에게 하나님이 멋진 귀를 만들어 붙여 주시는 장면을 상상했습니다. 그리고 마음으로 간절히 안수하면서 기도를 올렸습니다. 그런데 기도를 하고 난 후 얼마 지나지 않아 아이에게 귀가 아닌 조그만 혹이 생겨났습니다. 이상하다 싶었지만 그래도 열심히 기도했습니다. 다시 기도를 받으러 왔을 때도 처음과 변함없이 귀가 생기는 꿈을 상상하고 그림을 그리면서 안수해 주었습니다. 그는 계속해서 그렇게 기도했다고 합니다. 아이의 부모에게도 아이에게 귀가 있다고 생각하고 아침마다 "우리 아기, 귀가 참 예쁘구나"라고 말하면서 바라보고 쓰다듬어 주라고 당부했습니다. 그렇게 기도 속에서 별다른 일 없이 시간이 흐른 어느 날이었습니다. 그날도 역시 없는 귀를 있는 것 같이 생각하고 안수기도를 했습니다. 그리고 눈을 떠보니 그 작은 혹이 마치 부채처럼 펴지더라는 것입니다. 이는 주님의 놀라운 기적이 아니고서야 있을 수 없는 일이지 않습니까. 이처럼 바라고 원하는 것은 성령 안에서 믿음으로 먼저 그리고 꿈꾸며 상상할 때 그 그림대로 나타나게 됩니다.[74]

조용기 목사는 꿈과 소원은 저절로 이루어지지 않고, 그것이 이루어지기 위해서는 고난이라는 터널을 통과하는 것이 필수라고 말한다. 고난을 통과하면서 자아가 깨어지고 더욱 하느님을 믿으며 순종하기 때문이다.[75] 그는 꿈은 성령님이 주시는 것이며 성령님을 통해 자신의

---

74 같은 책, 169-170.

마음을 거룩한 꿈으로 프로그래밍할 것을 제안한다. 그에 의하면 사람의 미래는 그가 어떤 꿈을 말하는지를 보면 알 수 있기 때문이다. 그리고 현실이 아무리 어려워도 마음속에 꿈이 있다면 그 꿈은 3차원을 점령하고 변화시키기 때문이다. 영산에 의하면 변화는 4차원의 세계에서 오는 것이므로 현재의 생활이 너무 힘들고 공허해도 올바른 꿈을 품어 인큐베이터에서 보살피면 그것으로 인해 변화하게 된다.[76] 조용기 목사는 믿는 사람들의 궁극적인 목표는 이 땅에 머물지 않고, 영원한 나라와 관련된 영원한 목표가 있음을 강조하면서 그 꿈의 실현을 위해 작은 일부터 실천할 것을 제안한다.[77]

5. 말

조용기 목사에 의하면 4차원의 세계에 속하는 말은 눈에 보이지 않지만, 운명과 환경을 바꿔놓는 창조적인 위대한 힘을 가지고 있다. 그는 하느님께서 말씀으로 천지를 지으셨으며 우리는 하느님의 형상과 모양대로 지음 받았는데, 다른 피조물과 우리가 다른 점은 말을 할 수 있다는 것으로 본다. 그리고 우리의 말이 우리 자신의 운명을 창조한다고 믿으면서 인생을 변화시킬 그 능력 있는 말은 성령이 함께 하실 때 그리고 항상 말씀을 묵상하며 기도할 때 얻을 수 있다고 설명한다.[78]

---

75 같은 책, 181.

76 같은 책, 83.

77 같은 책, 172.

성경에 "죽고 사는 것이 혀끝에 달렸으니 혀를 잘 놀려야 잘 먹을 수 있다"(잠언 18, 21)는 말씀이 있다. 죽고 사는 것은 3차원이지만 혀는 4차원이다. 영산은 상대방의 말을 들을 때 그 사람의 인생을 어느 정도 짐작할 수 있다고 하면서 다음과 같이 설명한다. 성공하는 사람은 그 소망하는 것이 이미 이루어졌다고 말을 하는 데 반해 실패하는 사람은 말에서부터 벌써 실패를 말한다는 것이다. 그는 4차원에서 망한다고 말하고 3차원에서 성공을 기대하는 것은 헛수고라고 생각한다. 부정적인 말은 자신의 4차원을 부정적으로 프로그래밍하고 3차원에 영향을 주기 때문이다. 또한 다른 사람을 비방하고 욕하는 사람은 자신의 4차원을 그렇게 프로그래밍하는 것이므로 다시 본인의 3차원인 욕으로 돌아올 수밖에 없다고 주장한다.[79] 그가 볼 때에 상대방에게 하는 말이지만, 그 말이 내뱉어지는 순간 자기 자신도 그 말을 듣고 자신의 3차원의 세계에 명령하기 때문이다.[80] 이처럼 일단 입에서 나간 말은 상대방에게 영향을 미칠 뿐 아니라 자신에게도 똑같은 영향을 주기 때문에 대단히 중요하다.[81] 그러므로 영산은 4차원의 언어를 사용하는 사람은 사람들의 단점을 지적하여 낙심하게 만들지 않고, 오히려 상대방의 장점을 칭찬하려고 노력할 것을 제안한다.[82]

영산 조용기 목사는 4차원의 언어는 생각, 믿음, 꿈을 마음에 품고

---

78 조용기, 『4차원의 영성: 실천편』, 126.

79 조용기, 『4차원의 영성』, 85-86.

80 같은 책, 218.

81 같은 책, 200.

82 조용기, 『4차원의 영성: 실천편』, 129.

선포하는 언어이기 때문에 성령님이 지배하는 언어라고 본다. 그는 4차원의 언어는 말에 힘과 권세가 있는 언어이므로 말하는 것이 이루어질 줄 믿고 4차원의 언어를 선포할 것을 역설한다.[83] 그에 의하면 4차원의 언어를 사용하는 사람은 창조적인 언어를 구사하기 때문이며,[84] 실패한 것처럼 보이는 환경을 이길 능력이 바로 입술에서 나오는 말에 담겨 있기 때문이다.[85] 조용기 목사는 또한 사람의 말은 그대로 이루어지는 능력이 있으므로 말은 사람을 죽이기도 하고 살리기도 한다고 강조한다. 그러므로 한마디의 말이라도 상대방에게 감동과 기쁨을 주고, 성공을 불러오는 창조적인 말을 하도록 힘쓸 것을 제안한다.[86] 영산은 없는 것도 가능하게 하시는 하느님, 앞길이 보이지 않고 불가능할 것 같은 상황에서도 가능케 하시는 하느님을 향해 창조적인 입술의 고백을 할 것을 주장한다. 하지만 기억해야 할 점으로 진실한 사랑의 언어 없이 하는 창조적인 입술의 고백은 헛수고일 뿐이라고 지적한다.[87]

영산 조용기 목사는 성령의 능력과 말씀에 사로잡힐 것을 권한다. 말은 능력이기 때문에 관리되고 다스림을 받아야 하는데, 가장 좋은 스승은 성령님이시기 때문이다. 그는 또한 말실수를 줄이기 위해서는 성령님께 민감하게 반응하고 중요한 시점에서 무슨 말을 어떻게 해야 할지 도움을 받을 것을 제안한다. 그에 의하면 하느님께서 기뻐

---

83 같은 책, 134.

84 같은 책, 130.

85 조용기, 『4차원의 영성』, 215.

86 같은 책, 213.

87 조용기, 『4차원의 영성: 실천편』, 131.

하시는 언어 습관은 사람을 살리는 말을 하고 축복과 칭찬의 말을 하는 것이다. 그는 또한 능력을 가진 말은 하느님 안에 있는 4차원적인 말인데 이것은 성령과 말씀 그리고 기도가 함께 해야 얻을 수 있다고 설명한다.[88]

조용기 목사는 말이 환경을 이기는 영적 전쟁의 중요한 도구라고 여긴다. 그러므로 말로써 믿음을 풀어놓고 입술로 계속 반복하면서 시인하면 환경에서 놀라운 변화를 볼 수 있다고 그 예를 들려준다. 89세의 선교사가 중풍으로 언어장애와 온몸이 마비되었다는 이야기이다. "나사렛 예수 이름으로 명하노니 일어나 걸으라"고 주위 사람들이 그 선교사에게 입으로 반복해주는 선포의 말의 힘으로 중풍이 완치되었다는 것, 즉 병든 3차원의 현실을 4차원의 요소인 말로 바꾸어 놓았다는 내용이다.

> 인도의 선교사로 잘 알려진 스탠리 존스 목사는 긍정적인 믿음을 가진 인물로 유명합니다. … 그는 89세에 가까웠을 때 갑자기 중풍으로 쓰러졌습니다. 수개월 동안 자리에서 일어나지 못하고 말도 하지 못했습니다. 그는 간호사에게 부탁했습니다. 아침이든 밤이든 자신을 보면 "나사렛 예수 이름으로 일어나 걸으라"라고 말해 달라고 말입니다. 자신은 온몸이 마비되었기 때문에 하고 싶은 말을 마음대로 할 수가 없었습니다. 그래서 그 믿음의 말을 간호사에게 부탁했던 것입니다. 그래서 간호사들은 그를 보면 언제나 "나사렛 예수 이름으로 명하노니 일어나 걸으라"라고 선포해 주었고, 목사는 "아멘!" 하고 대답했습니다. 주변 사람들은 어리석다며 웃어댔습니다. 그러나 존스 목사

---

88 조용기, 『4차원의 영성』, 201.

는 입으로 하는 말의 힘이 얼마나 큰지를 알고 있었습니다. … 그렇게 계속 시간이 흐른 어느 날, 존스 목사는 마침내 89세의 노인의 몸으로 중풍을 완전히 이겨냈습니다. 그것은 입술의 고백의 힘이었습니다. 말로써 믿음을 풀어 놓았기에 가능한 일이었습니다. 결국 병든 3차원의 현실을 4차원의 요소인 말로 바꾸어 놓았습니다.[89]

조용기 목사에 의하면 신앙인이 믿지 않는 사람과 다른 것은 사망과 싸울 수 있다는 점이다. 그는 믿지 않는 사람은 싸울 수 있는 무기가 없지만, 신앙인에게는 하느님의 말씀이 바로 그 무기가 된다고 생각한다. 하느님의 말씀이 성령의 검이 되는 것이다. 영산은 하느님의 뜻, 하느님의 말씀을 마음에 받아들여 믿음으로 입술로 고백하고 싸우면 승리한다는 구체적인 방법을 제시한다. 예를 들면 기도 제목을 놓고 오랫동안 기도하는 가운데 응답의 확신이 마음에 들어오고 이미 받았다고 생각될 때 없는 것을 있는 것처럼 말해야 한다는 것이다. 그러므로 "하느님 아버지! 이미 고쳐주셨으니 감사합니다"라고 고백한다. 그다음은 "병은 물러가라!"라고 명령을 해야 한다는 것이다. 조용기 목사가 볼 때 최종적으로 역사가 일어나는 시점은 명령할 때이기 때문이다.

기도 제목을 놓고서 오랫동안 기도하는 가운데 응답의 확신이 마음에 들어오고 이미 받았다고 생각될 때 없는 것을 있는 것처럼 말해야 합니다. "하나님 아버지! 이미 고쳐주셨으니 감사합니다. 다 낫게 하여 주시옵소서. 이미 치료

---

89 같은 책, 206-207.

해 주심을 감사합니다. 이미 우리 가족들이 구원을 받았으니 빨리 구원하여 주시옵소서." … 그렇게 믿음이 마음속에 들어오고, 없는 것을 있는 것같이 말할 수 있게 되면 이제 산을 향해 명령해야 합니다. "태산아 물러가라!" "병은 물러가라!" "불신앙은 물러가라!" "저주는 물러가라!" "가난은 물러가라!" 최종적으로 역사가 일어나는 시점은 명령을 할 때입니다. … 예수님은 언제나 명령하심으로 최후의 역사를 이루셨습니다. "네 침상을 걸머지고 돌아가라", "귀신아 나가라", "나사로야 나오라" 등등 언제나 명령을 통해 창조의 역사가 이루어졌습니다.[90]

조용기 목사는 위의 방법에서 나오듯 우리가 믿은 순간과 그것이 실제로 나타난 순간이 시간적으로 차이가 있을 수 있다고 말한다. 그러나 그것과 관계없이 이미 시간과 공간을 초월해서 믿고, 믿은 것을 시인하고, 명령하는 사람은 그 바람을 반드시 이룬다고 주장한다. 그리고 우리는 지금 보이지는 않지만 매우 강도 높은 영적 전쟁을 날마다 시시각각 치르고 있으므로 주님의 말씀을 입으로 직접 선포하며 영적 전쟁에서 승리하자고 초대한다.[91]

영산 조용기 목사는 "정녕 가진 자는 더 받고 가진 것 없는 자는 가진 것마저 빼앗길 것이다"(마르 4, 25)라는 성경 말씀을 4차원 세계의 말에 적용할 것을 말한다. 그리고 우리가 입으로 없다고 시인하면 하느님은 있는 것조차도 빼앗아 버리시지만, 있는 것을 생각하며 하느님께 감사하고 찬양하면 하느님이 더욱 좋은 것으로 채워주신다고

---

90 같은 책, 210-211.
91 같은 책, 212-213.

해석한다. 조용기 목사는 말을 통해 그 사람의 생각과 믿음 그리고 꿈을 알 수 있기 때문에 말을 4차원의 영적 요소 중에서 가장 마지막으로 다루었으며, 말은 하느님의 심판의 대상이 된다고 정리한다.[92]

---

92 같은 책, 219-220.

2장
설교

1. 조용기 목사가 권하는 설교법

조용기 목사의 설교는 그의 가난한 신도들에게 희망과 용기를 전했기 때문에 아주 유명하다. 그는 설교를 다음과 같이 정의한다. "설교란 설교자가 하나님의 메신저로서 하나님의 말씀을 받아 신자와 불신자에게 그리스도의 복음을 전달하는 것이다. 이 설교의 목적은 목회와 부흥, 가르침 그리고 카운셀링을 하는 것이다."

조용기 목사는 또한 설교의 다섯 가지 특징을 다음과 같이 말한다. 그는 무엇보다 설교에서 가장 중요한 점은 하느님의 메시지를 전하는 것이라고 본다. 그러므로 그는 하느님의 말씀을 떠난 설교라면, 그 설교는 사람의 말이지 하느님의 말씀이 될 수 없다고 명시한다. 둘째, 조용기 목사에게 있어 설교는 청중이 이해할 수 있는 말로 그리스도의 메시지를 전하는 것이 아주 중요하다. 그가 볼 때 청중들이 쉽게 깨달을 수 있는 말로 설교하는 것이 어려운 신학 용어나 지적인 내용의 설교를 하는 것보다 낫기 때문이다. 셋째, 그는 설교자가 성경에서 분명한 하느님의 메시지를 받아 하느님의 말씀만을 전할 것을 강조한다. 설교자는 철학이나 윤리 도덕을 말하는 사람이 아니라고 보기 때문이다. 넷째, 복음을 선포하는 설교는 예수님께서 남기신 지상 명령임을 기억하고, 실천해야 한다고 주장한다. 다섯째로 설교는 결과를 맺어야 한다고 명시한다. 설교는 불신자의 회개 및 신자들의 삶이 변화되는 결과를 맺어야 한다고 보기 때문이다.

첫째, 설교에서 가장 중요한 점은 하느님의 메시지를 전하는 것입니다. 그렇기 때문에 창세기부터 요한 묵시록까지의 주어진 하나님의 계시를 떠나지 말아야 합니다. 만일 하나님의 말씀을 떠난 설교를 한다면, 그 설교는 사람의 말이지 결코 하느님의 말씀이 될 수 없는 것입니다. 둘째, 설교는 청중이 이해할 수 있는 말로 그리스도의 메시지를 전하는 것입니다. ⋯ 청중이 쉽게 깨달을 수 있는 말로 설교하는 것이 어려운 신학적 용어나 지적인 내용의 설교를 하는 것보다 낫다는 것입니다. ⋯ 셋째, 설교는 설교자가 하나님의 메시지를 성령의 능력으로 받아 전하는 것입니다. 설교자는 철학을 전달하는 사람도, 윤리나 도덕을 말하는 사람도 아닙니다. 그래서 설교자는 성경에서 분명한 하나님의 메시지를 받아야 합니다. ⋯ 설교자는 오직 하나님의 말씀만을 전해야 합니다. 넷째, ⋯ 복음을 선포하는 설교는 예수님께서 남기신 지상 명령입니다. ⋯ "너희는 가서 이 세상 모든 사람을 내 제자로 삼아 아버지와 아들과 성령의 이름으로 그들에게 세례를 베풀고 내가 너희에게 명한 모든 것을 지키도록 가르쳐라. 내가 세상 끝날까지 항상 너희 와 함께 있겠다"(마태 28, 18-20)고 예수님께서는 말씀하셨습니다. 다섯째, 설교는 결과를 맺는 것입니다. 설교는 불신자가 회개하여 구원에 이르게 합니다. 또한 신자들은 신앙의 더 깊은 곳으로 나아가 그리스도를 닮은 인격이 형성되어 사랑과 봉사와 헌신을 하며, 긍정적인 삶의 태도로 변화되는 결과를 맺는 것입니다.[1]

조용기 목사는 효과적이고 능력 있는 설교를 위해서는 초점이 분명한 목표가 있어야 함을 주장한다. 그리고 하느님의 역사로 기적이 나타나는 때를 위한 노력의 방법으로는 우선 목표를 세우고, 목표에 도달한 자기의 모습을 마음속에 그림 그리고, 그다음에는 목표를 이루기 위해 최선을 다하는 것이라고 말한다. 조용기 목사는 오늘날 대부분의 설교자들이 설교에 실패하는 이유가 이 단순한 법칙을 소홀히 여기기 때문이라고 평가하면서 오랜 눈물의 기도와 연단과 훈련을 거쳐야 설교가 자란다고 확언한다.[2]

그에 의하면 인간의 가장 궁극적인 목적은 '어떻게 잘 사느냐'가 아니라 '하느님 앞에서 어떻게 잘 죽느냐'이다. 그러므로 설교자는 하느님의 말씀에 의지하여 사후의 실상에 대해서 담대하게 전파하여 영생의 길로 인도하는 것이 설교의 목적이라고 주장한다.[3] 그러므로 설교자의 첫째 의무는 인생의 참된 목적을 알리는 것이며, 그다음은 삶의 방법을 가르치는 것이라고 한다. 주님께서는 내세뿐 아니라 현세에서도 풍성하고 기쁘게 살기를 원하시기 때문이다. 그러나 주님께서 문제들을 해결해 주시고 축복하시는 데 한 가지 조건이 있다고 한다. 즉, 영생의 문제를 확고히 해결한 뒤에 그 사람의 생애 전체를 책임지겠다는 것이다. "너희는 먼저 하느님의 나라와 하느님께서 의

---

1 조용기, 『나는 이렇게 설교한다』(서울말씀사, 2010), 23-25.
2 같은 책, 216-217.
3 같은 책, 219.

롭게 여기시는 것을 구하여라. 그러면 이 모든 것도 곁들여 받게 될 것이다"(마태 6, 33). 조용기 목사는 예수님을 믿는 동기가 어떤 신도들의 경우 병을 고치거나 물질의 축복 또는 위로와 격려를 받기 위함이라고 지적하면서 이것은 위험한 신앙관이라고 분명히 밝힌다.[4]

그는 자신의 목회 초기에 가난하고 병들어 고통 중에 있는 청중의 관심과 거리가 먼 설교를 했을 때 청중의 반응을 기억한다. 그들은 윤리나 도덕, 천국과 지옥에 관한 설교에는 흥미가 없었으며, 그런 것은 배부르고 편한 사람들에게나 어울리는 장식품이나 사치스러운 것에 불과하다고 생각했다는 것이다.

> 그 당시 저의 설교의 대부분은 기독교의 윤리나 도덕, 천국과 지옥에 관한 것이었습니다. 또한 영적인 축복과 은혜에 대해서만 이야기했습니다. 그러나 교인들 혹은 전도를 받는 사람들은 한결같이 이러한 것들에 대해 냉담하기만 했습니다. 그들은 너무나 가난하고 병들고 생활에 찌들어 살아가고 있었기 때문에 윤리나 도덕, 하물며 천국과 지옥은 하등 흥미가 없는 문제였습니다. 그들은 그러한 얘기는 배부르고 편한 사람들에게나 어울리는 하나의 장식품이나 사치스러운 것에 불과하다고 생각했습니다.[5]

조용기 목사는 듣는 이들과의 교감이 부족한 설교를 해온 결과 교회는 성장하지 않았지만, 그 과정에서 자신의 목회 철학이 생기기 시작했다고 고백한다. 그래서 살아계신 하느님이 지금 여기, 삶의

---

4 같은 책, 220.
5 같은 책, 398.

현장에서 의식주 문제를 해결해 주심을 증거해야 한다는 결론을 내렸다고 한다. 청중의 마음과 연관된 설교를 해야 그들이 관심을 가지고 교회에 나올 수 있기 때문이다. 그는 성경을 한 번도 읽지 않은 듯한 자세로 처음부터 다시 읽었다. 그 결과 조용기 목사는 예수님의 목회가 이 땅에서의 인생 문제를 해결하신 목회였고, 그분은 그렇게 하시면서 '회개하라 하늘나라가 다가왔다'(마태 4, 17)고 복음을 전파하셨음을 보았다. 사도들 역시 예수님과 마찬가지로 문제 해결과 함께 복음을 전파하였음을 발견하였다. 그들도 앉은뱅이를 고쳤으며(사도 3, 6-9), 귀신 들린 자를 고치는(사도 16, 16-8) 등 현실적인 인간의 고통을 하느님의 위대하신 능력으로 직접 해결해 주었다는 점이다.[6]

조용기 목사는 힘 있는 메시지를 주는 설교를 위해 자신이 실천하고 있는 설교의 원칙 두 가지, 즉 카운셀링 형식의 설교와 문제 해결을 위한 메시지 중심의 설교에 대해 설명한다. 우선 그는 카운셀링 형식의 설교를 말한다. 사람들은 대개 교회에 처음 나올 때 가정 문제, 사업 실패, 질병 등의 큰 문제를 가지고 오기 때문에 사람들의 필요에 응하는 설교를 해야 한다는 것이다. 설교를 들음으로써 어려운 문제들의 해결을 돕기 위함이다. 여기에서 조용기 목사는 예수님을 믿는 사람들이 복을 구하는 것이 샤머니즘과 다른 점을 말한다. 즉, 그리스도교는 하느님 아버지 앞에 죄를 회개한 후 약속의 말씀을 가지고 예수님의 이름으로 복을 구하는 것이기 때문에 창조주를 믿지 않으면서 복을 구하는 샤머니즘의 기복 신앙과는 근본적으로 다르다는 것이다.

---

6 같은 책, 400.

실제로 기독교는 인간에게 영생복락을 누리는 복을 주고 하나님께 영광을 돌리게 하는 것이 목적이므로, 단순한 샤머니즘의 기복 신앙과는 전적으로 틀린 것입니다. 우리 예수 믿는 사람들은 정령(精靈)에 대해 절하는 것이 아니라, 천지를 지으신 하나님 아버지 앞에 죄를 회개한 후 약속의 말씀을 가지고 예수님의 이름으로 복을 구하는 것이므로, 천지를 지으신 창조주를 믿지 않으면서 무조건 복을 달라고 비는 샤머니즘과는 근본적으로 틀린 것입니다.[7]

둘째 설교의 원칙으로 조용기 목사는 문제 해결을 위한 메시지 중심의 설교를 말한다. 일선 목회에서 세상 사람들을 바라보면, 가정이 파괴된 사람, 암 환자, 무직으로 배고픈 사람, 술 중독자 등 영적, 정신적, 육체적, 사회적 문제로 고난받는 사람들이 많이 있으며 이들은 도움을 필요로 한다는 것이다. 그는 목사들을 불쌍하고 고통당하는 사람들의 대장이라고 여긴다. 그러므로 조용기 목사는 자신이 대장으로서 어떻게 하면 고통당하는 사람에게 하느님 말씀으로 문제를 해결해 줄 수 있을까 또 어떻게 하면 교인들이 하느님을 잘 믿고 천국 백성이 됨과 동시에 세상에서 축복을 받고 살 수 있도록 할까에 중점을 두면서 설교를 작성한다고 고백한다. 그래서 조용기 목사는 설교에 삼박자 구원의 축복을 늘 전하는 것이 자신의 메시지의 근본이라고 말한다.[8]

조용기 목사는 효과적이고 유용한 설교를 위해 꿈과 희망을 주는

---

7 같은 책, 401.
8 같은 책, 402-403.

메시지를 줄 것을 강조한다.9 그리고 성경에서 양들을 위한 푸른 초장을 찾으며 유익한 것은 설교자가 먼저 먹고 소화시켜 본 후에 양 무리에게 먹여야 함을 강조한다. 그는 창조적으로 구상하고 생명을 걸고 연구하며 철저하게 준비할 것 그리고 오중복음과 삼중축복을 전하도록 구체적인 내용을 제공한다. 또한 설교 때에 담대하게 신유를 선포할 것을 말한다. 예수님께서는 항상 병자들을 치료하셨으며 오늘도 치료의 역사를 베푸시기 때문이다.

① 설교자는 양 무리에게 유익한 꼴을 찾기 위해 창세기부터 요한 묵시록까지의 초장을 불철주야 누비며 살찐 꼴이 풍성하며 맑은 물이 넘치는 목장을 구해야 한다. 유익한 것이면 설교자가 먼저 먹고 소화시켜본 후에 양 무리에게 먹여야 한다.10

② 창조적으로 구상하고 생명을 걸고 연구하며 철저하게 준비해야 한다. 구상이란 설교자가 자신이 전달할 설교를 마음속에 그려 보는 것이다. 이를 위해서는 하느님 앞에서 깊이 기도하고 마음을 낮추며 꿈꾸는 사람이 되어야한다. 하느님의 은혜 가운데 미래를 꿈으로 바라볼 수 있는 사람만이 창조할 수 있기 때문이다. 또한 생명을 걸고 성경 연구에 몰두하며 모든 설교는 기도로 준비해서 기도로 마쳐야 한다. 설교의 본문은 철저하게 연구하고 적절한 예화나 자료를 찾았으면 실전처럼 연습해야 한다.11

③ 예수 그리스도의 십자가 중심에 서서 보혈의 능력을 선포하며 오중복음과 삼중축복을 전하라. 그리스도 안에서 얻는 기쁨과 평안이 인간 삶에서 가장

9 조용기, 『설교는 나의 인생』(서울말씀사, 2009), 22.

10 조용기, 『나는 이렇게 설교한다』, 222.

11 조용기, 『설교는 나의 인생』, 305.

큰 보화이므로 설교는 예수 그리스도 중심에서 세상적인 윤리와 도덕 쪽으로 기울면 안 된다. 예수님께서 십자가에서 흘리신 보혈은 우리를 구원하고, 치유하며 하느님의 축복을 가져다주는 능력이 있음을 선포하라. 예수 그리스도의 십자가로 인한 중생의 복음, 성령 충만의 복음, 신유의 복음, 축복의 복음, 재림의 복음을 전하라. 예수님을 믿으면 영혼이 잘되고, 범사가 형통하며, 영ㆍ혼ㆍ육이 강건해짐을 전파하라.[12]

④ 담대하게 신유를 선포하라. 복음서에서 예수님께서는 항상 병자들을 치료하셨음을 발견할 수 있고 하느님께서는 오늘도 치료의 역사를 베푸시기 때문이다. 나는 설교 때마다 담대하게 신유의 메시지를 선포하고 있다. 또한 예수님께서는 귀신을 쫓아내고 병을 고치는 것이 천국이 우리 가운데 임하여 있는 증거라고 말씀하셨다.[13]

설교자는 말씀으로 사람들의 마음을 감동시켜 하느님께로 이끄는 힘이 있어야 한다. 이를 위해 조용기 목사는 성령님과 인격적인 만남을 가지며, 그분의 인도하심에 의지하고 간절히 기도하여 성령의 기름 부으심을 받으라고 제안한다. 인격적인 성령님을 인정하고 모셔 들여 그분과 교제할 때 설교에 놀라운 성령의 역사가 나타난다[14]고 믿기 때문이다. 그는 또한 설교할 때 '레마'에 기초한 메시지를 주어야 한다고 당부하면서 이 둘을 구분한다. 즉, 로고스는 주로 '기록된 말씀'을 가리키는 반면 '레마'는 특별히 마음에 감동으로 부딪치는 '선포된 말씀'을 가리킨다는 것이다. 그리고 '선포된 말씀'은 하느님께서

---

12 같은 책, 87.
13 같은 책, 117.
14 같은 책, 206.

현재 나에게 하시는 응답의 말씀이라고 본다. 그는 이 둘이 다 같은 하느님의 말씀이지만 현저히 다름을 분명히 한다. 즉, 성경은 '들어야 믿을 수 있고 그리스도를 전하는 말씀이 있어야 들을 수 있습니다'(로마 10, 17)라고 말씀하는데 여기서의 '그리스도를 전하는 말씀'이 바로 '선포된 말씀'이라는 것이다.[15] 조용기 목사에 의하면 참된 설교는 하느님의 예언적 말씀을 가감 없이 전하는 것이다. 설교자는 하느님의 말씀을 받아 그대로 전하는 전달자이기 때문이다. 그러므로 어떠한 인간적인 생각이나 견해도 포함될 수 없다고 주장한다.[16]

조용기 목사는 효과적인 설교인가를 판단하는 두 가지 기준을 말한다. 즉, 무엇을 말하는지의 내용과 어떻게 말하는지의 전달 방법이다.[17] 그는 설교를 곰국이나 한약탕을 끓이는 것에 비교한다. 기도하면서 성령의 영감을 받아 생활 속에서 설교 제목을 잡고 마음속의 약탕기에 넣어 철저한 묵상과 기도로 부글부글 끓여 설교를 준비하기 때문이다. 그는 목회에서 가장 중심이 되는 것이 바로 설교이므로 목회자로서의 자신의 삶 전체가 설교 준비라고 고백한다.[18] 조용기 목사는 모두가 쉽게 알아들을 수 있는 설교를 하기 위해서 우선 설교 전체의 핵심이 단순하고 명확해야 함을 강조한다. 이것은 건축에서의 설계도와 전체 구조의 뼈대와 비교할 수 있기 때문이다. 그는 설교에서도 성경 본문과 주제가 결정되면 그다음으로 설교의 구조를 어떻게 짤 것이냐 하는 구성의 문제를 생각해야 한다고 본다.[19]

---

15 같은 책, 146.
16 같은 책, 233.
17 조용기, 『나는 이렇게 설교한다』, 352.
18 조용기, 『설교는 나의 인생』, 285.

조용기 목사는 설교의 출발점이 구상인데 여기에는 창조적인 구상이 필요함을 주장하면서 조각가가 커다란 돌덩이를 대하는 예화 및 가장 중요한 자료로서의 성경 말씀 그리고 성령께 지속적으로 기도할 것을 말한다. 우선 조각가가 커다란 돌덩이를 앞에 놓고 조각할 작품의 완성된 모습을 머릿속에 그려 보듯이 설교가도 다른 사람들이 모두 알고 있는 사실이라도 신선한 흥미를 일으키기 위한 새로운 구상을 시도할 것을 말한다. 그는 설교자에게 메시지 연구는 평생 과제라고 생각한다. 그러므로 설교를 위해 많은 책을 읽는 것은 필요하지만 가장 중요한 것은 성경이라고 명시한다. 성경 말씀이 없는 설교자란 생각조차 할 수 없기 때문이다. 그리고 끊임없이 기도하면서 번쩍이는 영감의 순간을 놓치지 말고 기록할 것이며 성령님께 끊임없이 도움을 구하는 것이 가장 중요하다고 말한다.

구상이란 설교를 준비하는 첫 단계로, 자신이 전달할 설교를 마음속에 그려 보는 것입니다. 어떤 주제를 가지고 설교할 것이며 어떤 내용을 말하고 어떤 예화를 들며 어떻게 논지를 펴나가야겠다는 구상을 해야 합니다. 이는 마치 조각가가 커다란 돌덩이를 앞에 놓고 자신이 조각할 작품의 완성된 모습을 머릿속에 그려 보는 것과 같습니다. … 설교자는 다른 사람들이 모두 알고 있는 사실이라 할지라도 신선한 흥미를 일으키기 위해 새로운 구상을 시도해야 합니다. … 먼저 성령의 역사 가운데서 설교에 대한 뚜렷한 목표를 세우고, 꿈과 환상으로 그것이 이루어진 모습을 바라보아야 합니다. 그리고 마음 깊은 곳에 우리의 생각을 두고 믿음으로 끊임없이 기도하고 찬양하며 감사할

---

19 같은 책, 307.

때, 비로소 우리는 창조적인 일을 해낼 수 있습니다. 우리는 창조적인 사람이 되기 위하여 하나님 앞에서 깊이 기도하고 마음을 낮추며 꿈꾸는 사람이 되어야 합니다. … 교회와 설교에 필요한 책들을 읽는 것은 말할 필요가 없습니다. 설교자에게 메시지 연구는 평생 과제입니다. 이만하면 되었다는 고지는 없습니다. 마치 진주를 캐는 해녀가 파도와 바다의 모든 위험과 싸우며 필사적으로 진주를 캐는 것처럼 좋은 메시지를 찾는 설교자의 발걸음은 쉬지 말아야만 합니다. 설교를 위한 자료 중에서 가장 중요한 것은 성경입니다. 설교자의 사역에 성경은 절대적인 요소입니다. 성경 말씀이 없는 설교자란 생각조차 할 수 없습니다. … 모든 사람에게는 번쩍이는 영감의 순간이 있습니다. 그 영감은 신속히 적어 놓지 않으면 번갯불같이 사라져 버립니다. 집에서도 머리맡 가까운 곳에 노트와 연필을 준비해 놓아야만 합니다. 영감이 마치 베데스다 연못물처럼 동할 때, 그때를 놓치지 말고 포착해야 합니다. 그 위에 가장 중요한 일은 끊임없이 성령님께 도움을 구하는 일입니다.[20]

조용기 목사는 설교를 작성하는 데에 모든 설교는 기도로 준비해서 기도로 마쳐야 할 것, 청중의 요구에 맞는 주제와 본문을 선택할 것을 말한다. 그는 설교를 집이며, 예화는 그 집의 창문이라는 비유를 들고, 설교의 본문을 톱니바퀴로, 예화는 기름에 비유를 든다. 그리고 적절한 예화는 음식의 조미료처럼 설교를 더욱 빛내준다고 본다. 작성된 설교 원고를 반복해서 연습할 것과 필요시에는 녹음하여 자신의 설교를 점검하거나 거울 앞에서 설교를 직접 해볼 것을 권하면서 이것들에 대해 다음과 같이 자세히 설명한다.

---

20 같은 책, 289-293.

설교자는 기도하는 사람이어야 합니다. 모든 설교는 기도로 준비해서 기도로 마쳐야 합니다. 설교자는 기도 중에 마음에 떠오른 주제나 본문을 기록해 두고, 청중의 요구가 무엇인지를 살펴 그에 맞는 주제와 본문을 택하는 것이 좋습니다. 제목은 설교의 내용을 포함할 뿐 아니라 구체적이어야 합니다. 또한 정확한 의미를 전달할 수 있는 것이 바람직합니다. … 적절한 예화는 마치 음식의 맛을 내주는 조미료처럼 설교를 더욱 빛내줍니다.

유명한 영국의 설교가 스펄전은 설교와 예화를 이렇게 설명했습니다. "설교를 건축가가 짓는 집으로 비유한다면 예화는 그 집의 창문과 같다. 만일 집에 창문이 전혀 없으면 그 집은 어둡고 캄캄한 감방과 같게 되고, 만일 창문이 너무 많게 되면 방의 아늑함을 상실하고 만다."

내게는 이 스펄전의 말이 큰 도움이 되었습니다. 사람들의 정신 구조는 딱딱한 이론을 장시간 견뎌 내지 못합니다. … 설교 본문을 톱니바퀴에 비유한다면 예화는 기름과 같습니다. 내 경험으로는 한 설교에 둘 정도의 예화를 들면 적당하고, 많아도 셋 이상은 넘지 않는 것이 좋습니다. … 예화는 현실적이고도 구체적인 것일수록 더 영향력이 강합니다. 먼 옛날이야기보다는 실생활 주변에서 모든 사람들이 아는 사실들을 예화로 사용하면 효과가 큽니다. 예화 중에도 설교자 자신이 직접 체험한 신앙 간증은 듣는 사람들의 마음을 사로잡는 매력이 있습니다. …

그다음에는 준비된 자료를 가지고 설교 원고를 작성합니다. 그리고 설교 원고를 작성한 후에는 완성된 설교 원고를 가지고 반복해서 연습하여 전달에 어색함이 없도록 하여야 합니다. 소형 녹음기에 녹음하여 자신의 설교를 점검해 볼 수 있습니다. 또한 거울 앞에서 설교를 직접 해 보는 것도 효과적인 준비 방법입니다.[21]

조용기 목사는 아무리 좋은 말씀을 전한다 하더라도 그 말씀이 신자들의 기억 속에 남지 않으면 그 설교는 실패한 것으로 여긴다. 그러므로 설교 구성의 여섯 가지 요소를 제시한다. 여기에는 성경 본문에 충실, 통일성, 단순한 구성, 질서, 전체적인 균형, 진행성 등이 있다고 다음과 같이 구체적으로 설명한다.

첫째로 나는 성경 본문에 충실합니다. 설교를 하려는 성경 분문은 우리가 전달하고자 하는 제일차적 목표입니다. … 설교는 성경 말씀을 그대로 전달하는 것이지 결코 설교자의 인간적인 생각을 드러내는 것이 아니기 때문입니다. 둘째로 통일성을 가지도록 합니다. 설교를 할 때는 보통 서너 가지 소주제로 이야기하지만 그것은 결국 한 가지의 주제에 집중되어야 합니다. … 아무리 좋은 말씀을 전한다 하더라도 그 말씀이 성도의 기억 속에 남지 않으면 그 설교는 실패한 것입니다.

셋째로 구성을 단순하게 합니다. 앞서 말씀드린 통일성을 추구하기 위해서는 설교 구성이 단순해야 합니다. 설교자가 한 가지 중요한 사실을 전하기 위해 몇 가지 소주제를 제시하는데 그 관계가 매우 복잡하거나 전문적인 것이라면 청중들에게는 매우 어렵고 지루하게 생각됩니다. 설교에서 어려운 신학적 논의나 철학적 주제를 다루는 것은 바람직하지 못합니다.

넷째로 질서가 있도록 합니다. 사람의 몸이 맨 위에는 머리, 가운데는 몸통, 밑에는 다리가 있듯이 설교를 하는 데 있어서도 순서가 있어야 합니다. 몸의 각 기관이 저마다의 역할이 있으면서 상호 연관성이 있듯이 설교도 마찬가지입니다. … 각 소주제들은 핵심 주제를 향해서 각자의 역할을 질서 있게 유지

---

21 같은 책, 298-300.

해야 합니다.

다섯째로 전체적인 균형을 생각합니다. 설교의 소주제들 중에서 한 곳이 너무 크게 부각되어 다른 면이 상대적으로 소홀히 여겨지는 것을 주의해야 합니다. …

여섯째로 진행성을 가지도록 합니다. 설교는 처음부터 청중의 주의를 끌 수 있는 내용이어야 하며, 점차적으로 절정을 향해 발전되어야 합니다. 그래서 청중들로 하여금 부담 없이 설교자가 의도하는 결론에 도달할 수 있도록 유도해야 합니다.[22]

표현의 여덟 원칙

표현하는 방법은 설교를 이해시키는 데 매우 큰 효과를 준다. 그러므로 조용기 목사는 여덟 가지 원칙을 예문과 함께 제시한다. 즉, 구체적이고 정확한 표현, 간결하고 쉬운 말, 감각적인 표현, 다각적인 수식어, 극적인 대조법, 다각적인 열거식 표현, 현재진행형의 상황 전개, 대화식 표현 등이 해당된다.

첫째로 표현을 정확하게 합니다. 우리들이 사용하고 있는 말 가운데는 의미가 분명치 않은 것이 많이 있습니다. 비싼 물건이라고 할 때, 사람마다 비싸다는 것에 대한 기준이 다릅니다. 그러므로 설교자는 구체적이고 정확한 표현을 사용해야 합니다.

둘째로 간결하고 쉬운 말을 사용합니다. … 설교는 설교자를 위한 것이 아니

---

22 같은 책, 308-309.

라 청중을 위한 것입니다. 예수님께서는 무식한 사람들도 다 알아들을 수 있는 쉬운 말을 사용하셨다는 것을 명심해야 합니다.

셋째로 감각적인 표현을 사용합니다. 이 말은 언어로 그림을 그린다는 뜻입니다. … 사람들은 언제나 자기 마음속에 그림을 그려서 이해합니다. … 예를 들면 "야곱이 위골(違骨)이 되었습니다"라는 것보다 "야곱은 위골이 되어 다리를 절뚝절뚝 절게 되었습니다"라는 표현을 쓴다면 훨씬 좋은 효과를 줍니다. 이러한 감각적 표현은 청중이 그 상황으로 돌아가 그림을 보듯 공감을 느낄 수 있게 합니다. 사람들의 마음을 한 폭의 캔버스로 생각하고 여러분의 입술을 하나의 붓으로 생각하여 그림을 그리십시오.

넷째로 이해가 빠르도록 수식어를 다각적으로 사용합니다. 예를 들어 "사람들은 영적인 병, 정신적인 병, 육체적인 병을 지닌 채 예수님께 나왔습니다"와 같이 각종 병을 수식하는 말을 다각적으로 표현하여 청중 자신이 갖고 있는 문제에 대해 관심을 기울일 수 있는 기회를 줍니다.

다섯째로 한 가지 사실을 설명하는 데 극적인 대조를 활용합니다. 예를 들면 이렇습니다. "인간적으로 볼 때 유복했던 삭개오는 누구보다 행복하고 즐거워했어야 할 것입니다. 그러나 그의 마음속은 다른 사람이 모르게 병들어 있었습니다." 이러한 대조는 그 대상의 확실성과 가치를 더해 주며, 청중들에게 자신의 상황을 극복할 수 있는 동기를 유발시킬 수 있습니다.

여섯째로 열거식으로 여러 측면에서 서술합니다. 예를 들면 이렇습니다. "자신의 소질과 천직에 따라 살아가는 사람만큼 행복한 사람은 없습니다. 목사면 목사로서, 교사면 교사로서, 노동자면 노동자로서, 그 외 무슨 직업을 가졌든 이 직업은 하느님께서 나에게 주신 것이다라고 생각하는 사람이 가장 행복한 사람입니다." 이렇게 열거식으로 여러 가지 예를 살핌으로써 그 표현은 전체적이고 포괄적인 의미를 줍니다. …

일곱째로 상황 전개를 현재진행형으로 표현합니다. 성성의 이야기나 어떠한 예화를 들 때 그 상황을 마치 지금 일어나고 있는 일처럼 혹은 설교자나 청중이 그 장소에 함께 있는 것처럼 표현합니다.

여덟째로 대화식 표현을 사용하여 사실적인 느낌을 줍니다. 그러면 청중은 그 대화를 옆에서 듣는 사람이 되어 나름대로 생각해보는 기회를 가질 수 있습니다. … 설교자가 죄의 문제나 인간의 부족함을 말할 때 청중뿐만 아니라 자신도 포함하여 표현하는 것이 좋습니다. 예를 들어 "여러분은 죄인입니다"라고만 말한다면 자신도 의식하지 못하는 순간에 설교자는 교만한 자리에 앉게 됩니다. 그러므로 이럴 때는 "저와 여러분은 모두 죄인입니다"라고 표현해야 합니다. 또한 설교자의 말은 자신에 차 있어야 합니다. 가정이나 의혹에 찬 표현을 피해야 합니다. 즉, "우리는 구원을 받았다고도 할 수 있을 것입니다. 예수님의 은혜가 여러분에게 임할지도 모릅니다"라는 표현은 설교자에게는 절대 금물이라는 사실을 명심해야 합니다.[23]

영산은 현실 문제를 떠난 복음 증거란 있을 수 없다고 하면서 시대적 상황에 맞게 설교할 것을 주장한다. 복음은 변하지 않아도 복음을 전하는 수단은 시대와 상황에 따라 변해야 하기 때문이다. 또한 대상에 따라 메시지를 적절하게 적용시켜야 하므로 "시골 사람에게는 시골 사람에게 적합한 복음을, 장사꾼에게는 장사꾼에게 적합한 복음을, 지성인에게는 지성인에게 적합한 복음을 증거해야 한다"는 것을 강조한다.[24]

---

23 같은 책, 310-312.
24 같은 책, 314-315.

영산 조용기 목사는 명료하고 쉽게 설교 내용을 전달할 것을 말한다. 설교는 서론, 본론, 결론으로 구분하는데 서론과 결론은 짧을수록 효과적이라고 본다. 본론의 소주제는 3~4개가 적당하며, 첫째에서 둘째 주제로 넘어갈 때 첫째 주제를 다시 한번 상기시켜서 청중에게 설교를 모두 기억해 내고 있다는 느낌을 줄 것을 강조한다. 그리고 영산은 청중의 주의를 집중시키기 위해서는 두 가지를 중요시한다. 첫째로 청중은 자신의 삶과 직접적으로 관련이 있는 이야기를 듣고 싶어 한다는 것을 명심하고, 둘째로 설교자 자신이 설교를 준비하면서 깊이 깨우친 것을 체험적으로 전할 것을 역설한다. 설교자 자신을 변화시키지 못하는 설교는 외면당하기 쉽다고 확신하기 때문이다.[25]

조용기 목사는 청중의 요구에 효과적으로 대처하기 위해 청중의 상황에 관한 정보를 분석해서 거기에 적합하도록 설교자의 태도를 변화시킬 것을 권한다. 설교 전에는 그들의 직업과 기호 및 성격을 파악하여 준비하고, 설교 도중에는 설교에 대한 청중의 반응을 해석하여 그 반응에 맞는 메시지를 전함으로 설득력을 높인다는 것이다. 그리고 설교를 마치고 난 후에는 그들의 생각과 반응을 살펴봄으로 더 나은 다음 설교를 준비할 것을 제안한다.

첫째, 설교 전에 미리 청중을 분석해 보아야 합니다. … 예를 들어 청중이 공장의 근로자들이라면 그들의 생활과 기호를 살펴보아야 합니다. 그리고 세부적으로는 청중의 나이, 성별, 직업, 수입, 학력 수준 등을 분석하고 청중의 성격도 알아보아야 합니다. 또한 청중이 내향적인가, 외향적인가에 따라 설

---

25 같은 책, 328-329.

교자의 태도도 변해야 합니다.

둘째, 설교를 하는 현장에서 청중을 분석해야 합니다. 청중의 태도는 설교자의 메시지에 따라 변화될 수 있습니다. … 효과적인 설교를 하려면 청중이 보이는 반응을 빠르고 정확하게 해석하여 다시 그 반응에 맞는 메시지를 전함으로 설득력을 높여야 합니다. 또한 청중이 설교에 대해 지루해하거나 관심을 잃은 것 같은 태도를 취할 때 설교자는 그들이 관심을 가질 수 있도록 화제를 바꾸어 청중의 주의를 집중시켜야 합니다.

셋째, 설교 후에 청중들에 대한 반응을 살펴야 합니다. 설교자는 여러 가지 방법을 동원하여 자신의 설교에 대한 청중의 생각과 반응을 살펴보아야 합니다. 이렇게 함으로 다음 설교 때에는 자신의 부족한 점을 고치고 그들에게 맞는 메시지를 준비할 수 있습니다.[26]

조용기 목사는 설교자가 단 위에 올라서는 순간 자신이 하느님 말씀을 전달하고 있다는 사실을 잊어서는 안 되며, 모든 면에 신경을 써야 한다고 말한다. 특히 설교자의 복장과 태도, 걸음걸이, 시선, 표정, 손짓, 몸짓, 음성 등이 설교자의 메시지가 효과적으로 전달되는 방향으로 집중될 것을 강조한다. 그러므로 설교자의 첫인상이 외모에서 큰 영향을 받기 때문에 평범하지만 품위 있고 단정한 복장을 권한다. 또한 청중에 대한 시선이 공평할 것도 권한다. 청중은 모두 설교자가 자신에게 관심을 주길 바라기 때문이다. 그는 설교자의 부드러운 표정이 청중의 마음을 편안하게 하여 설교의 내용을 거부감 없이 전달한다고 본다. 몸짓과 손짓은 내부로부터 확신 있게 나와

---

26 같은 책, 316-317.

자연스럽게 표현되어야 하는데 특별히 몸짓은 상황에 맞게 적절한 때에 다양성 있게 변화되어 행해져야 함을 말한다. 그리고 계속 훈련되고 다듬어져야 할 설교자의 음성, 적절한 호흡과 좋은 발성, 분명한 발음을 강조한다.

용모

설교자는 자신이 하나님 말씀을 전달하고 있다는 사실을 잊어서는 안 됩니다. 설교자가 단 위에 올라서는 순간 그의 모든 인간적 부족함은 하나님의 권위로 가려집니다. 그렇기 때문에 강단 위로 올라가는 설교자는 모든 면에 신경을 써야 합니다.

설교자의 첫인상은 외모에서 큰 영향을 받습니다. 준비한 설교의 내용이 아무리 훌륭하다고 해도 설교자의 첫인상이 좋지 못하다면 그 설교자의 설교는 큰 효과를 거두지 못합니다. … 설교자는 평범하지만 품위 있는 복장을 해야 합니다. 만일 설교자의 복장이 지나치게 유행에 민감하다든지 특이한 복장이라면 청중들은 그 설교자의 메시지보다 옷에 더 관심을 쏟게 될 것입니다. 옷 색깔도 지나치게 화려한 것은 피하고, 전체적으로 구겨짐이 없이 단정해야 합니다. 머리도 언제나 단정하고 입 안도 청결히 해야 합니다[27].

태도

첫째, 설교자는 시종일관 안정된 태도로 모든 면에서 자연스러워야 합니다. … 설교자가 단 위로 걸어갈 때는 급히 뛰거나 너무 느리게 걸어서 부자연스럽게 보여서는 안 됩니다. 설교자의 걸음걸이는 품위 있고 자신에 차 있어야

27 같은 책, 320.

합니다. 단 위에서는 똑바른 자세로 청중을 바라보아야 합니다. 둘째, 청중에 대한 시선은 공평해야 합니다. 어떤 설교자는 설교를 시작할 때부터 끝날 때까지 어느 한 곳만을 응시하는데, 이러한 태도는 바람직하지 못합니다. 청중은 모두 설교자가 자신에게 관심을 기울여 주길 바라며, 설교자의 설교가 자신을 위한 것이기를 바라고 있다는 점을 기억해야 합니다. ⋯ 이렇게 골고루 시선을 주는 것은 설득력을 높이고 설교에 대한 좋은 반응을 얻을 수 있는 효과적인 방법입니다. 셋째, 설교자의 표정은 평화스러워야 합니다. ⋯ 설교자의 부드러운 표정에 청중의 마음이 편안하게 되면 설교는 거부감 없이 전달될 것입니다.

몸의 언어

설교는 말로 전달하는 것입니다. 그러나 말 중에는 몸으로 하는 말도 있습니다. 우리는 몸으로 하는 말을 행동이라고 합니다. 행동에는 얼굴 표정, 자세 그리고 몸짓이 있습니다. 행동은 우리가 설교를 전달하는 데 말보다 더 효과적일 수 있습니다. ⋯ 첫째, 움직임이 자연스러워야 합니다. 몸짓과 손짓은 일부러 꾸미는 듯한 느낌이 드는 어색한 것이 되면 안 됩니다. 몸짓은 내부로부터 확신 있게 나와 자연스럽게 표현되어야 합니다. ⋯ 둘째, 몸짓은 상황에 맞게 적절한 때에 행해져야 합니다. ⋯ 셋째, 몸짓은 다양성 있게 변화되어야 합니다. ⋯

음성

설교자의 음성은 계속적으로 훈련되어야 하고 다듬어져야 합니다. 말을 할 때는 다음 네 가지 사항을 유의해야 합니다. 먼저 호흡을 적절하게 해야 합니다. 둘째로 좋은 발성을 내야 합니다. 긴장하면 자신의 음성보다 높은 불안한

소리를 냅니다. 그러므로 평소 자신의 음성에 가장 적합한 정도를 알고 노력해야 합니다. 셋째로 콧소리를 내지 말아야 합니다. 이것은 설교자의 말에 진중함을 느끼지 못하게 합니다. 넷째로 발음이 분명해야 합니다. 발음이 분명치 않다면 설교 내용 전달을 정확하게 하기 힘듭니다.[28]

설교 후의 기도

조용기 목사는 철저하게 준비하고 강단에서 설교를 마쳤다고 설교가 끝난 것은 아니라고 본다. 이전의 모든 과정은 오직 성령의 도우심으로 가능했음을 명심하고, 인간적인 요소가 없었는지 반성하며, 뿌려진 씨앗의 결실을 위해 기도해야 하기 때문이다. 그리고 설교 후의 기도는 다음 설교 준비의 시작이라고 주장하면서 네 가지 필요한 요소를 참고로 하여 기도할 것을 제안한다. 즉, 정직한 자기 전개와 자기 항복의 기도 그리고 긍정적인 기도와 믿음으로 받아들임이다. 그러므로 조용기 목사는 정확하게 자기가 필요한 것을 전개하고 자신을 철저하게 하느님께 내어놓아야 함을 말한다. 또한 하느님께서 능력 있는 설교의 힘을 채워주시는 모습을 마음에 그리며 긍정적인 생각으로 기도를 했으면 곧 믿음으로 받아들일 것을 권한다.

첫째로 기도에서 필요한 것은 정직한 자기 전개입니다. … "나는 죄인입니다", "나는 벌레보다도 못합니다", "나의 설교는 보잘것없었습니다." 이러한 기도는 자기 마음을 부정적으로 만듭니다. 하나님께 기도할 때는 정확하게

---

28 같은 책, 321-324.

자기가 필요한 것을 전개해야 합니다. … 부정적으로 기도하면 그 사람의 설교는 그 말대로 되고 맙니다. … 그러므로 먼저 솔직한 자기 전개를 통해 어떠한 귀신이 자신을 부정적으로 만들고 파괴하고 있는지 알아내어 그 귀신을 쫓아내야 합니다. 귀신은 그 정체를 알아야 쫓아낼 수 있습니다. 그 귀신은 아집, 탐심, 거짓말, 미움, 공포심, 열등의식, 죄의식의 일곱 귀신입니다. 이러한 귀신을 쫓아낸 다음에 하나님 앞에 철저히 회개하고 간구하는 자기 전개가 있어야 합니다.

둘째로 자기 항복의 기도가 있어야 합니다. 자신을 철저하게 하나님께 내어놓아야 합니다. 우리의 전 생애를 주님께 맡길 때 주님께서는 우리를 점령하시고 주의 뜻대로 살도록 인도해 주십니다.

셋째로 긍정적인 기도여야 합니다. 생각은 긍정적이면서도 기도할 때 "나는 보잘것없는 설교자입니다"라고 기도하는 경우가 많이 있습니다. 굉장히 겸손한 기도 같지만 이런 기도는 자신을 부정적으로 만드는 것입니다. 하나님께서 능력 있는 설교의 힘을 채워주시는 모습을 마음에 그려 내야 합니다.

넷째로 믿음으로 받아들여야 합니다. … 일단 긍정적인 생각을 가지고 기도를 했으면 곧 믿음으로 받아들여야 합니다. 기도 후에는 "하나님, 응답해 주시니 감사합니다" 하고 입으로 시인하십시오. 설교자 여러분! 반드시 이 네 단계의 효과적인 기도 법칙에 따라 기도하면, 여러분의 설교의 씨앗은 놀라운 열매를 맺게 될 것입니다[29].

---

29 같은 책, 302-304.

2. 교황 프란치스코가 권하는 강론법

여기에서는 교황 프란치스코의 권고문인 『복음의 기쁨』(현대 세계의 복음 선포에 관한 교황 권고문)에서 언급된 강론에 관한 내용을 중심으로 보겠다. 교황 프란치스코에 따르면 강론은 사목자가 자신의 백성에게 다가가고 대화하는 능력을 가늠하는 시금석이다. 그리고 강론은 성령을 강렬하고 기쁘게 체험하는 일이 될 수 있고 하느님 말씀을 만나는 것이다.[30] 특별히 그는 성찬 모임에서 이루어지는 하느님 말씀의 선포는 하느님과 당신 백성의 대화임을 강조한다. 그러므로 강론자는 자기 공동체의 마음을 잘 알아야 하는데, 이는 그들이 바라는 것을 파악하고 그들과 하느님과의 대화가 어디에서 끊어지고 열매를 맺지 못하는지를 깨닫기 위함이라는 것이다.

"특히 성찬 모임에서 하느님 말씀의 전례적 선포는 묵상과 교리 교육 시간이기보다는 하느님과 당신 백성의 대화, 놀라운 구원 사건이 선포되며 계약의 요구가 끊임없이 되풀이되는 대화임"을 명심해야 합니다. ⋯ 강론은 성사적 친교에 앞서 하느님과 당신 백성이 나누는 대화에서 최고의 순간으로서, 모든 교리 교육을 뛰어넘습니다. 강론은 주님께서 이미 당신 백성과 시작하신 대화를 이어 갑니다. 강론자는 자기 공동체의 마음을 잘 알아야 합니다. 그래야 그 공동체가 하느님께 생생하고 간절하게 바라는 것이 무엇이고, 한때 사랑으로 넘쳤던 그 대화가 어디에서 끊어지고 열매를 맺지 못하는지를 깨달

---

30 교황 프란치스코, 『복음의 기쁨』(*Evangelii Gaudium*): 현대 세계의 복음 선포에 관한 교황 권고, 한국천주교주교회의, 2015, 135항.

을 수 있습니다.[31]

교황 프란치스코는 가톨릭교회의 강론은 전례 거행의 틀 안에서 이루어지는 선포이므로 강론이 간결해야 한다고 역설한다. 강론이 너무 길면 전례 거행의 조화와 리듬에 영향을 미치게 되며 강론 중에 강론자보다는 주님께서 더 빛나셔야 하므로 강론자가 말을 지나치게 많이 하지 말라는 것이다.

강론은 독특한 분야입니다. 강론이 전례 거행의 틀 안에서 이루어지는 선포이기 때문입니다. 그러므로 강론은 간결하고 연설이나 강의를 닮지 않도록 해야 합니다. 강론자가 청중의 주의를 한 시간 내내 끌 수도 있습니다. 그러나 이 경우에 그의 말이 신앙의 거행보다 더 중요한 것이 되고 맙니다. 강론이 너무 길어지면 전례 거행의 두 가지 특징, 곧 전례 거행의 조화와 리듬에 영향을 미치게 됩니다. 전례의 상황 안에서 이루어지는 강론은 아버지께 드리는 봉헌의 일부이고, 전례 거행 중에 그리스도께서 부어 주시는 은총을 전달해 주는 것입니다. 이러한 상황에서 강론은 삶을 변화시키는 성찬례 안에서 회중과 강론자를 그리스도와 이루는 친교로 이끌어야 합니다. 이는 주님의 종보다는 주님께서 더 빛나시도록 강론자가 말을 지나치게 많이 하지 말아야 한다는 의미입니다.[32]

교황은 어머니가 자기 자녀에게 말하는 것과 같은 방식으로 강론

---

31 같은 책, 137항.
32 같은 책, 138항.

할 것을 제안한다. 그러므로 어머니다운 교회의 강론자는 자녀들의 관심사에 귀를 기울이고 그들에게 배우면서 친밀하고 따스한 어조, 가식 없는 말씨와 기쁨에 넘치는 태도로 강론하는 것을 권한다.[33]

교황 프란치스코는 '불을 지르는 말씀'을 강조하면서 강론은 추상적 진리나 차가운 삼단 논법과는 거리가 멀다고 한다. 그리고 순전히 도덕적이거나 교리적인 강론 또는 성경 해석 강의가 되어버린 강론은 마음과 마음의 소통에서 멀어지게 한다고 지적한다. 그리고 토착화된 강론의 과업은 복음 메시지를 선포하는 것이지, 그와 동떨어진 사상이나 가치를 전하는 것이 아니라고 분명히 밝힌다. 또한 강론자가 선포하는 것은 자기 자신이 아니라 주 예수 그리스도임을 강조한다.[34]

교황은 강론 준비를 철저히 할 것을 권한다. 창의적인 사목을 위해서는 연구와 기도 그리고 묵상을 위한 오랜 시간이 요구되는데, 다른 중요한 활동보다 강론 준비에 더 많은 시간과 에너지를 주님의 도구로서 바칠 것을 권한다. 그는 준비가 안 된 강론자는 '영성적'이지 않고 정직하지 않으며 자신이 받은 은사에 무책임하다고 보기 때문이다.

강론 준비는 매우 중요한 책무이기에 창의적인 사목을 위하여 연구와 기도와 묵상에 오랜 시간을 바쳐야 합니다. 저는 커다란 애정을 가지고 잠시 강론 준비 방법을 제안하고자 합니다. … 어떤 본당 사제들은 자신이 수행해야 하는 임무가 너무 많아서 강론 준비를 할 수 없다고 주장합니다. 그럼에도

---

33 같은 책, 139-140항.
34 같은 책, 142-143항.

저는 다른 중요한 활동에 시간을 덜 쓰더라도 매주 이 직무를 위하여 개인과 공동체의 시간을 충분히 활용하도록 요청하고자 합니다. 강론 중에 활동하시는 성령을 믿는 것은 단순히 수동적인 것이 아니라 능동적이고 창의적인 것입니다. 이는 우리가 우리의 모든 역량을 다하여 우리 자신을 하느님께서 사용하실 수 있는 도구로 바쳐야 한다는 것을 의미합니다(로마 12, 1 참조). 준비가 되지 않은 강론자는 '영성적'이지 않고 정직하지 않으며 자신이 받은 은사에 무책임한 자입니다.[35]

교황 프란치스코는 강론 준비의 첫 단계를 다음과 같이 제안한다. 우선 성령께서 오시도록 청하는 기도를 드린다. 그다음에는 강론의 바탕이 되는 성경 구절에 모든 주의를 집중하는 것이다. 성경 구절을 해석하기 위해서는 인내하고 온갖 분심을 버리고, 그 본문에 경건한 관심과 시간을 기꺼이 바쳐야 하기 때문이다. 그리고 그는 사랑을 가지고, "주님, 말씀하십시오. 당신 종이 듣고 있습니다"의 자세를 취할 것을 강조한다.

첫 순서는 성령께서 오시도록 간청하는 기도를 드린 다음에 강론의 바탕이 되어야 하는 성경 구절에 모든 주의를 집중하는 것입니다. 잠시 멈추어 특정 구절의 메시지를 이해하려고 노력할 때마다 우리는 '진리의 존중'을 실천합니다. 이는 말씀이 언제나 우리를 초월해 계신다는 것을 인식하는 겸손한 마음입니다. 곧 '우리는 그 진리의 주인도 소유주도 아니고 다만 보관자이며 전달자이고 봉사자일 뿐임'을 깨닫는 것입니다. … 성경 구절을 해석할 수

---

35 같은 책, 145항.

있으려면, 인내하고 온갖 분심을 버리고, 그 본문에 경건한 관심과 시간을 기꺼이 바쳐야 합니다. 다른 모든 긴급한 관심사를 멀리하고 차분하게 집중할 수 있는 환경을 마련해야 합니다. 우리가 빠르고 쉽고 즉각적인 결과를 얻고 자 한다면 성경 구절을 읽으려는 노력은 아무 소용이 없습니다. 강론 준비에 는 사랑이 필요합니다. … "주님, 말씀하십시오. 당신 종이 듣고 있습니다"(1 사무 3, 9).[36]

교황은 문헌 분석의 다양한 수단을 나열한다. 즉, 되풀이되거나 강조되는 낱말들에 주의를 기울이며 본문의 구조와 고유한 흐름을 인식하는 것, 다양한 인물의 역할을 숙고하는 것 등이 있다. 그러나 그는 우리의 가장 중요한 목적은 본문의 모든 부분을 이해하는 것이 아니라 핵심 메시지를 발견하는 것임을 강조한다. 교황에 의하면 핵 심 메시지는 성경 저자가 가장 전하고 싶었던 것인데, 이를 위해서는 저자의 생각만이 아니라 그가 의도한 효과를 파악하는 것이다. 예를 들면 성경 본문이 권고하고자 쓰였다면, 가르치는 데에 이를 사용하 면 안 된다. 또한 하느님에 관한 것을 가르치고자 쓰였다면, 다양한 신학적 견해를 해석하는 데에 이를 사용해서는 안 된다는 것이다.[37]

교황 프란치스코는 오늘날에도 사람들은 참된 것을 목말라하며, 복음 선포자들이 보이지 않는 분을 보듯이 잘 알고 있으며 선포자 자신에게 친숙한 하느님에 관하여 말해 주기를 바라고 있다고 본다. 그러므로 교황은 강론자 자신이 먼저 하느님의 말씀으로 깊이 감화되

---

36 같은 책, 146항.
37 같은 책, 147-148항.

어 그 말씀을 일상생활에서 실천할 때 다른 이들에게 강력하고 효과적으로 활동할 수 있다고 강조한다. 또한 마음에 가득 찬 것을 입으로 말하는 법이고, 주일 독서 말씀이 사제의 마음속에서 먼저 울려 퍼지면 신자들의 마음속에서도 찬란하게 울려 퍼질 것이라고 본다. 따라서 그는 강론자가 기도하는 자세로 하느님의 말씀을 아주 가까이할 것을 권한다.

> 강론자는 "하느님의 말씀을 아주 가까이해야 합니다. … 사제는 온순한 마음으로, 기도하는 자세로 말씀을 대해야 합니다. 그리하여 말씀이 사제의 생각과 감정 속까지 깊이 파고 들어가 사제 안에서 새로운 시각이 싹틀 수 있도록 해야 합니다." 매일 그리고 주일마다 강론을 준비할 때 우리의 열정을 새롭게 하고 우리가 선포하는 말씀에 대한 사랑이 우리 안에 자라나는지 성찰하는 것이 좋습니다. 또한 "사제가 더 거룩하냐 덜 거룩하냐 하는 문제는 말씀을 선포하는 데에 상당한 영향을 미치게 된다"는 것을 잊지 말아야 합니다. … "마음에 가득 찬 것을 입으로 말하는 법"(마태 12, 34)이기 때문입니다. 주일 독서 말씀이 먼저 사제의 마음속에서 울려 퍼지면 신자들의 마음속에서도 찬란하게 울려 퍼질 것입니다.
> … 강론을 하고자 하는 이는 누구나 먼저 하느님 말씀으로 깊이 감화되어 그 말씀을 일상생활에서 실천해야 합니다. 이렇게 하면 강론은 "자신이 관상한 것을 다른 이들에게 전달하는" 매우 강력하고 효과적인 활동이 될 것입니다. 이 모든 이유로, 실제로 강론에서 이야기할 것을 준비하기 전에 다른 사람들을 파고들 그 말씀이 우리 자신을 먼저 파고들도록 해야 합니다. … 이 말씀은 칼과 같아서 "사람 속을 꿰찔러 혼과 영을 가르고 관절과 골수를 갈라, 마음의 생각과 속셈을 가려냅니다"(히브 4, 12). 이는 사목적으로 매우

중요합니다. 오늘날에도 사람들은 증언을 듣는 것을 좋아합니다. 그들은 "참된 것을 목말라합니다." 그리고 "복음 선포자들이 보이지 않는 분을 보듯이 잘 알고 친숙한 하느님에 관하여 말해 주기를 바라고 있습니다."[38]

교황 프란치스코는 강론을 준비하면서 '거룩한 독서'(Lectio Divina) 방법을 활용할 것을 권하면서 다음과 같이 말한다. 그는 영적 독서는 자구적 의미에서 시작하는데 이것은 성경 구절의 핵심 메시지를 이해하려는 연구라고 설명한다. 또한 그러한 연구에서 시작하여 자신의 삶에서 그 메시지가 무엇을 말하는지를 식별할 것을 강조한다. 그렇지 않으면 성경 구절을 우리가 이미 내린 결정을 확인하는 데에 사용하고 우리의 사고방식에 맞추어 우리의 편의대로 쉽게 이용하게 될 것이기 때문이다. 교황은 또한 하느님의 현존을 느끼며 성경 말씀을 묵상하면서 여러 가지 질문을 하기를 권한다. 예를 들면 "주님, 이 성경 본문이 저에게 무슨 말을 하는 것입니까? 이 말씀을 통해서 제 삶에 어떤 변화가 오기를 바라십니까? 이 말씀에서 제 마음을 불편하게 만드는 것이 무엇입니까?" 등의 질문이다. 그리고 교황은 주님께 귀를 기울이려는 노력에는 하느님 말씀과 만나는 것을 방해하는 유혹이 따른다고 하면서 유혹을 식별하는 데에 도움이 되는 예를 든다. 즉, '단순히 불편하거나 부담스러워 도망치고 싶은 마음' 또는 '성경 본문이 다른 사람들에게 어떤 의미가 되는지만 생각할 뿐 자기 자신의 삶에 적용하기를 꺼리는 마음'들이다. 또는 '본문의 메시지를 흐리게 할 수 있는 변명거리'를 찾거나 '하느님께서 너무 많은 것을 우리에게

---

38 같은 책, 149-150항.

요구'하시며 '우리가 준비 안 된 결정을 요구'하신다고 생각할 수 있다는 것이다. 교황이 볼 때에 이것들은 많은 사람이 하느님 말씀과 만나는 것을 더 이상 즐겁게 여기지 못하게 만든다. 그러므로 교황은 사탄도 때로는 빛의 천사로 위장한다는 것을 기억할 것을 강조한다. 그러면서 하느님께서는 우리가 자신의 삶을 진지하게 살피고, 꾸밈없이 자신을 그분 앞에 드러내며, 계속 성숙하려는 의지를 가지고 자신의 부족한 부분을 위해 기도하기를 바라신다고 말한다.

주님께서 당신 말씀으로 우리에게 전하시려는 것에 귀 기울이고 성령으로 우리를 변화시키시는 한 가지 특별한 방법이 있습니다. 그것은 거룩한 독서 (*Lectio Divina*)입니다. 이는 기도하면서 하느님 말씀을 읽고 그 말씀으로 깨치고 새롭게 되는 것입니다. 이렇게 기도하며 성경을 읽는 것은 강론자가 성경 구절의 핵심 메시지를 이해하려고 연구하는 것과 다르지 않습니다. 그런데 이는 그러한 연구에서 시작하여 자신의 삶에서 그 메시지가 무엇을 말하는지를 식별하는 것으로 나아가야 합니다. 성경 구절의 영적 독서는 자구적 의미에서 시작해야 합니다. 그렇지 않으면 우리는 성경 구절을 우리가 이미 내린 결정을 확인하는 데에 사용하고 우리의 사고방식에 맞추어 우리의 편의대로 쉽게 이용하게 될 것입니다. 이는 결국 거룩한 것을 우리 자신의 이익을 위하여 사용하는 것과 같고, 하느님 백성에게 이러한 혼란을 퍼뜨리는 것과 같을 것입니다. 때로는 "사탄도 빛의 천사로 위장한다"(2코린 11, 14)는 것을 잊지 말아야 합니다.

하느님의 현존 앞에서 성경 말씀을 묵상하며 읽는 동안 다음과 같은 질문을 하는 것이 좋습니다. "주님, 이 성경 본문이 저에게 무슨 말을 하는 것입니까? 이 말씀을 통해서 제 삶에 어떤 변화가 오기를 바라십니까? 이 말씀에서 제 마음을 불편하게 만드는 것이 무엇입니까? 이 말씀에 저는 왜 관심을 갖지 못하는 것입니까?" 또는 다음과 같이 물을 수 있습니다. "이 말씀에서 내 마음에 드는 것이 무엇인가? 이 말씀에서 나를 감동시키는 것은 무엇인가? 무엇이 내 주의를 끄는가? 왜 그것이 내 주의를 끄는가?" 우리가 주님께 귀를 기울이려고 노력하다 보면 유혹이 일어나게 됩니다. 그 가운데 하나가 단순히 불편하거나 부담스러워 도망치고 싶어 하는 마음입니다. 또 다른 흔한 유혹은 그 성경 본문이 다른 사람들에게 어떤 의미가 되는지만 생각할 뿐 자기 자신의 삶에 적용하기를 꺼리는 것입니다. 또한 그 본문의 구체적인 메시지를 흐리게 할 수 있는 변명거리를 찾는 일이 생길 수도 있습니다. 또는 하느님께서 너무 많은 것을 우리에게 요구하시고 우리가 아직 준비가 안 된 결정을 요구하신다고 생각할 수도 있습니다. 이는 많은 사람이 하느님 말씀과 만나는 것을 더 이상 즐겁게 여기지 못하게 만듭니다. … 하느님께서는 늘 한 걸음 더 나아가라고 권고하시면서도 우리가 아직 준비가 되어 있지 않으면 그 온전한 책임을 묻지 않으십니다. 하느님께서는 그저 우리가 진지하게 우리 삶을 살펴보고 우리 자신을 꾸밈없이 그분 앞에 드러내며 끊임없이 성숙하겠다는 의지를 가지고 우리 자신에게 부족한 부분을 그분께 간구하도록 바라십니다.[39]

교황에 의하면 강론자는 말씀의 관상자이며 또한 그의 백성의 관상자이다. 관상을 통해 강론자는 "이런저런 인간 집단을 특징짓는 갈망, 풍요와 한계, 기도하고 사랑하고 삶과 세상을 바라보는 방식"을 배우기 때문이다. 그리고 "복음 선포의 실질적 대상자들"에게 주의를 기울이고, "그들의 언어, 그들의 표징과 상징들을 고려하고 그들의

---

39 같은 책, 152-153항.

질문에 대답"할 수 있기 때문이다. 교황은 이것을 매우 종교적이고 사목적인 관심이라고 여긴다.[40]

교황은 좋은 강론에는 '생각과 감성과 이미지'가 담겨 있어야 함을 말한다. 매력적인 이미지는 메시지를 더 익숙하고 가깝고 실제적이며 일상생활과 관련된 것으로 느끼게 해주기 때문이다. 또한 성공적인 이미지는 전달하고자 하는 메시지를 음미하게 하며 복음으로 나가려는 의지를 북돋기 때문이다. 그리고 교황 바오로 6세가 "강론이 간결하고 명료하며 솔직하면서도 시기에 알맞다면 신자들은 강론에서 많은 것을 기대하고 큰 유익을 얻을 것"이라고 말씀하신 것을 인용하면서 사람들이 이해할 수 있는 언어 사용의 중요성을 강조한다. 그러므로 교황은 강론자가 특정한 상황에서 익힌 언어는 강론을 듣는 이들의 일상 언어와는 다를 수 있다고 지적한다. 그는 사람들의 언어에 익숙해지기 위한 방법으로 사람들의 말에 귀를 많이 기울일 것과 그들의 삶을 나누며 그들에게 사랑의 관심을 줄 것을 권한다. 또한 통일된 주제와 명료한 문장과 일관성을 갖추어서 사람들이 쉽게 따라가면서 그 논리를 잘 파악하도록 준비할 것을 권한다. 교황은 또한 좋은 강론의 특징으로 긍정적인 언어 사용을 말한다. 긍정적인 강론은 언제나 희망을 주고 미래를 지향하기 때문이다.

우리의 강론을 좀 더 풍요롭고 매력적인 것으로 만들 수 있는 몇몇 실질적인 자료를 떠올려 봅시다. 가장 중요한 것은 강론에서 이미지를 사용할 줄 아는 것, 다시 말해 이미지를 가지고 말할 줄 아는 것입니다. 때로는 설명하려는

---

40 같은 책, 154항.

것을 더 잘 이해시키고자 예를 들기도 하지만, 이러한 예들은 대부분 생각에만 호소하는 것입니다. 한편, 이미지는 우리가 전달하려는 메시지를 사람들이 더 잘 이해하고 받아들이는 데에 도움이 됩니다. 매력적인 이미지는 메시지를 더 익숙하고 가깝고 실제적이며 일상생활과 관련된 것으로 느끼게 해줍니다. 성공적인 이미지는 전달하고자 하는 그 메시지를 사람들이 음미할 수 있게 합니다. 또한 어떤 갈망을 일깨워 복음으로 나아가려는 의지를 북돋웁니다. 한 노스승이 저에게 말한 대로 좋은 강론에는 '생각과 감성과 이미지'가 담겨 있어야 합니다.

바오로 6세께서는 다음과 같이 말씀하셨습니다. "강론이 간결하고 명료하며 솔직하면서도 시기에 알맞다면 신자들은 강론에서 많은 것을 기대하고 큰 유익을 얻을 것입니다."

간결함은 우리가 사용하는 언어와 관련됩니다. 사람들이 이해할 수 있는 언어라야 합니다. 그래야만 헛된 말을 피할 수 있습니다. … 강론자는 흔히 학창 시절에 또는 특정한 상황에서 익힌 언어를 사용합니다. 그러나 이는 강론을 듣는 이들의 일상 언어와는 다릅니다. … 강론자에게 가장 큰 위험은 자기만의 언어에 너무 익숙해져서 다른 모든 사람이 이를 자연스럽게 이해하고 사용할 것이라고 생각하는 것입니다. 우리가 사람들의 언어에 익숙해지고 하느님의 말씀으로 그들에게 다가가고자 한다면, 사람들의 말에 많이 귀 기울이고 그들의 삶을 나누고 그들에게 사랑의 관심을 기울여야 합니다. 간결함과 명료함은 서로 별개입니다. 언어는 매우 간결할 수 있지만 강론은 그리 명료하지 않을 수 있습니다. 강론이 두서없거나 논리가 부족하거나 다양한 주제를 한꺼번에 다루려 하다 보니 이해하기가 어려워질 수 있습니다. 따라서 우리는 강론의 주제가 통일되고 문장이 명료하고 일관되어서 사람들이 강론자의 말을 쉽게 따라가고 그 논리를 파악할 수 있게 하여야 합니다.

좋은 강론의 또 다른 특징은 긍정적인 언어에 있습니다. 하지 말아야 할 것을 지적하기보다는 더 잘할 수 있는 것을 제시합니다. 어떤 경우든 강론이 부정적인 것을 지적하려 한다면, 언제나 매력적이고 긍정적인 가치도 보여 주려고 노력해야 합니다. 그래야만 강론이 불평이나 탄식, 비판이나 비난에 그치지 않을 수 있습니다. 더욱이 긍정적인 강론은 언제나 희망을 주고 미래를 지향하며 우리가 부정의 덫에 갇혀 버리지 않게 합니다. 사제와 부제와 평신도들이 정기적으로 함께 모여 강론을 더 매력적인 것으로 만들 수 있는 자료들을 찾으면 얼마나 좋겠습니까![41]

---

41 같은 책, 157-159항.

3장

셀 시스템 사목 전략

1. 여의도순복음교회의 셀 시스템

여의도순복음교회의 조용기 목사 후임인 이영훈 목사는 오순절 운동의 폭발적인 성장의 주요 기반이 가정교회 운동(house church movement)에 있는데, 이 운동은 초대교회의 그리스도인 공동체(사도 2, 42-47)에 그 뿌리를 둔다고 말한다. 그는 초기 그리스도인들은 소그룹 가정 모임(small-group house meeting)을 통해서 친교를 나누고 성경 공부와 성찬식(communion service)을 지냈다고 본다. 이영훈 목사는 확실한 증거는 없지만, 초기 그리스도인들이 아가페 식사를 나누었을 것이라고 하면서 조용기 목사가 초기 교회의 소그룹 가정 모임 구조를 셀 시스템 안에 재구성했다고 주장한다.[1]

조용기 목사는 구역 조직을 목회 속에서 찾은 보석이라고 여긴다.[2]

---

1 YOUNG-HOON LEE, *The Holy Spirit Movement in Korea*, 105-106.

2 조용기, 『희망목회 45년: 구역 소그룹 부흥이야기』(교회성장연구소, 2006), 71.

여의도순복음교회는 구역 조직을 통해서 복음을 전하는데 모든 구역은 그 지역에서 교회 부흥의 핵이라고 한다. 구역은 생명력이 발견되는 곳으로 여겨지기 때문이다.[3] 조용기 목사의 제자인 명성훈은 "구역 예배 제도는 여의도순복음교회의 등록 상표"라고 말한다. 이는 구역 예배가 여의도순복음교회를 끌어가고 있는 시스템이라는 뜻이다. 구역이란 일정한 장소의 개념을 가진다. 그리고 구역예배는 조용기 목사가 임명한 구역장과 함께 일정한 장소에서 모여 말씀으로 교제를 나누며 예배하는 소그룹 신앙 공동체를 지칭한다. 조귀삼은 전 세계의 목회자들과 교회 지도자들이 조용기 목사의 구역예배 시스템을 소그룹(Home Cell Groups) 또는 셀 교회(Cell Church)라는 이름으로 복제하였다고 본다.[4] 구역예배의 도입 이후로 조용기 목사의 교회는 날마다 성장하였다. 1980년에 15만 명의 교인과 1만 개의 구역이 탄생하였다. 조귀삼은 구역예배의 원리가 여의도순복음교회의 전용 언어이며, 이것이 세계에 확산되는 계기도 조용기 목사가 1978년에 집필한 "성공적인 구역 조직"(Successful Home Cell Group)이란 말과 함께 시작되었다고 주장한다.[5]

박홍래는 이 운동이 시작되었을 때 세계 각지에서 많은 목사들이 이것을 배우기 위해 한국에 모여와 교회 조직의 도구로서 가정 셀 그룹을 채용하기 시작했다고 말한다. 그리고 세계적으로 아주 거대한 두 개의 셀 교회 목사가 그들의 셀 사역을 시작하기 전에 여의도순

---

3 같은 책, 116.
4 조귀삼, "영산의 구역예배를 통한 교회성장 연구,"「영산신학저널」13권(영산신학연구소, 2008), 한세대학교, 279.
5 같은 글, 282.

복음교회를 방문했다고 전한다.[6] 그리고 한국교회에는 1990년대 이후 급속하게 전해졌다고 한다.[7] 세계 여러 나라의 교회가 구역 원리를 이용해 성장하고 있으므로 조용기 목사는 한국에서 경험하고 있는 성장의 비결이 모든 교회들에게 인종을 초월한 유효한 원리라고 주장한다. 그리고 다른 교회도 성령운동과 구역 조직을 이용한 이 원리들을 사용한다면 크게 성장하지 않을 이유가 없다고 확신한다.[8]

셀 시스템은 조용기 목사가 28살 되었을 때 시작되었다. 그는 교인 2천4백 명을 돌보면서 건강이 노인처럼 망가져 있었다고 기억한다. 의사는 "목사님은 신경성 피로로 고통받고 있어서 제가 해줄 수 있는 유일한 충고는 목회를 포기하는 것입니다"라고 했다. 조용기 목사에게 이 말은 그의 목회 사역에 대한 사망선고로 들려왔는데[9] 그런 상황에서 셀 시스템은 시작되었고, 교회는 빨리 성장했다고 한다.

조용기 목사의 목회의 시작과 교회 성장을 요약하면 다음과 같다. 그는 1958년 5월 18일에 5명과 함께 첫 예배를 시작했다. 사과 상자를 모로 세워 보자기를 씌워 강대상을 만들었는데 그날은 마침 수요일이었다. 참석한 사람들은 조용기 목사와 최자실 전도사 그리고 최 전도사의 세 자녀였다.[10] 1964년에 기록된 2천4백 명의 신도가 있었고,[11] 구역예배의 도입 후 조용기 목사의 교회는 날마다 성장하였다. 1980년에는 15만 명의 교인과 1만 구역, 2008년에는 75만 명의 성도와

6 박홍래, 『셀그룹 셀교회』(서로사랑, 2008), 141-142.
7 조귀삼, "영산의 구역예배를 통한 교회성장 연구," 291.
8 조용기, 『희망목회 45년: 구역 소그룹 부흥이야기』, 147.
9 같은 책, 77-78.
10 같은 책, 22-23.
11 같은 책, 89.

헤아릴 수 없는 구역 소그룹들이 탄생하였다. 이와 같은 교회 성장은 1976년 교회성장연구소(Church Growth International)의 설립과 함께 구역예배 목회의 원리들에 대한 세미나와 교육을 통해 확산되었다.[12]

조용기 목사는 교회의 이중적 사역을 감당하였는데 그것은 성전 사역(temple ministry)과 가정 사역(house-to-house ministry)을 뜻한다.[13] 여의도순복음교회는 구역 조직의 원형을 조용기 목사가 구약과 신약에서 각각 발견한 것이라고 주장한다. 이것은 탈출기에 나타난 이스라엘 백성을 말씀으로 돌보기 위해 지도자를 세우고, 조직을 세분화한 것 그리고 사도행전에서 볼 수 있는 초대교회의 가정 중심의 작은 공동체 모임을 발견했다는 것이다. 조용기 목사는 초대교회 때에 제자들이 성전에서 정기적으로 모인 성전 사역이 있었고, 성도들이 함께 날마다 집에서 모여 빵을 떼며 교제를 나누는 가정 사역이 있었다고 보았다(사도 2, 46-47). 이러한 발견이 평신도 사역 특히 구역 제도를 시작하게 된 획기적인 계기가 되었다고 한다. 또한 그는 성도들을 돌보는 일에 평신도를 참여시키면서 "그물 목회" 방식의 구역 조직을 사용했다는 것이 독특하다. 즉, 평신도 지도자를 양육하고 훈련시켜 구역을 관리하게 하는 것이다. 이는 마치 그물처럼 더 광범위한 현장 사역을 하는 것이므로 보다 조직적이고 효과적인 교회 성장을 가져오는 방법이라고 한다.[14]

여의도순복음교회는 구역 조직(셀 조직) 초기에 어려움이 있었다

---

12 조귀삼, "영산의 구역예배를 통한 교회성장 연구," 282.

13 같은 글, 280.

14 국제신학연구원, 『여의도순복음교회의 성령운동이해』, 58-59; 조용기, 『교회성장의 비결』, 교회성장 제2집 (서울서적, 1985), 14-28.

고 한다. 모임 장소 부족과 셀 리더의 대부분이 여성이었는데 당시 그들의 사회적 지위가 낮았으며, 평신도 리더들은 셀 시스템을 알아보지 못했고 신뢰하지 않았기 때문이다. 그러나 문제가 해결되면서 여의도순복음교회의 셀 조직은 국제적으로 유명해졌다고 한다. 조용기 목사는 셀 조직을 '가장 큰 교회 안에 있는 가장 작은 교회들'이라고 불렀다.

셀 그룹은 다음과 같이 형성된다. 5개에서 7개의 이웃 가정들이 하나의 구역을 형성하는데 여기에서 가장 영성이 강한 멤버들은 구역장과 부구역장이다. 5개의 구역은 1개의 지역을 이루고, 10~15개의 지역은 교구를 이루며, 12~23개의 교구는 대교구를 이룬다. 구역장과 지역장은 평신도이며 교구장과 대교구장, 담임목사는 유급 목사들이다. 구역이 10가정으로 성장하면, 5가정씩 두 개의 구역으로 나누어진다. 본래의 구역에서의 부구역장은 새로운 구역의 구역장이 된다. 각 구역장은 자신의 구역에 부구역장을 둔다. 이러한 과정은 구역의 성장에 따라 반복된다. 각 구역의 초점은 구역원들의 필요에 맞추어

진다. 여기에는 등록 교인뿐 아니라 결정을 앞둔 이들도 포함된다. 구역모임에서 그들은 새로운 구역원들을 위해 함께 기도하며 성령 세례, 치유, 각 개인의 문제를 위해서도 기도한다.[15]

구역예배에는 '구역예배공과'를 사용한다. 조용기 목사는 "예배는 하나님께 드리는 영적인 제사"라고 정의하면서 "하나님께 영과 진리로 예배할 때 하나님께서 영광을 받으시고 우리에게 복을 주십니다"라고 예배를 설명한다. 구역예배 순서는 다음과 같다. 시간은 1시간이며, 내용에는 크게 찬양의 시간, 하느님을 송축함, 은혜의 시간, 감사로 제사, 성도의 교제, 폐회의 형태를 가진다.

구역예배 순서

구분	순서	시간
찬양의 시간	찬송	
하나님을 송축함	묵도	2분
	사도신경	
	찬송	7분
	대표기도	
은혜의 시간	공과공부	30분
	합심기도	5분
감사로 제사	헌금	2분
	헌금기도	
성도의 교제	서로를 위한 제목기도	13분
	새신자 소개	
	찬송	
폐회	주기도문	1분
		총 60분

---

15 YOUNG-HOON LEE, *The Holy Spirit Movement in Korea*, 106-107.

‘구역예배공과’에는 신자들이 예배 때마다 예배를 잘하도록 돕는 상세한 안내문으로 구성되어 있다. 즉, 구역예배 순서와 성공적인 구역 운영 방법, 구역예배공과 사용법 등이 있다. 예배마다 ‘예배의 주제’가 있으며 주제와 관련되어 읽을 성경 구절과 찬송가 번호 그리고 암기할 성경 말씀과 그 예배의 목표가 명시되어있다. 또한 공부 내용을 잘 이해하도록 동기 부여를 위한 공부 내용이 요약되어 있고, ‘공부 내용’ 전체가 있다. 그리고 ‘성경 연구’와 ‘나눔과 적용’의 시간을 가짐으로 공부는 마무리된다. 조용기 목사는 ‘공부 내용’을 신자들이 함께 읽을 것을 권하며 ‘성경 연구’는 그날 공부한 내용을 다시 한번 정리해 보기 위함이며, ‘나눔과 적용’은 공부한 내용을 생활화함으로 믿음과 행함의 조화를 이루는 데 목적을 둔다고 말한다. 그리고 이 모든 일을 성령께서 도우시고 가르쳐 주시도록 성령님을 인정하고 환영하고 모셔 들이고 의지할 것을 권한다.

구역예배 공과 사용법

1. 먼저 ‘읽을 말씀’을 찾아 읽으십시오.
2. ‘외울 말씀’을 3~5회 큰 소리로 함께 읽고 외우십시오.
3. ‘목표’를 분명히 이해하십시오.
4. ‘공부할 내용’을 함께 읽으십시오.
5. ‘성경 연구’는 그날 공부한 내용을 다시 한번 정리해 볼 수 있도록 하기 위한 것입니다.
6. ‘나눔과 적용’은 공부한 내용을 생활화함으로 믿음과 행함의 조화를 이루는 데 그 목적이 있습니다. 바람직한 구역 성경 공부는 배우고 체험한 바를

서로 나누고 적용할 때 가능합니다.

7. 이 모든 일을 성령님께서 도우시고 가르쳐 주시도록 성령님을 인정하고 환영하고 모셔 들이고 의지하십시오.[16]

조용기 목사는 교회의 리더가 세상의 리더와 다른 점은 성령님을 멘토로 모시는 것이라고 하면서 성공하는 리더는 성령님께 모든 것을 묻고 응답하는 지도자임을 강조한다. 조용기 목사는 또한 성공적인 구역 사역을 위한 목회자의 일곱 가지 자세를 다음과 같이 설명한다: ① 구역 사역에 대해 비전과 확신을 가지라. ② 구역 사역을 철저히 감독하라. 구역 조직이 교회에서 성공할 수 있는 유일한 방법은 그 조직이 복음 전도의 도구로 사용될 때이다. 그리고 목사는 핵심 인물이 되어 구역의 감독을 목회자 자신이 해야 한다.[17] ③ 작게 시작하라. 12명의 핵심 평신도 지도자를 선발해 그들을 구역장으로 훈련시켜야 한다. 그다음 그들에게 자신의 구역모임을 만들게 하고, 그들을 6~8개월 동안 주의 깊게 살펴보아야 한다. 방대한 조직도 처음에는 작게 시작하는 것이다. ④ 신실한 구역장을 선발하라. 올바른 평신도 지도자를 선출하는 일은 구역 조직의 핵심이다. 성공이나 실패는 그들에게 달려 있다.[18] 그러므로 목회자의 가르침을 자신들의 구역 모임에 보다 잘 전달하기 위해 리더인 목사로부터 배워서 실전 훈련을 해야 한다. ⑤ 서로에 대한 사역을 하게 하라. 성도들은 자신들의 기도 제목을 서로 나누도록 하고 서로 격려하며 서로를 위해 기도해야 한다.

---

16 조용기, 『구역예배공과 14』(서울말씀사, 2017), 6-8.
17 조용기, 『희망목회 45년: 구역 소그룹 부흥이야기』, 153, 176.
18 같은 책, 156.

사랑의 고리로 연결되지 않는 모임은 언제나 분열이 있고 시기와 질투가 생기고 서로를 세워주기보다 경쟁하는 모순이 발생할 수 있기 때문이다. ⑥ 구역에 복음 전도를 요구하라. 구역 모임에 초대할 수 있는 비신자들을 찾는다. 복음 전도는 구역이 교회에 참된 생명을 공급하는 핏줄과 같은 것이며 구역의 핵심 사역이기 때문이다.[19] ⑦ 성령님의 기름 부으심을 갈망하고 친교를 개발하라. 성공의 비결은 성령님과의 친교이다. 리더 목사와 평신도 리더인 구역장들은 성령으로 충만해지고, 성령님의 인도를 받아야 한다. 또한 리더들은 채워지고 인도받는 차원을 넘어 성령님과 진정한 친교를 가져야만 한다.[20]

조귀삼은 영산이 평신도를 훈련시켜서 사역자로 활용하여 교회성장을 이루어 나가는 과정에 두 가지의 리더십을 가지고 사역하였다고 평가한다. 첫째는 변혁적 리더십(Transformational Leadership)이다. 변혁적 리더십은 기대 이상의 성과를 도출해 내기 위해 부하들과 장래의 비전을 공유하여 몰입도를 높여서 부하가 원래 생각했던 성과 이상에 도달하도록 동기 부여를 하는 리더를 말한다. 그리고 두 번째는 종으로서 봉사하는 리더(Servant Leadership)이다.[21]

조용기 목사는 구역이 성공하기 위한 필수 조건으로 담임목사가 자신의 교회에서 구역이 꼭 필요하다는 확신을 가지는 것을 우선시한다. 그리고 그 조직이 시행되기 전에 많은 기초 작업이 선행되어야 함을 주장한다. 예를 들면 어느 목사가 구역의 가치를 알게 되어 자신의 협동 목사에게 구역을 시작하라고 했으나 2년 뒤에 그 교회는 정체

---

19 같은 책, 158-159.
20 같은 책, 162.
21 조귀삼, "영산의 구역예배를 통한 교회성장 연구," 295-296.

되었다. 조용기 목사는 이 교회의 문제가 우선 목회자의 능동적인 참여 부족에서 나온 것이라고 지적한다. 또한 그는 동기 부여가 제대로 안 되었기 때문에 구역을 교회 성장의 열쇠로 보지 않고, 단지 교회에서 진행하는 다양한 프로그램의 하나로 여겼기 때문이라고 평가한다.

미국의 어느 큰 교회 목사가 세미나에 참석해서 구역의 가치를 보았다. 그러나 구역에 대해 연구하고 노력해 자신이 직접 구역을 운영하기보다 모든 책임을 협동 목사에게 넘겼다. 협동 목사는 모든 것을 조직했고 구역은 시작되었다. 그러나 2년 뒤에 그 교회는 정체되었다. 참석률은 형편없었고 성도들은 복음 전도에 대해서 동기 부여가 되지 않았다. 이유는 성도들이 구역 조직을 그 큰 교회에서 진행하는 아주 다양한 프로그램 중의 하나로 보았기 때문이다. 그들은 구역을 부흥의 열쇠 또는 복음 전도의 열쇠로 보지 못했다. 결국 다른 많은 프로그램들이 교회 성장의 목표들을 겨냥하고 있었던 것이다. 그 목회자는 능동적으로 참여하지 않았다. 그래서 성도들은 구역이 중요한 것이 될 수 없다고 느꼈다.[22]

조용기 목사는 성도들이 담임 목사가 구역 형성을 지지한다고 확신하지 못하면 다음 세 가지 중 하나가 발생할 것이라고 명시한다. 즉, 구역들은 단지 친교를 위한 모임 또는 형식적인 모임이 될 것이며, 구역장들이 목사에게 정기적으로 보고하지 않으면 공동체의 암적인 존재가 되리라는 것이다.

---

22 조용기, 『희망목회 45년: 구역 소그룹 부흥이야기』, 154.

첫째, 조직은 수렁에 빠지고 침체되기 시작할 것이다. 구역들은 단지 "친교"를 위해서만 모일 것이고, 거기에는 참된 영적 성장이 없으며 복음 전도가 없을 것이다. 결과적으로 도중하차할 가능성이 높다. 둘째, 모임은 형식적으로 되거나 구역은 사람들의 개성의 영향 아래에 놓이게 될 것이다. 결국 구역들은 불필요하고 무의미해지며 교회에 해만 주는 조직이 될 것이다. 셋째, 구역장들이 목사에게 정기적으로 보고할 필요가 없어지면 구역 조직은 공동체에서 암적인 존재가 될 것이다. … 만일 내가 구역장들에게 개인적인 관심을 주지 않는다면 구역장들은 동기 부여를 받지 않는다.[23]

조용기 목사는 구역 조직을 시행하다 실패하는 것은 담임목사가 직접 참여하지 않기 때문이며 담임목사 없는 조직은 절대로 성도들에게 동기를 부여할 수 없다고 주장한다. 그러면서 평신도들에게 동기 부여를 하기 위한 일곱 원리를 제시한다.

① 그들을 인정하라

교회는 정기적으로 구역장들을 포함하여 다양한 분야의 지도자들 사이에 특별한 성과를 인정한다는 수단으로 상장 수여를 할 수 있다. 그 상장은 그들이 인정받고 고맙게 여김을 받는다는 것을 보여준다. 그것은 정말로 그들에게 격려를 준다.

② 그들을 칭찬하라

---

23 같은 책, 155.

사람들에게 동기 부여를 하는 가장 좋은 방법은 장점을 찾아내어 그것을 칭찬하는 것이다. 장점을 칭찬하기 시작하면 단점을 교정하려는 의욕이 생긴다.

③ 그들을 사랑하라

동기 부여의 또 다른 요인은 진정한 사랑이다.

④ 설교에 기름 부으심을 기도하라

설교와 교회 성장, 구역부흥은 고리와 같이 연결되어 있다. 한 주간 목사의 설교는 성도들을 깨우는 하느님의 말씀이 되어야 한다. 그러나 목사의 설교에 성령님의 기름 부음이 없다면 그 설교는 이론에 불과하다.

⑤ 좋으신 하느님 그리스도의 대속을 설교하라

설교자의 중요한 마음가짐은 하느님의 선하심으로 시작하는 것이다. 그것은 가장 중요한 신학이다. 좋으신 하느님 신앙과 신학은 생명력이다.

⑥ 필요를 채워주는 설교를 하라

만일 설교가 그들의 필요들을 만져주고 대안을 제시한다면 비록 교회에 에어컨이 없거나 온방장치가 없어도 와서 들을 것이다. 사람들은 웅변에 관심이 없다. 오직 자신들의 필요가 채워지는 가에 관심을 가질 뿐이다.

⑦ 믿음, 소망, 사랑을 선포하라

강단은 성도들을 높여주고 의의 길로 인도하기 위해 있다. 성도들을 정죄하고 도덕적 신학으로 연타를 가하는 설교는 좋은 설교가 아니다. 그것은 가장 쉬운 설교이기도 하다. 성도들 마음에 믿음과 소망과 사랑을 넣어주며 그들을 하느님 앞에 들어올린다. 목회자가 성도들을 인정하고 격려하며 성령의 기름 부으심이 있는 설교를 할 때 그들을 영적으로 잘 동기부여 할 수 있다.[24]

조용기 목사는 4차원 신앙의 교회 성장을 위해 몇 가지 요소를 제시한다.

① 기도

기도야말로 교회 성장을 위한 가장 강력한 영적 역동성이다.

② 평신도 리더십

교역자의 임무는 평신도 지도자들과 구역장들을 지도하고 교육시키는 것이다. 교회 건물만이 목회의 현장이 아니다. 교회는 단지 예배와 교육을 위해 성도들이 모이는 곳일 뿐이다. 진정한 목회의 현장은 교회를 떠나서 가정과 회사와 공장과 성도들이 발 닿는 모든 곳이다.

---

24 같은 책, 177-194.

③ 여성 리더십

교회의 리더십으로 여성을 활용하는 것은 사실 성경적인 것으로써 하느님의 뜻이라고 볼 수 있다. 하느님께서 남자와 여자에게 세례를 주시고 사용하셨으며 성령님도 오순절에 남자와 여자의 장벽을 허물고 성령을 주셨기 때문이다. 여의도순복음교회의 구역장 대부분은 여성이며 교역자들의 70% 이상이 여성이다.

④ 제자들의 훈련과 교회 성장

조용기 목사의 4차원의 영적 신앙은 제자들의 영적 훈련을 통해서 교회 성장으로 이어졌다.[25] 조용기 목사는 제자화를 통해서 구역예배를 통한 교회 성장을 이루었다. 제자란 유대 사회에서 종교적인 권위와 지도력을 가진 랍비들의 전통적인 경건을 답습하려고 선배들의 인도를 받으며 종교적인 계명을 배우고 율법(Torah)을 그들의 실생활에 적용하기 위해 학습을 받는 사람들을 말한다.[26]

조귀삼은 "조용기 목사의 구역예배를 통한 교회성장 연구"를 마치면서 그의 구역예배는 대형교회가 간과하기 쉬운 성도들 간의 교제, 성경 공부, 이웃에게 전도하는 것과 같은 중요한 문제를 해결해 주는 귀중한 사역임이 입증되었다고 결론을 내린다.[27]

---

25 조귀삼, "영산의 4차원의 영적 세계와 교회성장," 「영산신학저널」 12권(영산신학연구소, 2008), 한세대학교, 109-112.

26 조귀삼, "영산의 구역예배를 통한 교회성장 연구," 299.

2. 천주교서울대교구의 소공동체

여의도순복음교회의 구역예배와 천주교의 소공동체 모임을 비교하기 위해 동일한 지역에 있는 천주교서울대교구의 현황을 다루겠다. 더 나은 이해를 위해 서울대교구의 상황을 보기 전에 소공동체 관련 한국천주교의 일반적인 상황을 먼저 알아보겠다.

한국천주교회의 대부분 교구는 본당 사목에 적합한 새로운 방법의 하나로 소공동체 시스템을 받아들였다.[28] 천주교 제주교구의 고병수 신부는 이러한 선택을 하게 된 두 가지 이유를 말한다. 첫째는 교회의 현실적인 이유이고, 둘째는 교회의 본질적인 이유라는 것이다. 현실적으로 밝은 면은 세례받은 신자 수의 증가이다. 그러나 어두운 그림자로는 교회를 쉬는 신자가 갈수록 증가하는 것이다. 고 신부는 이런 현상을 교회가 교회로서의 매력을 잃어가고 있기 때문이라고 보면서 교회의 매력은 예수님의 삶을 사는 것, 즉 나눔과 친교의 삶이라고 말한다. 고 신부는 많은 이들이 주일미사참례를 안 하는 이유를 교회가 대형화되어 사목자와 신자 간의 거리가 너무 멀어지고, 신자와 신자 간의 거리도 점점 멀어지는 것이라고 생각한다. 그러므로 점차 본당에 대한 소속감이 없어지고, 결국에는 신앙에 대한 매력마저 잃고 성당마저 소홀하게 된다는 것이다.

또 다른 이유로 고병수 신부는 교회의 본질적인 측면을 든다. 그는 오늘날 교회가 소공동체 운동을 활성화시켜야 할 근본적인 이유가

---

27 같은 글, 304.

28 정월기, "한국천주교회 소공동체 사목발전과정," 가톨릭대학 석사논문(2005), 129-141.

교회의 비전 때문인데, 교회의 비전이란 하느님 나라의 건설이라고 주장한다. 그에 의하면 하느님 나라는 하느님께서 함께 하시는 나라, 높고 낮음이나 시기와 분열도 없이 서로가 서로를 위하고 함께 친교를 이루는 나라이다. 고 신부는 이것이 교회의 본질이요 비전이라고 하면서 초대교회가 그 원형이라고 본다. 또한 소공동체는 교회의 비전을 이루기 위한 하나의 구체적인 방안이라고 주장한다.[29]

2002년 당시의 제주교구장 강우일 베드로 주교는 소공동체를 활성화하려는 목적이 제2차 바티칸공의회가 가르치는 대로 교회를 참된 "친교와 사귐 그리고 일치와 나눔의 공동체"로 탈바꿈하는 것이라고 말했다. 그리고 이것은 교회의 체질을 바꾸고 더 나아가 세상을 안팎으로 변화시키는 일이므로 장기적인 전망과 전략이 필요하다고 역설했다. 강우일 주교가 주장하는 교회의 체질을 바꿈이란 수동적인 자세에서 은총이 넘치는 교회를 함께 만들어 가는 능동적인 자세, 하느님을 만나기 위해 찾아 나서는 자세, 작은 것이라도 나누며 함께 허기를 채우는 참여의 자세로 변화됨을 의미한다. 또한 하느님의 도우심에 힘입어 세상을 죄에서 해방시키는 일에 실제로 협력하는 사도가 됨을 의미한다.[30]

기초교회 공동체가 어디에서 처음 등장했는지 정확하게 지적하는 것은 어렵다. 노주현은 그러나 가장 두드러졌던 지역이 남미였으며, 1950년대 후반 내지 60년대 초반에 기초교회 공동체의 성격을 지닌 그룹들이 브라질, 칠레, 온두라스, 파나마 등에서 생겨나기 시작

---

29 고병수, "소공동체 이해하기," 『너븐드르 ᄒ디모영』(천주교 제주교구 노형본당, 2008), 15.
30 강우일, "격려사," 『너븐드르 ᄒ디모영』(천주교 제주교구 노형본당, 2008), 3.

했고, 곧 남미 전 대륙에 확산되었다고 본다.[31] 기초 공동체는 브라질의 리우데자네이루(Lio de Janeiro)시 바라 도피라이(Barra do Pirai) 교구에서 1956년에 처음으로 발생한 것으로 알려져 있다.[32] 이 교구의 공동체 복음화 운동을 시발로 해서 나탈(Natal) 교구의 기초 교육 운동과 브라질 전국사목계획(1965~1970)이 실시되면서 국가 단위에서는 처음으로 기초교회 공동체 운동이 공식화되었다. 이어서 1968년에 메델린에서 열린 남미주교회의(CELAM, the Episcopal Conference of Latin America)를 통해서 이 운동은 남미 전역에 보급되었다.[33] 메델린의 주교들은 기초교회 공동체를 "교회 구조의 일차적인 세포이고, 복음화의 원천이며 현실적으로 인간성 구현과 발전의 기간(基幹)"[34] 이라고 역설하면서 그 역할을 높이 평가하였다. 메델린의 주교들은 기초교회 공동체를 신학적, 사회학적, 역사적으로 더욱 심도 있게 연구하고, 기초교회 공동체에서 얻은 체험을 라틴아메리카 주교회의를 통해 교류하고 상호 조정해 갈 것을 촉구하였다.[35]

제2차 바티칸공의회(1962~1965)는 교회를 그리스도의 신비체와 하느님의 백성 이미지로 나타냈으며 일치와 친교를 강조했다. 교황 바오로 6세는 『현대의 복음 선교』(Evangelii Nuntiandi)에서 "교회 기초 공동체는 복음화의 못자리가 되고, 더욱 큰 공동체들 특히 개별 교회들에 도움이 되며 다음의 조건을 충족시킬 경우 보편 교회의 희

---

31 노주현, "가톨릭교회의 '소공동체론' 연구," 서강대학교 신학석사학위논문, 2001, 18.
32 레오나르도 보프, 『새롭게 탄생하는 교회』, 김쾌상 역(요셉, 1987), 15.
33 노주현, "가톨릭교회의 '소공동체론' 연구," 19.
34 라틴아메리카 주교단, 『메델린 문헌: 제2차 라틴아메리카 주교단 총회 최종결의』, 김수복
    ·성염 역(분도, 1989), 15장 10항; 노주현, "가톨릭교회의 '소공동체론' 연구," 12.
35 라틴아메리카 주교단, 『메델린 문헌』, 15장 12항.

망"이라고 하였다. 즉, 자신들이 속한 지역 교회와 보편 교회에 굳게 일치하여 자신 안에 갇혀 고립되어 자기 공동체만이 유일하고 참된 그리스도의 교회라고 생각하며, 다른 교회 공동체들을 단죄하려는 실제적인 위험을 피할 것, 주님께서 당신 교회에 주시는 목자들 그리고 그리스도의 성령께서 이들 목자들에게 맡기신 교도권과 참된 친교를 유지할 것, 선교 의식과 열성, 투신과 열의를 꾸준히 키울 것, 특별히 자기들만이 복음화의 은혜를 입었거나 복음화할 수 있는 유일한 주역으로 생각하거나 심지어는 복음의 유일한 보유자로 생각하지 말 것[36] 등의 조건이다.

교황 요한 바오로 2세의 회칙『교회의 선교 사명』(1990)은 기초교회 공동체를 복음화의 힘이요 교회 활력의 표지이고, '사랑의 문화'에 바탕을 둔 새로운 사회의 출발점이라고 강조하였다. 교황 요한 바오로 2세의 권고『아시아 교회』(1999)에서 기초교회 공동체는 초대 그리스도인들처럼 믿고 기도하고 서로 사랑하는 공동체들로 살아가도록 신자들을 도와주고, 사랑의 문화의 새로운 표현인 새로운 사회를 건설하려는 확고한 출발점이라고 한다.[37]

한국천주교회는 소공동체 프로그램을 룸코연구소(Lumko Institute)에서 가져왔다. 룸코연구소는 남아프리카의 선교를 위한 목적으로 설립된 선교 연구소였다. 로젠탈(Rosenthal) 주교는 선교 연구소 설립의 필요성을 주장하였지만, 남아프리카 주교회의에서 이를 수용하지 않자 1962년에 자신의 교구 차원에서 룸코선교연구소(Lumko Missiological

---

36 교황 바오로 6세, 교황권고『현대의 복음 선교』(*Evangelii nuntiandi*), 58항.
37 정월기, "한국천주교회 소공동체 사목발전과정," 32-33.

Institute)를 설립했다. 연구소의 명칭 룸코(Lumko)는 가톨릭 신자 가족의 이름에서 유래한다. 룸코라는 사람이 로젠탈 주교에게 자신의 땅을 기증하여 그곳에 연구소를 설립하게 되었기에 연구소의 명칭을 룸코라고 부르게 되었다. 룸코 연구소는 1972년에 남아프리카 주교회의(CBCSA)로 소관되어 이후 주교회의 산하 사목 연구소가 되었다. 1976년 이래 남아프리카 주교회의는 소공동체 건설에 사목적 우선권을 두어왔으며 '육화'의 신비를 소공동체의 기초로 파악하였다. 히르머(Oswald Hirmer) 신부는 '7단계'라고 알려진 단순한 복음 나누기 방법을 개발하여 확산시켰다.[38]

7단계

① 주님을 초대한다

② 성경 본문을 두 번 읽는다.

③ 성경 본문 중에 각자의 마음에 와닿는 단어나 구절을 세 번씩 읽는다.

④ 침묵하며 하느님의 말씀을 듣는다.

⑤ 마음 안에 들려온 말씀을 나눈다.

⑥ 모임에서 해야 할 활동에 대하여 토의한다.

⑦ 자발적으로 함께 기도한다.

1990년 인도네시아 반둥에서 열렸던 제5차 아시아 주교회의 총회는 '아시아에 있는 교회의 새로운 존재 양식'(a New way of being Church

---

38 노주현, "가톨릭교회의 '소공동체론' 연구," 26-30.

in Asia)을 '공동체들의 친교'(Communion of Communities)라고 규정하였다. '공동체들의 친교' 실현을 위한 구체적인 방법의 하나로써 남아프리카공화국 룸코연구소의 '소공동체' 사목 모델과 프로그램들이 소개되었고, 아시아 주교들은 이 방법을 긍정적으로 평가하였다.[39] 반동회의에 참석했던 서울대교구의 강우일 주교는 사제와 수녀로 구성된 4명의 팀을 태국에서 열린 룸코 소공동체 연수회에 파견하여 1개월 과정에 참여하도록 했다. 1991년 말경에 오스왈드 주교(당시 사제)가 한국에 와서 서울대교구 사제평의회 구성원들에게 룸코식 소공동체 프로그램을 소개했고, 과반수의 사제들이 긍정적 반응을 하였다. 김수환 추기경도 이 모임에 처음부터 끝까지 함께 기쁘게 참석하였다. 그리고 파견 미사에서 이 프로그램이 복음에 기초하고 제2차 바티칸공의회 정신을 잘 드러낸다고 인정하고, 룸코식 소공동체 프로그램 도입을 적극 검토하자고 제안하였다.[40]

서울대교구는 1991년 사목 교서를 통해 선포한 복음화 과업과 소공동체 활성화를 교회의 궁극적이고 본질적인 목표로 재천명하면서 「1992년 사목 교서」를 통해 2000년대를 향한 장기 사목 계획으로 '2000년대 복음화'를 선언하였다. 서울대교구는 이 사목 교서를 통해 '2000년대 복음화와 소공동체'라는 장기 사목 계획을 1992년부터 2000년까지, 3년씩 세 단계로 나누어 단계적으로 실행해 나가겠다고 발표하였다.[41] 이후 교구장은 본당에서 2000년대 복음화를 효율적으

---

39 FABC, *Fifth Plenary Assembly, Final Statement: Journeying together toward the Third Millenium (#8.1.1)*, July 17~27, 1990; 노주현, "가톨릭교회의 '소공동체론' 연구," 35-36.

40 정월기, "한국천주교회 소공동체 사목발전과정," 50.

로 추진하기 위한 1992년~1994년의 사목 목표와 과제 그리고 조직 방안을 발표하였다. 본당에서 이를 기본으로 각 본당 상황에 맞게 융통성과 창의력을 가지고 추진할 것을 당부하였다.[42]

1990년대 초부터 서울대교구에서 시작한, 소공동체 사목을 향한 장기적 노력은 한국의 다른 교구에 영향을 주었다. 서울대교구와 마산교구가 같은 뜻을 가지고 시작하여 여러 교구가 함께한 2001년 제1차 소공동체 전국모임은 "소공동체 사목"이란 주제로 한국교회 일선 사목자와 수도자와 평신도들이 교회 공동체를 체험하는 좋은 기회였다. 이 모임의 목적은 교구와 본당의 소공동체 사목 활성화를 위한 사목 경험 교류 및 심화였다. 2001년 11월 23일에 한국천주교 주교회의 복음화위원회는 소공동체 사목과 관련된 교구 간 교류 활동과 국제 연대 활동을 지원하기로 결정하였고, 복음화위원회 산하 '소공동체 소위원회'를 설립했다. 2002년 제2차 소공동체 전국 모임의 목적은 소공동체 활성화를 위한 사목 경험 나눔과 친교 그리고 연구 활동 교류와 심화의 장을 마련하는 것이었다.[43]

서울대교구의 본당들은 오래전부터 본당 운영을 위해 반과 구역 이라는 구조와 함께 반장과 구역장이 있었다. 1992년부터 소공동체 를 위해 기존의 반을 평균 10~15세대로 나누었다. 구역은 몇 개의 반으로 이루어졌다.[44] 1997년 서울대교구 사제총회 조별 토론 질문

41 천주교서울대교구, "사목교서"(1991~1992); 경동현, "교회직무와 한국천주교회의 직무 이해"(서강대학교 대학원, 1998), 53; 정월기, "한국천주교회 소공동체 사목발전과 정," 51.

42 천주교서울대교구, "2000년대 복음화 본당 조직에 관하여," 천주교서울대교구 공문, 1992. 4. 30., prot No. 92-19; 정월기, "한국천주교회 소공동체 사목발전과정," 52.

43 정월기, "한국천주교회 소공동체 사목발전과정," 6-8.

중에 "1991년도 이전의 구역, 반 모임과 소공동체를 시작한 이후의 구역, 반 모임과 소공동체 모임을 비교 평가"를 해 달라는 내용이 있었다. 사제들은 평신도들의 복음적인 변화라는 측면에서 볼 때 성서에 대한 인식 변화 및 복음에 맛 들이고, 말씀 중심의 삶으로 살아가려는 모습이 보인다고 평가하였다. 그리고 평신도들의 교회 참여라는 측면에서는 일부 신자들에게 과다한 활동이 부과되고 전체 신자가 함께 참여하는 면은 부족하지만, 전반적으로 볼 때 평신도들이 교회 활동에 적극적으로 참여하게 되었다고 평가하였다.[45]

노주현은 서울대교구가 1992년부터 '소공동체를 통한 복음화'를 추진하면서 이룬 가장 큰 결실 중의 하나는 평신도 사도직에 대한 올바른 이해와 사명감의 확산이라고 말한다.[46] 구역, 반장을 평신도 지도자로 양성하기 위한 구역, 반장 학교가 1993년에 신설되었으며, 구역, 반장 월례 연수에서도 공동체 건설과 평신도 사도직에 대한 내용을 주요한 주제로 일관성 있게 다루었다. 이러한 교육과정을 통해 구역, 반장들은 교회의 정체성을 점차 공동체로 인식하게 되었고, 구역, 반 소공동체가 본당의 말단 행정조직이 아니라 교회의 기초 공동체라는 이해가 확산되었다.[47]

서울대교구는 '소공동체를 통한 복음화'를 추진하면서 많은 결실을 맺었지만, 반면에 사목 비전을 수립하고 추진해 가는 과정에서

---

44 노주현, "가톨릭교회의 '소공동체론' 연구," 101.

45 천주교서울대교구, "1997년 사제총회 조별토론 내용," 천주교서울대교구 복음화사무국, 1997; 노주현, "가톨릭교회의 '소공동체론' 연구," 97.

46 노주현, "가톨릭교회의 '소공동체론' 연구," 98.

47 같은 글, 100.

비판을 받아오기도 했다. 또한 소공동체 활성화와 '소공동체들로 이루어진 공동체'라는 새로운 교회상의 실현 가능성에 대해서도 한계와 가능성이 동시에 지적되었다.[48] 한국천주교회에서 시도해온 소공동체 모델과 프로그램은 한국교회에서 연구·개발한 것이 아니었는데 서울대교구는 남아프리카의 방법을 토착화 과정 없이 직수입하여 활용하고 있다는 비판을 받은 것이다[49].

노주현은 소공동체 활성화를 어렵게 하는 중요한 요인 두 가지를 지적한다. 우선 서울대교구에서 교구민의 의견 수렴 과정과 공감대 형성을 위한 충분한 시간을 갖지 못한 채 교구의 사목 계획을 추진함으로써 사제들의 공감대 형성 및 자발적인 참여와 협력을 이끌어내지 못한 점이다. 그리고 교구의 사목 방침을 본당 차원에서 수행할 때 주임 사제의 관심과 의지가 결정적 요인으로 작용하기 때문에 주임 사제에 따라 본당에서의 소공동체 추진 여부가 결정되고, 활성화 정도가 다양하게 나타난다는 점이다.[50]

서울대교구는 1997년 사제총회 조별 토론 안건으로 "1991년부터 교구에서 소공동체를 통한 복음화를 이루기 위해 노력해왔지만 몇몇 본당에서만 결실을 맺고 대다수 본당에 아직 저변 확대가 잘 이루어지지 않은 이유"를 사목자의 입장에서 응답해달라고 요청하였다. 이에 대해 사제들은 세 가지 측면에서 지적하였다. 첫째, 교구에서 사목 지침을 수립할 때 각 본당의 구체적인 실정을 고려하지 못한 점이다. 둘째, 사목자의 인사이동에 따라 각 본당의 사목 방향의 일관성이

---

48 같은 글, 103.

49 같은 글, 108.

50 같은 글, 105.

부족한 점이다.[51] 셋째, 사목자 자신의 독자성과 개별화가 만연함에 따라 교구의 사목 방향에 입각한 본당 사목을 수행하려는 의지가 부족한 점이다. 사제들은 이러한 문제들을 해결하기 위해 몇 가지 제안을 했다. 무엇보다 주교단과 사제단의 신뢰 구축을 위해 긴밀한 만남을 가질 것 그리고 교구와 일선 본당에서 진행되는 사목 활동의 교류 및 의견 수렴을 위한 창구 마련을 제안했다.[52]

2002년 서울대교구 시노드를 위한 「성직자 대상 설문조사 결과보고서」에 의하면 80% 이상의 사제가 교구장 주교와의 관계에 대해 사무적이고 형식적인 관계로 인식하고 있다. 그리고 절대다수의 사제(83.7%)가 교구장 사목에 있어 사제들에 대한 존중과 배려를 기대하고 있었다. 서울대교구 사제들이 '소공동체를 통한 복음화'라는 교구 사목 방향을 비판하고 거부감 내지 불신을 나타내는 원인은 교구 사목 방향의 당위성이나 실현 가능성에 대한 회의와 추진 과정상의 시행착오에서 비롯된 부분도 적지 않았다. 그리고 교구에 대한 불신과 사제의 신원 의식 그리고 본당 사목 역할에서 오는 문제 등도 중요한 요인으로 작용하고 있었다. 따라서 정월기 신부는 이러한 문제 해결을 위해 교회 내부의 근본 질서를 확립할 것, '친교'의 교회론을 토대로 일치와 다양성의 올바른 관계를 확립할 것을 말한다.[53] 특별히 교회 구조의 원리와 사제들의 신원 의식을 정립하기 위한 노력의 필요

---

51 천주교서울대교구 본당 사제들은 보통 5년마다, 보좌 신부들은 1년 또는 2년마다 이동을 한다.

52 정월기, "한국천주교회 소공동체 사목발전과정," 151.

53 천주교서울대교구, 「서울대교구 시노드: 성직자대상 설문조사 결과보고서」(2002), 8; 정월기, "한국천주교회 소공동체 사목발전과정," 152.

성을 주장한다. 이를 위해 정원기 신부는 간담회나 사제 연수의 기회를 마련하여 교구장과 함께 사목 현안에 대한 나눔의 장을 가짐으로 교구장과 사제들 간의 거리감을 좁히고, 지구장 제도와 같은 기존 구조를 잘 활용하여 이들이 자주 만날 것을 제안한다.[54]

정월기 신부는 소공동체를 추진하면서 만나는 걸림돌로 교구장과 교구장을 도와서 소공동체 사목을 추진하는 실무자들의 일방적인 시행에 대한 거부감, 교구장과 본당 사제들 간의 충분한 대화 부족 그리고 소공동체 사목이 사목자들에게 주는 부담감 등을 지적한다. 따라서 그는 다음의 세 가지 측면을 다시 강조한다.

첫째, 사제 이동과 무관하게 지속성을 유지해야 한다. 그러므로 본당 사목자와 교구 사목 정책 추진자들의 지속적인 만남과 연구 그리고 시범 실시 등을 통해 구역, 반 소공동체뿐 아니라 본당 전체 사목 체계(인적, 물적 자원 그리고 조직과 구조)가 한 방향으로 정렬되어야 한다. 둘째, 소공동체 원리와 이론을 깊이 연구해야 한다. 그러므로 소공동체를 추진하는 사제들의 정기적 만남을 강화하고, 소공동체 사목 전국협의회 산하 소공동체 연구위원회를 활성화시켜야 한다. 셋째, 본당, 소공동체, 가정을 잇는 사목 체계에 대한 연구 및 교회와 세상 간의 만남 관계에서 창출되는 긍정적 가치를 심화시켜야 한다. 정월기 신부는 그렇게 함으로 전 교회가 하느님 나라 완성의 사명에 참여하도록 하여 하느님의 모습을 증거하고, 세상에 희망을 주는 교회 모습을 회복할 것을 제안한다.[55] 서울대교구 안에 소공동체 모임을

---

54 정월기, "한국천주교회 소공동체 사목발전과정," 153.
55 같은 글, 165-166.

시도하고 있는 몇 명의 사제가 있다. 여기서는 교구의 두 사제의 사례를 짚어보겠다. 전원 신부의 '두레공동체'와 이재을 신부의 '사랑방모임'이다.

전원 신부의 두레공동체

서울대교구는 2000년대에 들어서면서 교구장의 시노드 담화와 더불어 시노드를 개최하였다. 시노드 초기에 시노드에 대한 지대한 관심을 보였던 사제들은 가장 우선적으로 대형화된 교구의 여러 가지 문제점과 시대적 적응에 불합리한 교회 운영을 지적하며 교구 조직 및 운영에 관한 변화와 쇄신을 요청하였다. 마침내 교구장은 교회 운영의 건의안들을 전면 수락하는 내용을 포함하는 시노드 교구장 후속 교서를 반포하였다. 서울대교구의 통합사목연구소의 책임자였던 전원 신부는 2007년에 시노드 결과를 실현하기 위한 새로운 사목 구조 형태를 제시했다. 그는 교구 및 본당 운영을 위한 사목 구조 변화의 가장 큰 목적은 친교의 교회론을 실현하기 위한 것이며 사목 구조는 실질적인 설계도라고 했다.[56] 그는 '두레공동체'라고 부르는 새로운 형태를 적용했다.

서울대교구 제기동 본당의 주임 사제였던 전원 신부는 2009년 4월부터 본당 구조의 새로운 형태를 위한 사목적 모델인 '두레공동체'를 활용했다. 두레는 한국의 전통적인 농업 조직의 형태이다. 이것은

---

56 전원, "시노드 정신에 따른 교구 및 본당 구조,"「시노드 실천을 위한 현안과 과제」(통합사목연구소, 2007), 180.

농사를 지으면서 육체적이고 공동체적인 도움을 주고받으며 작은 공동체인 마을의 일치감을 드러낸다. 한 개의 마을은 여러 개의 두레로 이루어진다.

전 신부는 두레공동체를 왜 시작했는지 다음과 같이 밝힌다. 전원 신부가 볼 때 제2차 바티칸공의회는 제도적 교회와 친교의 공동체로서 하느님 백성을 말한다. 그리고 한국천주교는 중앙 집중된 교구구조와 본당사목협의회가 본당 사목 실행의 주체적 역할을 담당하고 있다. 그러므로 전 신부는 평신도들의 참여가 극히 제한되어 있으며 구역장, 반장은 사목협의회의 구역분과에 의해 관리되는 하부 전달구조에 불과하다고 지적한다. 전원 신부가 볼 때에 현재의 구조는 제2차 바티칸공의회가 말하는 친교의 공동체로서 교회상과는 거리가 멀기 때문에 그는 두레공동체가 사목에 더 적합하다고 여기면서 이것을 제시한다. 두레공동체가 하느님 백성의 참여 및 공동 책임 그리고 친교의 공동체를 형성한다고 믿기 때문이다.[57]

두레공동체의 사례는 전원 신부가 사목했던 제기동 성당(2008~2013)과 도봉산 성당(2018~2021)의 예를 들겠다. 서울의 본당들은 보통 지구 행정에 따라 구역과 반으로 나누어져 있다. 전원 신부가 두레공동체를 실시한 제기동 본당도 구역과 반으로 나누어져 있다. 그러나 전 신부는 복음화를 목적으로 하는 그리스도인 공동체의 상호협력을 강조하면서 두레가 구역을 대신하도록 했다. 두레는 5~6개의 반으로 구성되고, 모든 두레와 모든 반에는 행정적인 리더인 두레 리더와 반장이 있다. 반은 20~30개 가정으로 이루어지며, 각 반은 말

---

57 전원, "시노드 정신에 따른 교구 및 본당 구조," 212.

씀의 장을 뜻하는 1~2개의 말씀터를 가진다. 매주 일회 모임을 가지는 말씀터는 영적 성장을 위한 말씀터 리더와 5~15명의 회원으로 구성된다. 반장이 말씀터의 리더가 될 수도 있지만, 반장은 다른 사람을 자신의 말씀터 리더로 만들 수도 있다. 말씀터의 회원이 증가하면 영적 리더와 함께 또 하나의 말씀터가 태어난다.

제기동 성당에도 다른 본당들처럼 사목협의회가 있다. 사목협의회 아래 9개의 두레를 가지는 것이 독특하다. 두레마다 사목회가 있는데 본당 사목협의회 멤버가 두레사목회장이 된다. 두레사목회는 두레공동체의 고유한 형태이며, 이는 한국에서 시도하는 다른 사목 형태들과 다른 면이기도 하다.[58] 본당 사제는 9개 두레의 회장들을 통해 두레에 관한 모든 정보를 얻는다. 보좌 신부는 젊은이들을 책임지고 본당 수녀들은 사목 프로그램들을 따르며 양성을 맡고 있으면서 가난한 이들과 환자들 방문 및 상담을 한다. 리더들의 임기는 2년이며 교구와 본당 교육에 참석한다.[59] 전원 신부는 교회의 새로운 패러다임을 언급하면서 공동체 일치를 위한 수단이 나눔과 섬김, 친교라고 본다. 특별히 리더의 역할이 봉사와 희생인 하느님 말씀(성경) 중심의 교회를 돌보는 것이라고 강조한다. 그러므로 본당에서 모든 시선이 본당 사제에게만 집중되기보다는 사제들과 수녀들, 본당의 모든 리더들이 다 함께 봉사와 희생의 자세로 본당 신자들의 삶을 바라볼 것을 주장한다. 특별히 그는 사목적 돌봄에서 가난한 이들이 아주 중요한 자리를 차지한다고 여긴다. 본당의 모든 리더들이 가난한 이들을 향한

---

58 전원, "두레 규칙," 천주교제기동성당, 서울, #6, Internet(2012. 9.), http://jksd.org.
59 같은 글, #9.

본당 사제의 사목적 자세를 공유하는 것은 본당 안에서의 많은 인간관계 문제를 피할 수 있으며 자연스러운 사목적 창의력이 태어날 수 있다고 보기 때문이다.

두레의 회원들은 4단계의 교육을 받는다. 성당 사목센터에서 제작한 책자와 자료들을 사용하면서 세례 후의 재교육과 성경 공부를 위한 모임에 참여한다. 그 결과 주일미사 참례자 수가 증가했다. 예를 들면 2009년 한국천주교 통계에 따르면 주일미사 참례자가 25.6%인데[60] 비해 2011년 2월 27일 제기동성당 주보에는 전체 신자(2,529명)의 43.42%(1,098명)가 주일미사에 참여했다.

2021년 6월 전원 신부는 서울 도봉산 성당에서 두레공동체를 운영하면서 두레 모임 자료로 『말씀여행』이라는 책을 사용하고 있다. 지난 몇 년 동안 전원 신부가 제기동 성당에서 만든 복음 나눔 자료가 여러 본당의 소공동체 활성화에 크게 도움을 주었다. 이것을 바탕으로 「말씀여행」이란 새로운 교재가 나왔다. 이 책은 탁상에서 연구된 것이 아니라 제기동 성당과 도봉산 성당(전원 신부), 대방동 성당(박기주 신부), 광장동 성당(정월기 신부)를 비롯한 여러 본당에서 사용하면서 사목 현장의 신자들 반응을 관찰하고 또한 많은 사람들의 의견을 수렴해 최종적으로 수정·보완하여 새롭게 저술한 것이다. 이것은 현재 여러 성당에서 많은 사목적 결실을 맺으면서 소공동체의 발전에 크게 기여하고 있는 중이다. 그러므로 「말씀여행」이라는 교재란 과연 어떤 것인지 좀 더 깊이 살펴보겠다.

---

60 한국천주교주교회의, 「한국천주교회 통계 2009」(CBCK, 2009), 34.

「말씀여행」

이 자료의 가장 두드러진 특징은 예수님 중심으로 복음을 읽고 묵상하는 방법이다. 즉, 성경 본문에 나타난 예수님께서 누구와 관계를 맺고 있으며 무슨 말씀을 하시고 어떻게 행동하시는지를 바라보게 한다. 그리고 그 안에서 예수님께서 어떤 분이신지를 끊임없이 물으면서 예수님을 만나고 사랑하도록 초대하는 데 중점을 둔다. 그 결과 많은 신자들이 예수님 중심으로 복음을 읽고 묵상하면서 주님을 더욱 깊이 만나고 성경을 보는 새로운 눈이 열렸다고 증언한다. 「말씀여행」을 1년 이상 사용한 신자들의 체험담은 아주 긍정적이다.

> — "과거의 말씀 묵상은 말씀과 생활이 일치되는 면이 부족했지만 「말씀여행」을 통해서는 매일의 상황에 따라 달리 전해지는 메시지를 가지고 작은 실천, 즉 '사랑해!', '미안해!' 등을 표현하며 사는 기쁨이 있다."
>
> — "성경 공부가 지적인 측면을 강조하거나 '자비의 예수님', '좋으신 예수님'이라는 피상적으로 표현되던 예수님께서 내게 구체적으로 새롭게 다가오심을 체험한다."
>
> — "주로 듣는 입장의 신자들이 「말씀여행」을 통해 내가 주인공이 되어 예수님을 만나는 체험을 하게 됨으로 미사 시간이 더욱 풍요롭고 마음에 와닿는 은총의 시간이 되어 행복한 신앙생활로 이끌어준다."
>
> — "강론을 하는 사제 측에서는 신자들이 예수님에 대해 좀 더 알게 됨으로 강론 사제와의 소통이 더 수월해지는 체험도 한다."

이처럼 좋은 반응을 가져다 주는 「말씀여행」의 특징은 성경을 대할 때 지성적이고 사변적인 지식을 얻기보다는 말씀 안에서 주님을 인격적으로 만나며 그분의 지혜를 깨닫게 하는 데 있다. 그러나 '예수님 중심'이 아니라 '자기 중심'으로 복음을 대할 때는 예수님 말씀대로 살지 못하기 때문에 자신을 죄인이라고 자책하거나 자아비판 또는 남의 탓으로 돌리는 습관을 가질 수 있다. 그 결과 자신의 어두운 면을 바라보면서 행복하지 못한 신앙생활을 할 수 있다. 성경은 윤리 교과서가 아니다. 그러므로 「말씀여행」은 신자들을 주님의 빛으로 초대하여 은총과 사랑을 만나도록 이끌어준다. 또한 '자기 중심' 또는 '자아 중심'이 아니라 '예수님 중심'으로 복음을 바라보는 새로운 시선을 열어주고, 말씀 안에서 용서, 사랑, 치유, 위로의 주님을 깊이 만나 새로운 활력과 기쁨을 신자들에게 선사하는 특징이 있다.[61] 「말씀여행」의 진행 방법은 다음과 같다.

① **시작 기도**: 참석자들이 자유롭게 주님을 초대하는 기도이다.

　예: '주님, 이 자리에 오셔서 함께 해 주십시오.''

② **말씀 읽기**: 그날 읽을 복음의 장 전체를 문단 별로 또는 소주제 별로 한 사람씩 돌아가며 소리 내어 읽는다.

　예: 마르코 복음 2장 전체를 각 사람이 한 문단씩 큰 소리로 천천히 읽는다.

③ **예수님 알고 사랑하기**: 2장 전체 중에서 마음에 와닿거나 관심 있는 소주제를 선택하고 주어진 질문에 해당하는 성경 구절을 적는다.

　질문: 선택한 소주제 말씀에서 "예수님은 누구와 만나고 있습니까? 무슨 말씀과 행동을 하십니까? 어떤 일이 일어났습니까?''.

---

61 정월기 · 전원, 『말씀여행(마르코 복음)』(한국통합사목센터, 2019), 4-5.

④ **묵상**: (침묵 중에 기도하는 마음으로 잠시 머무른다.) 찾은 말씀에서 예수님이 어떤 마음을 지니시고 어떤 분이신지 묵상하며 머무른다(3~5분). 말씀 중에 새롭게 깨달은 구절은 무엇인가? 그 말씀을 통해 주님께서 나를 어디로 초대하시는지 묵상한다(3-5분).

⑤ **나눔**: 주님께서 초대하신 말씀과 묵상한 것을 서로 나누며, 기도하는 마음으로 경청한다.

나눔을 할 때 항상 예수님을 주어로 하여 그분이 어떤 분이신지를 나눈다.

　　— 선택한 소주제와 찾은 말씀은 무엇인가?

　　— 주님께서 말씀을 통해 나를 어디로 초대하시는가?

⑥ **새김(주요 대목 짚어보기)**: 진행자가 아래 질문을 하면 해당 구절을 찾아 적거나 밑줄을 긋는다. 그러고 나서 한 명이 해당 구절을 큰 소리로 읽는다.

　　— "예수님께서는 중풍 병자에게 어떤 말씀을 하셨습니까?"(5, 11절)

　　— "저 사람은 어째서 세리와 죄인들과 함께 음식을 먹는 것이요?"라는 질문에 예수님은 어떻게 답하십니까?(17절)

⑦ **생활 말씀**: 주님께서 들려주신 말씀 중에서 한 주 동안 새기고 실천할 '생활 말씀'을 선택하여 적는다. 이 말씀을 누구에게 전하고 싶은지 발표한다.

⑧ **마침 기도**: 그날 나눔에 대한 감사와 필요한 은총을 청하면서 두세 사람 이상이 자유롭게 기도한다.

이 교재는 한 개의 복음서를 선택하여 1장부터 시작해서 마지막 장까지 묵상한다. 매주 한 번 하는 모임에서 선택한 복음서의 한 장 전체를 묵상할 것을 권장한다. 매달 한 번 하는 모임은 리듬이 깨져서 결실이 적기 때문이다. 참석자가 매주 한 장 전체를 묵상하지 않고 마음에 드는 소주제를 심화시키면서 묵상하기 때문에 나머지 부분을 소홀히 할 수 있다. 그러므로 매주 하는 모임에서 성경에 관한 짧은 상식과 보충 부분이 제공된다. 예를 들면 '회당'이나 '갈릴래아'에 관한 내용을 상식선에서 짧게 설명한다. 그리고 마르코 2장에서 볼 수 있는 "중풍 병자를 고치시다", "레위를 부르시고 세리들과 함께 음식을 드시다"와 같은 작은 부분에 관한 해설을 제공함으로 성경에 관한 지식을 보충해준다. 4명에서 7명이 1시간 정도의 모임을 하며 그 이상의 인원이 되면 두 개의 그룹으로 나누어 심도 있는 나눔의 기회를 제공한다.

「말씀여행」은 말씀에서 겸손하게 주님을 알고 배우기 위한 것이며, 말씀으로 오신 주님을 인격적으로 만나는 것이다. 그러므로 서로를 존중하고 경청하는 태도를 지니는 것이 가장 중요하다. 한 달에 한 번씩 평가를 하여 성숙한 진행을 돕기 위한 질문들은 다음과 같다.

— 나눔을 할 때 '나 중심'이 아니라 '주님 중심'으로 나눔을 하였는가?
— 구성원들이 성령의 이끄심에 따라 말씀을 잘 묵상하도록 적절한 시간과 침묵의 분위기가 조성되었는가?
— 서로의 나눔을 존중하고 경청하였는가?
— 구성원 모두가 나눔에 참여하도록 적절히 배려하였는가?
— 남을 가르치려고 하거나 혼자서 너무 많은 말을 하지는 않았는가?
— 남의 말을 가로채거나 부정하거나 토론으로 흐르지는 않았는가?
— 잡담이나 성경 내용과 관계없는 이야기로 흐르지는 않았는가?
— 말씀여행이 끝난 후 개인적으로 하고 싶은 이야기를 나눌 수 있도록 배려해주었는가?

이재을 신부의 사랑방 모임

　이재을 신부는 천주교서울대교구 소속이다. 그는 2006년부터 자신의 본당에서 소공동체(셀 그룹) 구조인 사랑방 모임을 실시했다. 서울대교구는 소공동체 모임을 실행하고 있는데, 이재을 신부는 교구의 소공동체 모임과 사랑방 모임을 본당의 기본구조로 함께 사용했다. 그는 사랑과 그리스도인 친교를 위한 대화의 장을 상징적으로 사랑방이라고 부른다. 사랑방은 거룩하고 건강하며, 튼튼한 영적인 가정을 지향한다. 그리고 주님의 공동체로서 영적으로 건강한 성인들을 배출하는 영적 가정이다. 이 가정에서 회원들 간에 회복과 치유 및 영적인 도움과 사랑을 주고받으며, 힘과 용기를 얻고 성숙해진다. 이재을 신부가 사랑방 모임을 시작하게 된 계기가 있었다. 그는 더 나은 사목을 위해 지속적인 노력을 했지만 사목의 미숙함, 시행착오와 한계를 거치면서 효과적인 복음 선교에 대한 갈증을 강하게 느끼고 있었다. 이 시기에 우연히 셀 교회에 대한 책을 한 권 발견했다. 이 책은 사람 중심의 셀 교회를 수십 년간 이끌고 있는 한국 개신교 목회자의 글이었다. 이재을 신부는 여기에서 새로운 선교의 가치와 전망을 발견하게 되었다고 고백한다.[62]

　이 신부는 현대사회의 모든 계층과 세대 그리고 여러 분야에 있는 사람들이 함께 궁극적으로 하나의 교회 공동체를 이루어야 한다고 생각하면서 사랑방 모임을 시작했다. 오늘날 대부분의 사람들이 집에서 머무는 것보다 집 밖에서 활동하는 시간이 더 많기 때문에 한

---

62 이재을, 『사랑방 소공동체』(가톨릭출판사, 2008), 10-11.

가지 형태의 소공동체를 형성하는 것이 쉽지 않기 때문이다[63]. 현대인은 문화 수준과 삶의 형태, 연령과 세대에 따라 모임을 달리한다. 이런 현상은 교회의 소공동체 모임 안에서도 가끔 볼 수 있으며, 새로 들어온 회원들이 그룹에서 함께 하기 힘든 상황도 벌어진다.[64] 이 신부는 현대인이 느끼는 고독은 영적 공동체나 가정을 필요로 하며, 참가하는 모든 이들에게 교회 공동체로서의 도움을 사랑방 모임이 줄 수 있다고 본다. 그는 실제로 사랑방 모임에서 영적인 어려움이나 고통이 치유되고 회복되는 것을 체험하고 있다.[65]

사랑방에는 세 가지 비전이 있다. 개인 비전, 복음 비전, 선교 비전이다. 개인 비전에서는 성찰과 친교, 나눔 시간을 가지면서 각 개인 인격의 가치와 그 삶을 드러낸다. 복음 비전에서는 성경 읽기, 숙독, 관상, 대화를 하는데, 성경을 통하여 하느님 말씀을 듣고 공동체의 각 구성원들과 더불어 사는 방법을 배운다. 선교 비전에서는 전도 계획, 대상자 만남, 일꾼 양성 등의 세 가지 방식을 제시하면서 공동체와 이웃을 위한 구체적 전도 방법을 마련한다. 성경은 그리스도인 모두에게 꼭 필요한 구원을 위한 말씀의 도구이므로 사랑방 말씀 나누기는 복음 비전 시간을 위한 것이다. 이 시간에 성경 내용과 성경 중심의 대화는 필수다.[66]

사랑방에는 리더, 부리더, 회계라는 세 명으로 구성된 지도자 핵을 가진다. 사랑방이 커지면 두 개의 사랑방으로 나누어진다. 새로운

63 이재을, 『사랑방 교회와 모임운영』(빛과 소금, 2009), 29.
64 이재을, 『사랑방 소공동체』, 7-8.
65 같은 책, 10.
66 이재을, 『사랑방 말씀나누기』(가톨릭출판사, 2009), 4.

사랑방이 태어나기 전에 역시 세 명의 지도자 핵을 반드시 가져야 한다. 예비의 리더, 예비의 부리더 그리고 예비 회계 등이다. 이 세 사람이 새 사랑방 그룹을 인도할 것이기 때문이다. 기존 리더는 윗선의 핵심 지도자에게 보고하고, 핵심 지도자는 리더 그룹들과 사랑방 그룹 내용을 본당 사목자에게 보고한다. 사목자는 리더 그룹들을 면담하고 격려와 용기를 준다.[67]

2006년에 이 신부는 12명의 리더를 선택하여 사랑방 모임을 시작했다. 이 모임은 연령, 관심, 상황, 문화적 교육 혜택 등의 공통점을 가진 4~5명의 사람들이 리더와 함께 사랑방을 형성한다. 매주 1시간 20분 정도 소요되는 모임이다. 7~8개의 사랑방이 마을을 이루며 거기에 한 명의 마을 리더가 있다. 본당 사제와 수녀가 지도하는 리더 교육을 매달 두 번 가진다. 때로는 소공동체 리더가 사랑방 리더를 겸할 수 있다. 그러나 소공동체 소속이 되거나 사랑방 소속이 됨은 신자들이 스스로 선택한다. 소공동체와 사랑방 모임의 방법과 교재는 다르다. 담당 사제는 사랑방의 새로운 그룹을 만드는 것과 기존 리더 그룹을 관리하고 지도하기 위해 담당 핵심 리더와 매달 만난다. 그리고 새로운 사랑방 리더들을 만나 하느님의 일꾼임을 알리며 격려한다.[68]

이재을 신부는 12개의 본당이 사랑방 모임을 활용하고 있지만 성장이 아주 느리다고 본다. 이러한 현상을 두 가지 이유로 평가한다. 우선 본당 사제가 사랑방을 본당의 여러 단체 중 하나로 여기면서 소공동체와 함께 본당 구조의 기본 세포로 여기지 않기 때문이다.

---

67 이재을, 『사랑방 교회와 모임 운영』, 115.
68 이재을, 『사랑방 소공동체』, 190.

또 하나는 담당 사제 자신이 기초 사랑방 소모임을 운영하거나 참여하면서 목자의 역할과 기능을 쇄신하고, 동시에 다른 리더들의 실제 상황과 생태 환경을 깊이 있게 파악하는 것이 부족하다는 것이다.[69] 반면에 이 신부가 사랑방 모임을 시작했던 낙성대동 본당의 경우 2009년 12월 20일 주보에 의하면 전체 신자(889명)의 67.4%(599명)가 주일 미사에 참례한 것으로 기록되는 등 본당 사목에 아주 커다란 긍정적 영향을 준 것을 볼 수 있다.

윤혜정 스콜라스티카 수녀는 이재을 신부의 사랑방 모임을 2011년부터 본당 밖의 다양한 곳에서 지도하고 있다. 윤 수녀는 사랑방의 복음 나누기는 생각 나눔이 아니라 마음과 마음으로 이야기하는 것임을 강조한다. 윤 수녀의 지도 아래 마음과 마음이 만나서 이루는 결실은 가정과 학교 등 여러 곳에서 볼 수 있다. 가정 사랑방 모임의 초기에는 부모와 자식 간에 마음 표현을 안 해온 습관상 어려움이 있었지만 시간이 지나면서 이것이 극복되었고, 주일을 거룩하게 지내는 아주 기쁘고 다복한 가정교회를 체험하고 있다. 사랑방 모임은 유치원과 학교에서도 활용되고 있다. 즉, 유치원 자모들 안에 소그룹 신앙 공동체가 형성되어 자체적으로 운영되고 있으며 이로 인해 쉬는 교우들이 교회에 다시 나갈 수 있게 되었다. 학교에서는 학생들로만 구성된 '또래 사랑방', '학부모 사랑방' 등으로 확장되어 공식적인 동아리 모임으로 등록되면서 공감과 소통의 교육 현장이 되었다. 무엇보다 학생과 학부모, 교사가 서로 신뢰하게 되고 사랑의 관계가 형성되는 데 크게 일조하여 현재 학교폭력 문제로 어려움을 겪고 있는 일선

---

69 같은 책, 180.

교육 현장에 좋은 모범이 되고 있다. 윤혜성 수녀는 일반 학교에서 특별 수업을 진행하면서 교회 밖에서도 사랑방 모임을 통하여 학생들을 빛으로 인도할 수 있다는 확신을 얻게 되었다고 한다. 그리고 직장인들과 가난한 청년들을 위한 올바른 신앙생활의 길잡이가 되고 그들의 영적인 목마름을 채워주는 데 사랑방 모임이 도움이 되고 있다고 증언한다.

윤혜정 수녀는 사랑방 모임의 발전을 위해 더 노력해야 할 점으로 무엇보다 먼저 말씀 봉사자의 증원을 짚는다. 사랑방 모임 봉사자 교육 기간은 다른 과정들에 비해 비교적 짧다는 장점이 있다. 그러나 윤 수녀는 각기 다른 연령과 직업, 계층에 따른 교육 방법과 기간을 차별화하여 그들의 요구를 충족시키는 '길잡이'가 필요하다고 본다. 또한 사제, 수도자, 평신도가 함께하는 체계적인 조직을 가진 '사랑방 모임 사목팀'을 만들어 범위와 대상을 확장시킬 것을 기대한다. 특별히 학교생활에서 문제를 일으키는 학생들의 예방 교육을 위한 장치로서 '학교 사랑방'이 보다 많은 학교에 보급되기를 희망한다. 윤 수녀는 본당과 가정에서의 사랑방 모임을 위해서는 본당 사제의 인사이동에 따른 어려움 극복을 위해 평신도 리더 양성을 통한 자체적인 모임 활성화가 꼭 필요하다고 강조한다.

사랑방 모임의 기본 순서 7단계와 더불어 사랑방 리더에 관해 살펴보겠다.

사랑방 모임 기본 순서[70]		
1. 성가		찬미와 찬양의 마음으로 활기차게 부른다.
2. 시작 기도		영적인 은혜를 구하며 주님께서 이 모임의 시작부터 끝까지 함께 해주시길 기도한다.
3. 친교		- 지난 시간 만난 사람, 사건, 경험을 회상하며 때로는 깊이 있는 내적 성찰을 한다. - 나와 우리, 공동체에 개입하신 주님의 역사하심을 본 후의 나눔 시간은 1인당 3~5분 정도이다.
4. 찬미와 감사의 기도		친교의 기쁨과 감사함으로 2~3명이 자유 기도한다.
5. 성경 관상 과 토의	1) 성경 읽기	이성의 빛으로 하느님 말씀의 뜻을 깨닫기 위해 돌아가면서 1인당 1-2절씩 읽는다.
	2) 성경 숙독하기	성령의 인도를 받아 나에게 내적인 감동을 주시는 성경 말씀에 집중한다(이 말씀은 나에게 하신 주님의 말씀이며, 다음 단계에서 관상할 내용이다).
	3) 예수님과 대화(관상)	- 부활하신 예수님의 현존을 믿으면서 관상할 내용의 말씀을 가지고 질문한다(예수님, 제게 왜 이 말씀을 하십니까? 제가 무엇을 어떻게 살기를 원하십니까?). - 질문에 대한 응답을 듣는다(응답은 실천적으로 사랑, 정의, 회개, 용서, 복음 선포 등의 공동선의 내용이다).
	4) 말씀 나눔	각자가 예수님께로부터 받은 응답이나 마음에 와닿은 실천할 메시지를 나눈다(나눈 내용은 교회, 가정, 학교, 직장, 그 외의 공동체에서 구체적인 나의 행위와 사건과 연관된다).
	5) 성경 해설	선택된 구절이나 단락을 교회의 가르침에 연결해서 해설해 준다.
	6) 주제 토의	성경의 메시지에서 토의 주제를 리더나 인도자가 사전에 준비한다(개인이나 공동체의 신앙, 선교, 봉사, 생활 쇄신에 관한 주제로 토의한다).
6. 비전 나누기		신자, 비신자, 쉬는 교우, 영육 간에 상처를 받은 사람, 리더 그룹 양성, 사랑방의 번식과 배가, 조직 운영 등에 관한 비전을 제시하고 한 주간의 선교 방법을 마련한다.

7. 그룹원 기도	- 개인용 기도 노트에 매주 기도 내용을 구체적으로 기록한다. - 그룹원들이 서로 기도해 준다. - 모임에 결석한 형제들과 앞으로 참석한 형제들을 위해서도 기도한다. - 기도하는 가운데 주님의 역사를 체험하게 된다.

　사랑방 모임은 찬미와 찬양의 마음으로 정성껏 부르는 **성가**로 시작한다. 주님께서 이 모임의 시작부터 끝까지 함께 해주시어 영적인 은혜를 주시도록 **시작 기도**를 한다. **친교**의 시간에는 지난 한 주간 동안의 다양한 일과 사건을 회상하고 정리한 것을 다른 동료들과 나눈다. 그 사건 속에 만났던 상대와의 경험에서 주님의 도우심과 인도하심을 관찰하는 것이다. 그러므로 그 상대방을 위해 기도하고 축복하기도 한다. 이처럼 자신을 점검하는 동안 주님의 위로와 격려를 받고 영적인 깨달음을 얻는다. 친교의 시간은 서로를 격려하고 위로하며 동료들에 대한 관심과 사랑을 나누는 자리이다.

　성경관상에서는 부활하신 예수님께서 내 앞에 계심을 믿으면서 주님께 질문을 드리고 내적으로 그분의 말씀을 듣는다. 이재을 신부는 이때 주님의 말씀과 과거의 사건을 연결 짓는 것이 필수라고 한다. "주님 이 말씀과 관계된 과거의 사건과 일, 만남과 경험을 알게 해주십시오. 그 일들을 기억하게 해 주십시오"라고 기도한 후 다시 그분의 말씀을 듣는다. 질문과 응답 후 일과 사건의 경험의 은혜를 생활에 적용하기 위해 주님께 질문할 수 있다. "주님, 제가 이 말씀을 언제,

---

70 같은 책, 230-233 내용을 요약한 것임.

어디서, 누구에게, 어떤 방법으로 적용하고 실천해야 합니까?"

그다음에 이어지는 **말씀 나눔**은 개인과 공동체의 복음화 생활을 지향하는 나눔이 되어야 한다. 친교 시간이 생활 성찰 시간으로서의 나눔과 감사, 위로와 기쁨 등이 중심이었다면, 관상 때의 말씀 나눔은 복음의 시각으로 복음 실천을 위한 나눔 시간이다. 즉, 예수 그리스도의 제자가 되고 나의 삶을 복음의 가치와 그 행위에 초점을 두는 나눔이다.[71]

사랑방 성경 공부는 신학 이론이나 지식을 공부하는 모임이 아니다. 성경 공부를 인도하는 리더는 지식을 전달하는 교사가 아니라, 함께 하느님 말씀을 묵상하고 관상하면서 진리를 찾고 탐구하는 인도자이다. 그러므로 **성경 해설**은 예수님을 좀 더 알고 사랑하게 하며 그분의 구원 업적을 생활 차원에서 그리고 회원들의 눈높이에 맞추어 그들의 신앙 발전과 성장, 복음 실천의 관점에서 전해야 한다. 토의 주제는 그룹원들의 필요에 의해 그들이 제시한 것이며 공동체의 실제적인 변화와 쇄신을 위한 것이라야 한다.[72]

그룹 기도 시간은 공동체의 사랑과 일치를 경험하는 때이다. 한 사람씩 돌아가면서 기도한다. 서로를 위해 기도하고, 다른 회원으로부터 기도를 받으면서 희망과 위로 그리고 용기와 힘을 얻는다. 상대방을 위해 구체적인 지향으로 기도할 때 좀 더 확고하게 기도할 수 있고 기도의 은혜를 경험한다. 그러므로 리더는 미리 모임 중에 기도용 노트를 돌려서 각자의 기도 내용을 적게 한다. 본인 스스로 자기의

---

71 같은 책, 204-217.
72 같은 책, 218-223.

기도를 하는 것보다 옆 상대를 위해 기도해 주는 것에서 더욱 큰 격려를 받는다. 이재을 신부는, 사랑방 기도는 모임 후에 복음을 실천하고 제자화하는 것에 초점을 맞추므로 성령의 인도와 그 흐름에 따라 충만하게 기도할 것을 강조한다. 따라서 종종 그룹 기도 끝에 주님의 말씀을 듣는 시간을 가진다. 주님께서 공동체에게 하시는 말씀을 듣는 것은 모임이 영적이고 주님의 공동체가 되게 하기 위함이다. 그 방법은 리더가 그룹원 모두가 돌아가면서 소리 내어 기도하고 난 다음 잠깐 침묵하자고 청한다. 침묵 묵상 중에 그룹원 중에서 말씀에 감동된 회원이 그 말씀을 그룹원들에게 전하고자 하는 원의를 느끼면 그 메시지를 선포한다. 회원들은 선포된 말씀에 대해 감사하고 그룹 기도를 정리하면서 마침 기도로는 주님의 기도, 성모송, 영광송을 바친다. 회원들은 기도 노트를 마련하여 기도 내용을 매주 기록하여 개인의 원의를 들어주시는 하느님의 자비와 사랑을 체험한다. 모임의 모든 내용을 회의록에 기록한다. 참석자, 나눔의 요점, 복음 주제, 선교 협의, 다음 모임 결정 등을 기록하는 것이다[73].

이재을 신부는 사랑방 모임의 리더를 목자로 여기면서 길 잃은 영혼을 구하는 리더 양성을 중요시한다. 이재을 신부에 의하면 리더는 무엇보다 거룩한 전례와 성사에 참여하고 기도하는 사람이어야 하며 회원들 간의 의사소통 및 친교와 나눔의 관계로 공동체를 인도하는 목자이다. 그리고 리더는 모임을 위해 사전에 기도하고, 모임에 앞서서 회원들을 방문하여 그들을 격려하고 대화하고 모임에 데려온다[74].

---

73 같은 책, 224-226.
74 같은 책, 79.

리더가 만날 대상들은 상처받아 아파하는 이, 하느님을 모르거나 교회에 처음 나오는 이, 영적 어두움에 지쳐 있거나 교회를 떠나는 이 그리고 신자 생활을 하는 이들이다. 이재을 신부는 리더가 이들을 만나는 방법과 절차를 다음과 같이 제시한다.

— 대상이 정해지면 우선 기도로 시작하여 그 사람을 주님께 봉헌하면서 주님과 대화한다.

— 말씀을 깊이 묵상하고 그 말씀에 대한 깨달음을 가지고 만날 사람 안에 있는 예수님을 먼저 바라보는 것이다.

— 그 사람 안에 계시는 예수님이 리더 자신과 만나게 해달라고 청한 다음에 예수님의 말씀을 듣는 시간을 갖는다.

— 약속해서 그 사람을 만났을 때는 우선 상대방의 말에 귀를 기울인다. 그가 과거의 아픔과 고통, 번민과 갈등에서 회복하도록 돕기 위함이다.

— 사랑방 모임에 초대한다. 사랑방 모임은 부담되지 않는 모임이며 외로움과 고독감을 나누고 공동체 친교를 통해 생활에 활력소를 얻는다는 것을 알린다.

— 사랑방 모임 방법과 프로그램을 제시한다.[75]

---

75 같은 책, 151-155.

4장
결론

1. 4차원 영성

조용기 목사가 주장하는 4차원 이론은 그의 영성의 본질적인 부분인데 그는 높은 차원이 낮은 차원을 포함하고 다스린다는 것을 기하학적으로 제시한다. 조용기 목사는 인간은 3차원에 있지만 동시에 4차원에 속하며, 4차원의 변화는 3차원의 우리의 삶 역시 필연적으로 변화시킨다고 본다. 4차원의 변화는 그것을 이루는 네 가지 요소인 생각, 믿음, 꿈, 말을 어떻게 프로그래밍하느냐에 달려 있다고 역설한다. 조용기 목사는 4차원적인 존재로 하느님과 인간 그리고 마귀가 있고, 인간은 4차원 중에서 가장 낮고 마귀는 중간, 하느님은 가장 높은 4차원에 계시다고 이해한다. 그리고 우리가 속한 3차원의 세계는 4차원의 세계에 속한 마귀가 통치하고 있으므로 마귀와의 영적 싸움에서 승리하여 3차원의 세계가 하느님의 주권에 의해 다스려지는 것이 중요하다고 본다. 그러므로 생각, 믿음, 꿈, 말을 다루면서

4차원 영성을 훈련할 것을 강조한다. 이처럼 조용기 목사는 마귀의 존재와 활동을 4차원 이론을 이용해서 설명한다. 그러나 가톨릭교회에서는 사탄 또는 악마와 모든 마귀들은 하느님과 하느님의 계획에 봉사하기를 거부하여 타락한 천사들이라고 가르친다. 무엇보다 그들은 하느님께 대한 자신들의 반역에 인간을 끌어들이고자 애쓴다고 한다.[1] 그러므로 조용기 목사와 가톨릭교회가 마귀에 대한 설명은 달리하지만 모두 마귀의 존재를 인정하는 것은 공통점이다.

조용기 목사에게 있어 아담을 하느님께서 안식하시는 날에 창조하신 것은 아주 중요하다. 이는 그가 일을 하라는 것이 아니라 하느님의 영광을 위해 살아가며 하느님 안에서 안식하라고 창조되었다고 보기 때문이다. 그리고 그는 하느님께서 인간을 창조하신 목적이 인간과 교제하고 인간이 하느님의 풍성한 영광을 즐기게 하려는 것이라고 이해한다. 또한 그의 성령론적 인간론의 중심 단어는 '지배하다', '하느님 안에서 쉬다', '즐기다'인 것으로 보인다. 이는 마치 하느님과 모든 피조물들이 인간을 위해 존재하는 것 같다. 그러므로 그의 신학은 인간 중심이고 다른 피조물과의 상호 관계를 덜 중요시한다는 인상을 준다.

가톨릭 교리는 인간의 창조와 모든 피조물의 연대성을 말한다. 인간은 창조 업적의 절정이며, 창조 이야기는 인간의 창조를 다른 피조물들의 창조와 분명하게 구별함으로 이 사실을 드러낸다고 가르친다. 그런데 모든 피조물은 동일한 창조주께서 당신의 영광을 위하여 창조하셨다는 점에서 모든 피조물은 서로를 필요로 한다고 설명한

---

1 「가톨릭교회 교리서」, 414항.

다.[2] 그리고 시초부터 하느님께서 인간에게 맡기신 세상에 대한 다스림은 무엇보다도 먼저 자기 다스림으로 실현되었다고 한다. 즉, 관능적 쾌락, 세상 재물에 대한 탐욕, 반이성적 자기주장 등 이 세 가지의 욕망에서 자유로웠기 때문에 인간은 흠 없고 질서 잡힌 존재였다는 것이다.[3]

조용기 목사는 성령이 지속적으로 인간에게 4차원의 언어인 꿈과 비전을 주셔서 인간이 3차원의 세계를 창의적으로 지배하도록 만든다고 가르친다. 그는 인간이 하느님의 형상을 올바르게 회복하고 만물을 다스리고 본래적인 인간의 지위를 확보하는 것은 성령으로 말미암는 것이라고 한다.

가톨릭교회는 신약성서와 성전의 빛에 비추어 아담과 하와는 '원초적인 거룩함과 의로움'의 상태에 놓여 있었다고 가르친다. 이 원초적인 거룩함의 은총이란 바로 '하느님의 생명에 참여하는 것'을 말한다. 또한 인간이 하느님과 일치하는 동안에는 죽지도 않고, 고통도 당하지 않았다고 하면서 '원초적인 의로움'을 말한다. 즉, 인간의 내적인 조화, 남자와 여자 사이의 조화 그리고 첫 부부와 다른 피조물들 사이의 조화, 이 모두를 한 마디로 '원초적인 의로움'이라고 부른다는 것이다.[4] 그러나 아담과 하와는 그들의 첫 범죄로 후손들에게 원초적인 거룩함과 의로움을 상실한 손상된 인간 본성을 전해주었다는데 이 상실을 '원죄'라고 한다.[5]

---

2 같은 책, 343-344항.

3 같은 책, 377항.

4 같은 책, 375-376항.

5 같은 책, 417항.

가톨릭 교리는 인간만이 하느님을 알고 사랑함으로써 하느님의 생명에 참여하도록 부름을 받아 창조되었으며, 이것이 인간 존엄성의 근본적인 이유라고 한다. 인간 하나하나는 하느님의 모습을 지녔으므로 존엄한 인격을 지니고 있음을 강조한다. 또한 인간은 자신을 인식하고 자신의 주체가 되며, 자유로이 자신을 내어 주고 다른 인격들과 친교를 이룰 수 있다고 한다.[6] 이처럼 가톨릭교회는 인간이 자신뿐 아니라 다른 인격들과의 관계 그리고 다른 피조물과의 관계를 강조하는 것을 볼 수 있다.

프란치스코 교황의 회칙 『찬미 받으소서』에서는 창세기에 나오는 '지배하다'에 관해 다음과 같이 설명한다. 창세기의 창조 이야기는 인간의 삶이 근본적으로 서로 긴밀하게 연결된 세 가지 관계, 곧 인간과 하느님과의 관계, 이웃과의 관계, 지구와의 관계에 기초를 두고 있음을 암시한다. 회칙은 이러한 관계가 인간이 하느님의 자리를 차지한다고 여기면서 피조물로서의 한계를 인정하지 않아서 깨어졌다고 본다.

> 하느님과의 관계, 우리 이웃과의 관계, 지구와의 관계에 기초를 두고 있음을 암시합니다. 성경에 따르면 이 세 가지 핵심적인 관계는 이 세상과 우리 안에서 깨어졌습니다. 이러한 불화가 죄입니다. 창조주와 인류와 모든 피조물의 조화는 우리가 하느님의 자리를 차지한다고 여기고 피조물로서 우리의 한계를 인정하지 않아서 깨어졌습니다[7].

---

6 같은 책, 356-357항.
7 교황 프란치스코, 교황회칙 『찬미 받으소서』(*Laudato Si'*), 한국천주교주교회의, 2015, 66항.

교황의 회칙 『찬미 받으소서』는 비록 그리스도인들이 때로는 성경을 부정확하게 해석한 것이 사실이지만, 오늘날은 다음과 같이 달리 해석한다고 설명한다. 즉, 우리는 창세기 1장 26절과 28절에서 언급된 우리가 하느님의 모상으로 창조되었고, 인간이 땅을 지배하게 했다는 것은 인간이 다른 피조물을 절대적으로 지배할 수 있다는 것이 아니다. 그리고 창세기 2장 15절에서 인간이 세상이라는 정원을 '일구고 돌보아야 한다'는 말에서의 '일구다'는 밭을 경작하고 갈거나 밭일을 한다는 뜻이고, '돌보다'는 보살피고 보호하며, 감독하고 보존한다는 의미이다. 이는 인간과 자연이 서로 책임을 지는 관계에 있다는 것이다. 또한 모든 공동체는 생존에 필요한 것을 땅에서 얻을 수 있으며, 동시에 후손들을 위해 땅을 보호하고 땅이 계속해서 풍요로운 열매를 맺을 수 있도록 하는 의무도 지닌다는 말이다. 교황의 회칙은 또한 신명기와 레위기의 말씀에서 볼 수 있는 땅과 그 안에 있는 모든 것은 주님의 것이며, 인간은 하느님 곁에 머무르는 이방인이고 거류민인 점을 강조한다.

사람들은 인간이 땅을 "지배"(창세 1, 28)하게 했다는 말이 창세기에 나온다는 것을 근거로, 인간을 본성적으로 지배적이고 파괴적인 존재로 묘사하면서 유다-그리스도교 사상이 무분별한 자연 착취를 조장하였다고 주장합니다. 이는 교회가 이해한 바른 성경해석이 아닙니다. 비록 우리 그리스도인들이 때로는 성경을 부정확하게 해석한 것이 사실이지만, 오늘날 우리는 우리가 하느님과 닮은 모습으로 창조되었고 우리에게 이 땅에 대한 지배가 부여되었다는 사실이 다른 피조물에 대한 절대적 지배를 정당화하는 것이라는 생각은 강력하게 부인해야 합니다. 성경 구절은 그 맥락 안에서 올바른 해석학을 통하여 읽어야 합니다. 성경 구절은 우리가 세상이라는 정원을 '일구고 돌보아야 한다고 말하고 있음을 인식해야 하는 것입니다(창세 2, 15 참조). '일구다'라는 말은 밭을 경작하고 갈거나 밭일을 한다는 뜻이고, '돌보다'라는 말은 보살피고 보호하며, 감독하고 보존한다는 의미입니다. 이는 인간과 자연이 서로 책임을 지는 관계를 의미합니다. 모든 공동체는 생존에 필요한 것은 무엇이든 풍요로운 땅에서 얻을 수 있으면서도, 동시에 이 땅을 보호하고 후손들을 위하여 이 땅이 계속해서 풍요로운 열매를 맺을 수 있게 해야 하는 의무도 있습니다. '땅은 주님의 것입니다'(시편 24[23], 1 참조). 그래서 "땅과 그 안에 있는 모든 것"(신명 10, 14)은 주님의 것입니다. 그러므로 하느님께서는 절대적 소유에 대한 인간의 청구를 모두 거절하십니다. "땅을 아주 팔지는 못한다. 땅은 나의 것이다. 너희는 내 곁에 머무르는 이방인이고 거류민일 따름이다"(레위 25, 23).[8]

『찬미 받으소서』 회칙은 「가톨릭교회 교리서」가 왜곡된 인간 중심주의를 분명하고 강력하게 비판하고 있음을 언급한다. 그리고 그리스도교의 인간학이 제대로 알려지지 못하여 인간과 세상의 관계에 대한 오해를 낳았으며 세상에 대한 인간의 '지배'는 책임 있는 관리임을 명시한다. 또한 인간은 하느님의 협조자로서 존재하며 인간이 하느님의 자리에 자신을 올려놓아서는 안 될 것을 강조한다.

다른 피조물들에 관하여 "유용성보다는 존재가 우선하는 것이라고 말할 수 있습니다." 가톨릭교회 교리서는 왜곡된 인간 중심주의를 매우 분명하고

---

8 같은 책, 67항.

강력하게 비판합니다. "피조물은 저마다 고유한 선과 완전성을 지니고 있습니다. … 저마다 고유한 존재를 지니기를 하느님께서 바라신 다양한 피조물들은 저마다 고유한 방법으로 하느님의 무한한 지혜와 선의 빛을 반영합니다. 이 때문에 인간은 각 피조물의 고유한 선을 존중하여… 사물의 무질서한 이용을 피해야 합니다."[9]

그리스도교 인간학이 제대로 알려지지 못하여 인간과 세상의 관계에 대한 오해를 낳습니다. … 세상에 대한 우리의 '지배'는 책임 있는 관리라는 의미로 올바르게 이해되어야 합니다.

인간이 현실에서 독립된 존재임을 선언하고 절대적 지배자를 자처하면, 인간 삶의 기초 자체가 붕괴됩니다. "인간은 세계에서 하느님의 협조자로서의 역할을 수행하는 대신, 부당하게 하느님의 자리에 자신을 올려놓으며, 이렇게 인간은 자연의 반항을 자극"하기 때문입니다.[10]

조용기 목사는 인간이 하느님의 형상으로 창조되었으며 영, 혼, 육으로 구성되어 영은 하느님을 모시는 그릇, 혼은 자기를 담아놓은 그릇, 육체는 세상을 담아 놓는 그릇이라고 비유한다. 그러나 가톨릭교회의 교리는 하느님의 모습대로 지어진 인간은 육체적이며 영적인 존재인데 죽음으로 육체와 분리되어도 영혼은 없어지지 않으며, 부활 때 육체와 다시 결합될 것이라고 가르친다.[11] 따라서 인간이 하느님의 형상으로 창조되었다는 면은 공통이지만, 조용기 목사는 인간이 영, 혼, 육으로 구성되었다고 보는 데 비해 가톨릭교회는 인간은

---

9 같은 책, 69항.
10 같은 책, 116-117항.
11 「가톨릭교회 교리서」, 362, 366항.

영혼과 육체로 이루어졌다고 보는 면은 다르다. 조용기 목사는 인간이 하느님 안에서 안식하면서 하느님의 영광을 위해 살라고 인간을 창조하셨다고 본다. 그리고 '지배하라'를 인간 중심으로 설명한다. 오늘날의 가톨릭교회는 '지배하다'에 관해 인간의 창조와 모든 피조물의 연대성으로 해석하는 것이 조용기 목사의 해석과 크게 다르다. 환경 파괴의 주된 문제는 인간중심으로 자연을 이해하고 개발하는 것이며, 그 결과 지금 전 세계가 코로나19로 인해 크나큰 고통 속에 있다. 그러므로 인간 중심의 창조 이해는 현실적으로 이웃 사랑을 강조하는 그리스도인의 신학으로는 부족한 측면이라고 생각된다.

2. 생각

조용기 목사에 의하면 생각은 감정과 행동 그리고 신체 반응에도 영향을 미친다. 생각은 4차원에 속해 있으면서 3차원의 세계를 변화시키고 이끌어 갈 수 있기 때문이다. 따라서 그는 부정적인 생각은 3차원 세계의 모든 요소를 부정적으로 인도하니까 행동을 바꾸기 전에 먼저 생각을 바꿔야만 한다고 주장한다. 그러나 무조건적인 낙관주의는 인본주의적이며 인간적인 생각이므로 모든 문제를 해결하지 않는다고 한다. 그러므로 하느님의 생각을 닮고 자신의 생각이 아닌 하느님의 주권 안에 있는 생각을 가지려면 하느님과 대화하면서 자신의 생각을 점검, 성찰 그리고 회개하고 규칙적인 성경 읽기와 말씀 묵상을 할 것을 권한다.

조용기 목사는 또한 좋으신 하느님을 생각하는 것과 꾸짖고 심판하시는 무서운 하느님을 생각함에 따라 우리의 삶이 크게 달라진다고 말한다. 그리고 '할 수 있다'는 사고방식과 함께 더 크고 더 넓게 생각하는 적극적인 사고를 할 것을 제안한다. 보고 생각하는 것이 작으면 현실적으로 작은 열매를 맺고, 큰 생각은 큰 열매를 맺을 가능성이 높기 때문이다. 또한 그 생각이 현실로 자라도록 피나는 기도와 헌신 그리고 연구와 노력이 반드시 필요하다고 강조한다.

그러므로 그리스도의 생각이 자신의 생각이 되도록 하는 노력과 성경 중심의 삶 그리고 좋으신 하느님의 주권을 따르면서 성화의 삶을 산다는 점이 두드러진다. 생각에 대한 조용기 목사의 이러한 견해는 영성 생활에서 "이제는 내가 사는 것이 아니라 그리스도가 내 안에서 사시는 것입니다"(갈라 2, 20)라는 그리스도화의 과정과 성화의 과정에 도움이 될 수 있다. 긍정적인 생각은 또한 여러 가지 이유로 우울한 이들에게 희망을 줄 수 있다. 폐쇄적이고 편협한 생각에 머물수록 또한 우울하게 만드는 생각에 골몰할수록 우울함의 구덩이에 자꾸 빠져들어 간다. 그러나 현재 보고 있는 자신의 세상은 자신의 실제 세상의 극히 작은 부분임을 깨닫는 순간 희망의 작은 빛을 보기도 한다. 그리고 긍정적인 생각으로 방향 전환을 하면 더 크고 넓은 세상을 바라보고 희망과 긍정적인 비전을 가지게 되기 때문이다.

3. 믿음

조용기 목사는 믿음을 다양하게 정의한다. 우선 참된 믿음은 기적을 베푸시는 하느님을 믿는 것이라고 표현한다. 또한 믿음이란 육신의 눈에는 보이지 않는 마음의 실체이며, 하느님의 뜻과 마음을 현실화하는 능력이라고 정의한다. 그는 하느님과의 관계에서 믿음은 절대적인 조건인데 믿음은 보지 못하는 것의 실상이므로 믿음의 눈으로 없는 것을 있는 것처럼 볼 것을 강조한다. 이렇게 믿음으로 사는 법을 터득할 때 언제나 삶의 승리자가 된다는 것이다.

조용기 목사는 믿음을 두 가지로 본다. 하나는 3차원 세계에서 발생하는 인간의 신념이고, 다른 하나는 4차원의 영적 세계에서 발생하는 하느님의 믿음이다. 우리도 4차원의 세계로 들어가면 하느님처럼 없는 것을 있는 것 같이 부를 수 있는데 이 믿음은 받아들이는 것이므로 자기 암시와는 다르다고 말한다.

조용기 목사는 인간적으로 믿으려고 노력하는 믿음과 성령께서 주시는 하느님의 믿음을 구분한다. 하느님은 우리 측에서 시작하는 믿음의 싹을 보시고, 그 위에 하느님의 믿음을 주신다. 그리고 씨앗을 심고 난 후에는 기도하면서 하느님의 때를 기다릴 것을 권한다.

조용기 목사는 우리의 믿음이 깨어나는 부화 과정을 네 가지의 기본 단계로 설명한다. 첫째, 분명한 믿음의 대상을 마음속에 그릴 수 있어야 한다. 믿음이란 우리가 바라는 것들(분명한 것들)의 실상이기 때문이다. 둘째, 불타는 소원을 가지라. 셋째, 불타는 소원이 끓어오르면 무릎을 꿇고 기도하되 확신과 평화를 얻을 때까지 기도하라. 시간이 얼마가 걸리든 믿음의 실상을 얻을 때까지 기도해야 한다. 넷째, 하느님의 말씀을 전하라. 확신을 갖게 된 후에는 믿음의 증거를 보여야 한다.

조용기 목사가 가르치는 믿음의 부화 과정에서 확신과 평화를 얻을 때까지 기도하라는 부분을 이해하는 데 조금 어려움이 있다. 자기 암시가 아닌 하느님께서 주시는 평안과 확신을 가지기 위해 언제까지 기도해야만 하는가? 예를 들면 그리스도인 암 환자가 믿음의 네 단계를 지키면서 그런 확신을 얻기 위해 오랜 기간 기도했지만 결국 삶의 마지막을 정리하는 영적인 도움 없이 죽었다면, 이 믿음의 규칙을 사목적으로 어떻게 설명할 수 있는가? 이와 관련하여 호스피스 연구의 사례를 보겠다.

사목적 돌봄은 인간의 모든 면을 통합적으로 고려하므로 호스피스 분야에서는 어떤 면을 중요시하는지를 검토하겠다. 이해숙과 도복늠은 "호스피스 환자들과 비호스피스 환자의 영적 안녕과 삶의 질"에 관한 연구를 했다. 그들은 우선 호스피스란 죽음을 앞둔 말기 환자와 그 가족을 사랑으로 돌보는 행위라고 본다. 그러므로 그들은 호스피스 환자가 남은 여생 동안 인간으로서 존엄성과 높은 삶의 질을 유지하면서 삶의 마지막 순간을 평안하게 맞이하도록 신체적, 정서적, 사회적, 영적으로 돕는다. 또 하나는 호스피스는 사별 가족의 고통과 슬픔을 경감시키기 위한 총체적인 돌봄이라고 본다. 그러므로 호스피스 기간은 서로의 안녕을 빌고, 분열된 관계를 치유할 수 있는 때이며, 서로 용서를 주고받고, 풀어진 삶을 단정히 모으는 때이므로 인간의 삶에서 가장 의미 있는 몇 달, 몇 주 혹은 마지막 날이 될 수 있다는 것이다.[12] 여기서의 영적 안녕이란 사람의 내적 자원이 총체적으로 건강한 상태를 말한다. 즉, 시간과 공간을 초월하여 존재하는 절대자, 최고의 가치, 자신, 이웃과의 관계에서 조화된 삶을 영위하는

---

12 이해숙·도복늠, "호스피스 환자와 비호스피스 환자의 영적 안녕과 삶의 질," 「성인간호학회지」 15권 제3호(2003), 364.

것이다. 그리고 삶의 질이란 환자가 경험하는 주관적인 안녕을 말한다. 즉, 환자가 가장 이상적으로 도달할 수 있다고 느끼는 수준과 비교하여 자신의 현재의 기능적 수준에 대한 스스로의 평가와 만족감을 말한다.[13] 두 연구가는 호스피스 환자와 비호스피스 환자 간에 영적 안정, 실존적 안녕, 전반적인 삶의 질, 정신적 차원의 삶의 질을 비교하였다. 연구 결과 호스피스 환자들이 비호스피스 환자들보다 모든 면에서 더 높은 수준으로 나타났다.[14] 그러므로 조용기 목사가 한 쪽 귀가 없는 아기가 귀를 가지게 되었다는 긍정적이고 아주 성공적인 예를 말했지만, 믿음의 역할로서 모든 경우에 이 믿음의 부화 과정 네 가지 기본 단계가 유익하다고 확언하기는 쉽지 않다.

가톨릭교회는 신앙은 당신 자신을 계시하시는 하느님께 인간이 인격적으로 온전히 귀의하는 것이라고 한다. 즉, 하느님께서 당신의 행위와 말씀을 통해서 당신 자신에 대해 밝혀 주신 계시를 지성과 의지로 따르는 것이며, 신앙은 하느님께서 주시는 초자연적인 선물이라고 정의한다. 그리고 믿기 위해서는 성령의 내적인 도움이 필요하며, 신앙은 미래에 우리를 행복하게 해 줄 앎을 미리 맛보는 것이라고 설명한다. 그런데 이 선물을 잃어버릴 수도 있기 때문에 신앙 안에서 살고 성장하고 마지막까지 항구하려면, 하느님의 말씀으로 신앙을 키워야 하며 신앙을 키워 주시도록 주님께 간구해야 한다고 가르친다.[15] 가톨릭교회는 구원을 위해 신앙이 필요함을 주님께서 몸소 말씀하셨다고 하면서(마르 16, 16) 우리는 성부, 성자, 성령이신 하느님 이

---

13 같은 글, 365.
14 같은 글, 371.
15 「가톨릭교회 교리서」, 162, 177, 179, 184항.

외에 다른 아무도 믿어서는 안 된다고 강조한다. 또한 우리는 문서와 구전으로 전해진 하느님의 말씀에 포함된 모든 것과 교회가 거룩한 계시로 제시하는 모든 것을 믿는다고 명확히 밝힌다.[16]

조용기 목사는 기적을 베푸시는 하느님을 믿는 것을 강조하는 데 반해 가톨릭교회에서는 메시아의 표징이 강조됨을 볼 수 있다. 조용기 목사의 4차원의 영적 세계에서 믿음에 관한 가르침은 기적을 베푸시는 하느님을 믿는 것을 강조하면서 삼중축복 가운데 치료와 번영을 얻기 위한 수단으로서의 믿음에 초점을 둔 것 같다. 그러나 가톨릭교회의 교리에 따르면 예수님께서는 현세의 불행, 즉 굶주림, 불의, 병과 죽음 등에서 해방시키심으로 메시아의 표징을 보이셨다. 그분은 세상의 모든 불행을 없애기 위하여 오신 것이 아니다. 예수님은 모든 인간적인 예속을 가져오는 가장 심각한 노예 상태, 곧 죄에서 인간을 해방시키기 위하여 오셨다는 것이다.[17]

4. 꿈

조용기 목사에 의하면 꿈은 성령의 영적 언어이고, 성령께서는 하느님 말씀을 통해서 믿는 자들에게 꿈과 환상을 주시며 창조적인 삶으로 인도하신다. 그는 4차원이 꿈으로 프로그래밍되지 않으면 3차원도 희망이 없음을 강조한다. 또한 꿈과 비전이 결실을 거두는

---

16 같은 책, 182항, 178.
17 같은 책, 549항.

과정을 4단계로 설명한다: ① 성령께서 지속적으로 하느님 말씀을 통해 우리에게 다양한 꿈과 비전을 주시며 말씀하신다. ② 우리는 하느님께 의지하면서 구체적인 목표를 꿈꾸면 자신의 미래를 부화할 수 있다. ③ 목표를 향해 끊임없이 노력하면 좋은 결과를 얻게 될 것이다. ④ 하느님께 귀하게 쓰임 받고자 하는 소원을 가지고 꿈을 계발한다. 모든 것은 하느님의 주권에 속하기 때문이다.

그는 4차원의 꿈의 목표는 아주 구체적이라야 하며 꿈이 현실이 되기 위해 금식기도를 권장한다. 또한 꿈과 소원이 이루어지기 위해 고난의 터널을 거쳐야 하며 꿈을 실현하기 위해 작은 일부터 실천할 것을 제안한다.

조용기 목사는 바른 꿈과 욕심의 차이를 비교한다. 꿈은 희망이 있고 죄지을 필요가 없지만, 욕심은 모든 것을 어기고 죄를 범해야 이룰 수 있다고 한다. 또한 아무리 좋은 꿈과 이상이라도 하느님이 함께 계시지 않으면 인간적인 야망과 욕심에 그친다는 것이다. 여기에는 문제점이 조금 있다고 본다. '욕심은 죄를 범해야 이룰 수 있다'는 말에 대해서는 우선 죄에 대한 정의가 무엇인지 밝힐 필요가 있다. 그리고 '하느님이 함께 계시지 않으면 인간적인 야망과 욕심'이라는 판단은 하느님을 믿지 않는 다른 모든 이에게 적용하기는 많이 부적절한 내용이다.

조용기 목사는 '바라보는 것은 소유하는 것'이라고 주장하면서 아브라함과 야곱의 예를 들고 또한 누구든지 예수님의 보혈로 얼룩진 십자가 나무를 바라보라고 한다. 4차원의 영성을 살고 있는 같은 교회의 신도들이 서로 경쟁의 대상이 되어 둘이 똑같은 것을 바라보고 소유하고자 노력할 때 경쟁에서 승리한 자와 패한 자에 대한 4차원의 설명은 어떤 것인지 궁금하다.

"하느님께 의지하여 구체적인 목표를 꿈꾸면 자신의 미래를 부화할 수 있고 노력하면 좋은 결과를 얻게 될 것이다"는 말과 함께 꿈에 대한 이론은 자신의 욕구 충족을 위해 청하는 인간에게 언제나 무엇을 주고자 하시는 하느님을 생각하게 한다. 인간적인 욕망과 야심의 영역에만 남아있지 않기 위해서는 영적 식별이 필요하다. 공동체 차원과 타인들과의 관계, 사회와 교회의 공동선과 도덕적인 측면을 고려하지 않고 끊임없는 경쟁을 하면서 개인적인 욕구 충족 때문에 이 방법을 사용하는 유혹을 피하기 위해 꿈의 이론을 영적 식별과 함께 좀 더 심화시키는 것이 요구된다.

5. 말

조용기 목사에 의하면 말은 눈에 보이지 않지만, 운명과 환경을 바꾸어 놓는 창조적인 위대한 힘을 가지고 있다. 하느님께서 말씀으로 천지를 지으셨으며, 우리는 하느님의 형상대로 지음을 받았고, 다른 피조물과 다른 점은 말을 할 수 있다는 것이다. 인생을 변화시킬 그 능력 있는 말은 성령이 함께하실 때, 말씀 묵상과 기도할 때 얻을 수 있다고 설명한다.

조용기 목사는 일상의 삶에서 말하는 법을 훈련시킬 것을 제안한다. 부정적인 말은 4차원을 부정적으로 프로그램하며 입에서 나온 말은 자신에게도 영향을 주기 때문이다. 또한 말한 것이 실현된다는 것을 믿으면서 말을 선포할 필요가 있으며 말은 하느님 심판의 대상이기 때문이다.

조용기 목사는 성령운동을 하면서 오중복음과 삼중축복을 강조하지만, 정작 그리스도인으로서 살아야 하는 성령의 열매와 성화(성결)는 별로 드러나지 않는 신학을 전개했다. 그러나 「가톨릭교회 교리서」는 성령께서 우리에게 생명을 주셨으니 우리가 자신을 버리면 버릴수록 우리는 더욱 성령의 지도에 따라 살아가게 된다고 하면서 성령의 열매를 강조한다. 즉, 하느님의 자녀들은 성령의 능력을 통해 열매를 맺을 수 있는데 그것은 "사랑, 기쁨, 평화, 인내, 친절, 선행, 진실, 온유, 절제"(갈라 5, 22-23)를 말한다.[18]

6. 설교

조용기 목사는 국제적으로 잘 알려진 설교가이다. 그는 신자들의 삶에 희망을 주고 힘을 주면서 사람들의 마음에 깊이 와닿는 단순한 언어를 사용한다. 그는 말씀의 은사를 받았을 뿐 아니라 정성된 기도와 함께 최선을 다해 설교 준비를 한다. 이 점은 설교가들에게 좋은 모범이다. 가톨릭교회의 신학은 조용기 목사의 신학과 많이 다르지만 좀 더 효과적인 사목을 위해 여의도순복음교회의 예배에서 참고할 것들이 있다. 여의도순복음교회의 인터넷 홈페이지는 조용기 목사의 모든 주일 설교를 글과 녹화 영상으로 볼 수 있도록 하고 있다. 이것들은 언제나 모두에게 개방되었으므로 사목적인 커다란 나눔이라고

---

18 「가톨릭교회 교리서」, 736항.

생각한다. 특히 그들의 인터넷 홈페이지는 영어, 일본어, 중국어, 불어, 독일어 그리고 러시아어 등 다양한 언어로 이루어져 있다. 복음선포를 위해 현시대의 새로운 도구 활용을 보다 적극적으로 하고 있다. 이 면은 가톨릭교회보다 아주 크게 앞서 있는 현실이다.

주일예배의 설교에 대해 가톨릭교회와 여의도순복음교회를 비교하는 것이 좋을 것 같다. 가톨릭교회는 전 세계가 동일한 전례력을 사용하면서 거기에 따른 동일한 독서와 복음이 낭독되면서 신자들이 사용하는 언어별로 미사를 드린다. 단지 그날의 독서와 복음 말씀과 연관된 강론이 미사를 드리는 집전자에 따라 각기 다르다. 반면에 여의도순복음교회는 같은 주일 설교라 하더라도 설교자들마다 자유롭게 설교 주제와 성경 말씀을 선택한다.[19] 이 점은 가톨릭교회와 여의도순복음교회뿐 아니라 다른 개신교와도 크게 다른 점이다.

여의도순복음교회의 예배에서 설교는 중심이므로 설교를 잘 준비해야만 한다. 하지만 미사는 말씀의 전례와 성찬의 전례를 가지므로 때로는 강론 준비가 잘 되지 않아도 큰 문제가 아니다. 한국가톨릭교회는 매일 미사 중에도 강론을 한다. 여의도순복음교회의 주일예배는 90분 정도 걸리는데 예배 전에 다양한 성가와 함께 설교를 잘 경청할 준비를 한다. 설교를 듣고 나서는 설교를 잘 소화하기 위한 시간을 가지며 다양한 기도들과 치유 시간 및 헌금 시간도 가진다. 가톨릭교회의 주일미사는 1시간 정도 걸린다. 이처럼 다른 면들이 있지만 조용기 목사는 설교 준비에 삼중축복과 4차원 영성을 바탕으

---

19 여의도순복음교회, "조용기 목사와 이영훈 목사의 주일설교(2012. 12. 9.)," 인터넷 (2012. 12., davidcho.fgtv.com.).

로 정성을 다해 임한다. 가톨릭교회의 본당 사제들에게서는 강론과 사제로서의 삶에 있어 주된 영성이 두드러지지 않는 현실이다. 그러므로 가톨릭교회가 더 효과적인 사목적 쇄신을 위해서는 본당 사제들의 사목 영성, 착한 목자로서의 영적인 삶을 심화시켜 양들에게 필요한 영양분을 공급하는 노력이 필요하다.

조용기 목사는 설교의 메시지를 효과적으로 전하기 위해 다음과 같이 다양한 방법을 제안한다. 예수님의 목회는 이 땅에서의 인생 문제를 해결하신 목회였다고 하면서 설교에서 분명한 목표가 있어야 함을 주장한다. 그리고 카운셀링 형식의 설교와 문제 해결을 위한 메시지 중심의 설교 그리고 꿈과 희망을 주는 메시지를 주는 설교, 사람들의 마음을 감동시켜 하느님께로 이끄는 힘을 가진 설교를 말한다. 또한 설교의 내용과 전달 방법의 중요성을 말하면서 설교는 기도로 준비해서 기도로 마칠 것과 창조적인 설교의 구조 그리고 표현의 여덟 가지 원칙을 말한다. 특별히 자신이 설교 준비를 하면서 깊이 깨우친 것을 체험적으로 전할 것을 권한다. 설교 전, 설교 도중, 설교를 마치고 난 후에 청중에 관해 분석하여 청중의 요구에 효과적인 대처의 중요성을 강조한다. 설교자는 모든 면에 신경을 써야 한다고 하면서 설교자의 용모, 태도, 몸의 언어, 음성에 관한 설명을 하고, 설교 후의 기도는 다음 설교 준비의 시작임을 강조한다.

교황 프란치스코는 강론에 관해 다음과 같은 면을 강조한다. 우선 그는 강론이 사목자가 자신의 백성에게 다가가고 대화하는 능력을 가늠하는 시금석이며, 성령을 체험하고 하느님 말씀을 만나는 것이라고 요약한다. 교황은 특별히 성찬 모임에서의 하느님 말씀 선포는 하느님과 당신 백성의 대화임을 강조한다. 그리고 강론은 성찬 전례 거행의 틀 안에서 이루어지는 선포이므로 주님의 종보다는 주님께서 더 빛나셔야 하며 간결한 강론을 중요시한다. 오랜 시간의 묵상과 함께 철저한 강론 준비와 그 준비 단계와 다양한 수단들을 나열한다. 교황은 강론자가 먼저 하느님의 말씀으로 깊이 감화된 것을 신자들에게 전할 것을 말한다. 또한 거룩한 독서(Lectio Divina) 방법과 함께 식별의 중요성을 강조한다. 교황은 좋은 강론을 위해 '생각과 감성과 이미지'가 담긴 강론과 신자들이 쉽게 이해할 수 있는 언어 및 희망과 미래지향적이며 긍정적인 언어 사용을 권한다.

이처럼 교황 프란치스코의 강론과 조용기 목사의 설교에 관한 방법론적인 내용은 모두가 실제 상황에 적용하면 도움이 되는 것들이다. 그리고 마음을 다해 오랜 시간 기도와 함께 준비하는 강론의 중요성과 강론자가 먼저 하느님 말씀에 감화된 것을 신자들에게 전할 것 등은 공통점이다.

7. 셀 그룹

교회의 사목적인 쇄신을 위해서는 교회의 패러다임 변화가 필요하다. 즉, 과거 패러다임에서 새로운 패러다임으로 전환될 필요가 있다. 이 두 패러다임의 특징을 비교하면 다음과 같다.

교회의 과거 패러다임	교회의 새로운 패러다임
피라미드 형태	공동사회 형태
서방 문화 중심	토착 문화 중심
성당 중심의 조직체	삶 중심의 공동체
특정 신심 중심	하느님 말씀 중심(성경)

성직자 직권제	공동 책임제
개인 구원	공동체 구원
개선하는 교회	섬기는 교회
성직자의 교회	참여하는 교회
*조직의 일치수단: 법과 규범 — 리더의 역할: 법과 질서에 대한 감시와 통제	*공동체의 일치수단: 나눔과 섬김, 친교 — 리더의 역할: 봉사와 희생
〈피라미드식 계급구조〉	〈원형의 공동체 구조〉

우선, 과거 패러다임의 교회는 피라미드 형태를 가지며 성당 중심의 조직체로 서방 문화와 특정 신심 단체 중심이다. 그리고 성직자 직권제와 개인 구원 및 개선하는 교회와 성직자의 교회라는 특징이 있다. 또한 조직의 일치 수단이 법과 규범이며, 리더는 법과 질서에 대한 감시와 통제의 역할을 한다.

그러나 교회의 새로운 패러다임은 공동사회 형태를 취하며 삶 중심의 공동체로서 토착 문화와 하느님 말씀(성경) 중심이다. 그리고 공동 책임제와 공동체의 구원을 생각하면서 섬기는 교회와 참여하는 교회라는 특징이 있다. 여기에서는 나눔과 섬김, 친교가 공동체의 일치 수단이고 리더는 봉사와 희생의 역할을 한다.[20]

이러한 특징을 바탕으로 셀 그룹에 대해 정리하고자 한다.

지금까지 소공동체를 활용한 사목 활동의 세 가지 형태, 즉 조용기 목사의 구역예배, 전원 신부의 두레공동체, 이재을 신부의 사랑방 모임을 보았다. 데이비드 핀넬은 그의 책『셀 교회 평신도』(*Life in His Body*)에서 전통적인 교회와 셀 교회를 구별한다. 그는 전통적인 기존 프로그램에 셀 그룹이 추가된 교회와 셀 교회는 전혀 다르다고

---

20 통합사목연구소, 『삼위일체 리더십』 (통합사목연구소, 2006), 86.

주장한다. 즉, 기존의 다른 교회 프로그램에 셀 그룹이 덧붙여지는 정도를 가지고 자신들이 셀 교회가 되었다는 생각은 잘못이라는 것이다.[21]

박홍래 역시 한국의 교회에는 대부분 구역 조직이 있기 때문에 셀 교회라고 생각할 수도 있지만, 셀이 있는 교회이지 순수한 셀 교회는 아니라고 주장한다. 순수한 셀 교회는 교회의 모든 조직 자체가 셀을 중심으로 구성되어야 하고, 셀 리더가 가장 중요한 위치에 있으며, 교회의 목표와 비전이 셀의 배가에 있기 때문이다. 그러면서 셀 교회와 셀이 있는 교회 그리고 프로그램 중심의 전통적인 교회와 셀 교회는 여러 면에서 너무 다르기 때문에 이 두 가지 형태를 다음과 같이 비교한다.[22]

주제	셀이 있는 교회	셀 교회
셀 그룹	프로그램	핵심
셀 그룹의 참여	선택적	필수적
핵심 지도자	목회자	셀 리더, 50부장
지도력	주제별(여선교회 등)	통합적
목회적 돌봄의 주체	목회자	셀 리더와 회원
셀 리더의 위치	사역의 변방	사역의 중심
유급 직원의 수	많음	적음
평신도 리더 배출	적은 기회	많은 기회
계급성	차별의 강조	목회자, 평신도의 차별 없음
평신도 지도자 발견	발견하기 어려움	발견하기 쉬움
초점	양육	복음 전파
훈련	셀 그룹 밖에서	셀 그룹 안에서의 훈련
셀 그룹의 모양	다양함(소그룹)	비슷함

---

21 데이비드 핀넬/박영철 역, 『셀 교회 평신도』 (NCD, 2009), 15.
22 박홍래, 『셀 그룹 셀 교회』, 113-114.

셀이 있는 교회는 프로그램 중심으로 핵심 지도자는 목회자이며, 셀 리더는 사역의 변방에 자리하고 차별되는 계급성을 강조하며 양육 중심이다. 반면에 셀 교회에서 셀 그룹은 핵심이며, 핵심 지도자는 셀 리더이고, 셀 리더의 위치는 사역의 중심에 있다. 그리고 셀 교회에서는 목회자와 평신도의 차별이 없고 복음 전파에 초점을 둔다.

프로그램 중심의 전통적 교회	셀 교회
프로그램 중심—다양한 활동, 집회	사람, 관계 중심, 필요 충족
건물 중심 —건물의 크기가 사역을 제한함.	공동체 중심 —가정과 공동체 속에서의 사역
'오라'는 구조	'가라'는 구조
교육에 기초한 교회 구조 —성경 공부 등	사역에 기초한 교회 구조 —영적 은사
교회에서의 활동, 프로그램 참여 —전도, 양육 시간의 부족	관계 전도, 관계 형성 후 셀로 초대 형성, 불신자 돌봄에 시간 활용
서양 문화에 따른 교회 구조 —전문가, 경영, 현상 유지, 관료주의	신약적 구조 —섬기는 지도자, 전 교인의 사역자화, 하느님 나라 확장
단회적 전도, 교회초청	관계 전도, 관계 형성 후 셀로 초대

프로그램 중심의 전통교회는 프로그램 중심의 다양한 활동을 건물 중심으로 하면서 교회에 오라는 구조이다. 그리고 현상 유지와 관료주의적인 교회를 운영한다. 셀 교회는 관계와 필요 충족 중심으로 공동체를 중요시하며 양들을 찾아 밖으로 나가는 구조이다. 그리고 사역에 기초한 교회 구조를 가지고 섬기는 지도자의 자세로 관계를 형성하면서 하느님 나라의 확장을 위해 노력한다. 한국가톨릭교회는 현재 많은 셀 교회들이 있지만 실제로는 프로그램 중심의 사목을 하고

있다.

여의도순복음교회와 천주교서울대교구에는 공통점이 조금 있다. 여의도순복음교회는 셀 그룹 시스템을 가지고 아주 크게 성장했다. 천주교의 전원 신부와 이재을 신부 역시 사목적 창의력으로 노력한 결과 주일미사 참례 신자들을 증가시켰다. 이 세 가지 사목 형태에 속한 신자들은 상호 간의 친교와 영적 삶에서 지속적으로 성장하는 것을 볼 수 있었다. 이들은 리더와 함께 매주 모임에서 성경을 사용하며 소그룹을 위해 만들어진 각각의 고유한 책을 사용한다.

그러나 교재의 내용은 크게 다르다. 개신교는 같은 교회라도 예배 진행 목사마다 설교 주제를 정해서 필요한 성경 구절을 선택하여 설교한다. 이처럼 조용기 목사의 구역예배공과는 공과 고유의 기본 틀을 유지하면서 보통 예배할 때의 설교 자리에 일종의 공부가 대신 들어간 것을 볼 수 있다. 공부는 구역 모임 때마다 다른 주제를 다루는데 그 주제들의 예는 다음과 같다.

'성도의 언어생활', '성도의 대인관계', '성도 간의 분쟁문제', '하나님의 인도하심을 받는 삶', '인생을 사는 자세', '종교개혁자 마르틴 루터', '종교개혁자 장 칼뱅', '포도원 품꾼들의 비유', '재물이 많은 청년의 비유', '모세의 설교', '베드로의 설교'.23

반면에 앞의 사례 연구에서 본 전원 신부와 이재을 신부의 교재는 성경 말씀 중심의 모임이다. 즉, 주일 복음 말씀이나 소공동체 모임에

---

23 조용기, 『구역예배공과 14』, 4-5.

서 정한 성경 말씀을 각각의 성경 묵상 모임이 실시하고 있는 기본 틀 안에서 묵상과 나눔을 한다. 일반적인 지식을 다루는 공부가 아니라 성경 말씀 중심으로 자신의 삶을 돌아보는 시간이라고 말할 수 있다. 주님 말씀을 묵상하면서 각 개인이 인격적으로 예수님을 체험하기 위함이다. 이와 같은 가톨릭의 방법은 세례 후의 신자 재교육에 아주 크게 도움이 된다. 조용기 목사의 구역 공과가 가지고 있는 지적인 공부 방법 역시 신자 재교육에 활용하면 좋다고 생각한다.

여의도순복음교회와 서울대교구 모두 소그룹 모임을 실시했지만, 결과가 달리 나타남은 그들의 역사가 다르기 때문이다. 여의도순복음교회는 조용기 목사의 영감만을 따르면서 모든 교회가 의무적으로 셀 그룹을 시작했고, 셀 그룹은 그의 카리스마적 리더십으로 담임 목사에 의해 엄격하게 관리되었다. 서울대교구의 소공동체는 국제적인 가톨릭 운동의 영향을 받았고 보편 교회의 가르침을 따른다. 더욱이 본당 사제는 교구에서 시도하는 소공동체 시스템을 자신의 본당에서 따르거나 따르지 않을 자유가 있다. 따라서 셀 그룹의 결실은 여의도순복음교회 전체에서 매우 두드러진다. 반면에 가톨릭은 본당 사제의 의지와 사목적 관심, 창의력에 따라 진행 방법과 결과가 많이 다르다. 가톨릭 사제들이 이동했을 때 신자들은 새로 부임한 본당 사제의 사목 방향을 따라야 한다. 흔히 새 본당 사제는 전임자의 방법을 내려놓고 자신의 방법으로 처음부터 다시 시작하는 데 반해 여의도순복음교회는 책임 목회자가 이동해도 아무 어려움 없이 셀 그룹이 지속된다. 가톨릭교회 안에서 이러한 현실은 전원 신부와 이재을 신부의 사례 연구에서 활용된 자료들이 증명하고 있다. 즉, 제한된 시기에 담당했던 본당에서 실시한 사례들의 결실을 놓고 연구할 수밖에 없었다. 그러나 전원 신부와 이재을 신부의 성경 묵상 방법은 지금도 여러 단체와 본당에 보급되면서 긍정적인 결실을 거두고 있는 중이다.

본인은 지금 본당에서 세례 준비를 위한 예비자 교리와 견진 준비를 위한 교리를 90분간 운영하면서 전원 신부와 이재을 신부의 방법의 좋은 면들 그리고 본인 고유의 방법을 혼용하고 있는 중이다. 그리고 리더들을 위한 성경 묵상 모임도 따로 하고 있다. 리더들을 위한 모임은 교리반이 아닌 일반신자들을 대상으로 할 때 사용할 수 있는 것이다. 예를 들면 이재을 신부의 생활 나눔을 짧게 하고, 전원 신부의 방법에 따라 예수님 중심으로 성경을 묵상하고, 서로 기도해 주는 것은 이재을 신부의 방법을 따른다. 이렇게 교리반을 운영하는 동기는 세례와 견진을 준비하는 중에는 교리반에 참여하면서 그룹원들 간의 친교를 나누며 신앙생활에 필요한 도움을 주고받지만, 견진 후에는 스스로 영적 걸음을 이어가는 과정에서 신앙생활이 해이해질 수 있는 현실 때문이다.

본인의 방법은 다음과 같다. 예비자 교리 시간마다 성경을 직접 찾으면서 성경을 가까이하는 습관을 키우도록 한다. 성부 성자 성령에 관한 내용을 마친 다음부터는 교리 시간의 50분 정도는 교리를 하고, 나머지 시간에는 성경 묵상 방법을 서서히 준비시키면서 세례 받을 때에는 성경 묵상이 가능하도록 이끌어 주고 있다. 견진 교리는 교리를 45분 정도 하고, 나머지는 성경 묵상을 한다. 이것은 묵상을 통해 예수님에 대해 새로운 면을 스스로 발견하고 가까이 느낌으로 그분을 인격적으로 체험하는 좋은 기회라고 평가하고 싶다. 그리고 상대방을 위해 기도해 줌으로써 영적으로 조금씩 가까워지는 친교를 나누고 내적 치유의 시간도 된다.

여기에서 중요한 것은 리더의 역할이다. 즉, 새 신자들은 성경 묵상을 어떻게 하는지를 모르기 때문에 초기에는 리더가 한 걸음 한 걸음 함께 동반하는 것이다. 그 후에는 스스로 묵상할 수 있다. 그러므로 리더 양성이 필수이므로 이를 위한 지속적인 노력이 필요하다. 리더 양성을 위한 묵상 모임은 75분 정도이다. 교리 시간 없이 하므로 교리와 함께 하는 묵상 시간보다 나눔 시간이 더 여유롭게 진행된다. 필요시 성경에 관한 기본 지식도 깊이는 시간을 갖는다. 예수님을 중심으로 하는 성경 묵상 방법은 다양하지만, 본인은 대면 또는 온라인으로 이렇게 실시하고 있다.

* 성가: 찬미와 찬양의 마음으로 활기차게 부른다.
* 생활 나눔:
  1) 지난 시간 만난 사람, 사건, 경험을 회상하며 내적 성찰을 한다.
  2) 나와 우리, 공동체에 개입하신 주님의 역사하심을 본 것을 나눈다(1인당 3~5분 정도).
* 주어진 주일 복음 말씀을 두 사람이 각각 큰 소리로 천천히 1번씩 읽는다.
* 잠시 묵상을 한 뒤에 아래의 순서를 리더와 함께 하나하나 짚어 가면서 묵상을 하고, 그 내용 하나하나를 그룹원들과 나눈다.
  1) 예수님께서 어디에서 누구와 함께 계시는가?
  2) 예수님은 어떻게 움직이시는가?
    (예수님의 육체적인 움직임을 관찰하고 예수님의 마음과 표정 및 태도를 상상한다.)
  3) 예수님은 무엇을 말씀하시는가?

4) 무슨 일이 벌어졌는가?

5) 주어진 복음 말씀을 각자 속으로 다시 읽으면서 마음에 와닿는 부분을 찾아낸다.

6) 마음에 드는 구절에서 주관적인 시각에서의 핵심 단어 1~2개를 찾아낸다.

7) 예수님은 이 복음 말씀 속에서 나에게 '어떤 분이신가?'(예: 치유하시는 분, 자비하신 분, 늘 곁에 계시는 분, 의지할 수 있는 분, 사랑으로 바라보시는 분, 용기를 주시는 분 등)

8) a. 내가 느끼는 예수님과 핵심 단어를 바라보며 잠시 머문다(관상).

　b. 예수님의 현존을 믿으면서 예수님께서 핵심 단어를 통해 무엇을 말씀하시려는지 질문하며 기다린다.

　("예수님, 제게 왜 이 말씀을 하십니까?", "제가 어떻게 살기를 원하십니까?")

　c. 각자가 예수님께로부터 받은 응답이나 마음에 와닿은 실천할 메시지를 나눈다(나눈 내용은 교회, 가정, 학교, 직장, 그 외의 공동체에서 구체적인 나의 행위와 사건과 연관).

9) 1주일간 지내면서 '예수님은 어떤 분이신가?', '핵심단어', '나'라는 3부분을 동시에 함께 자주 생각하고 필요시에는 주님과 대화를 나눌 수도 있다.

＊마무리: 서로를 위해 기도하는 파트너를 다양하게 만들어 소리를 내거나 침묵으로 기도해 준다.

주님의 기도로 마친다.

여의도순복음교회의 구역예배는 신자들과 담임목사의 소통을 위해 피라미드구조를 사용한다. 구역예배의 각 단계는 두드러진 면들이 있다. 성경 공부, 멤버들 간의 삶의 나눔, 치유 특별히 새로운 신자를 교회에 초대하는 선교를 목표로 한다. 담임목사는 피라미드

시스템을 통해 셀 그룹의 모든 정보를 가진다. 천주교서울대교구 안에도 피라미드식의 조직은 있지만 신자들과 본당 사제 그리고 주교와 사제들 간의 소통에는 큰 역할이 못 된다. 그리고 새 신자들을 초대하거나 쉬는 교우들을 찾아 나서는 활동은 아주 미흡하다. 선교와 복음화를 위한 능동적인 자세가 절실히 필요한 현실이다.

여의도순복음교회의 '구역예배공과'를 관찰해보면 구역예배의 내용이 지적인 교육 중심이며 신자들은 대면 예배 때나 구역예배 때나 모두 수동적으로 설교 말씀을 듣는 입장이라는 것을 발견할 수 있다. 가톨릭의 소공동체 모임 방법은 성경 묵상을 할 때에 실제로 주어진 성경 말씀을 직접 대하면서 말씀 중심의 묵상과 나눔을 한다. 이 면은 가톨릭의 장점이라고 볼 수 있다.

여의도순복음교회는 찾아가는 목회 방식으로 구역예배를 통해 신자들의 현실 파악을 하고, 각종 어려움을 겪고 있는 그들에게 희망을 주는 설교를 하면서 신자 관리를 철저히 하고, 새 신자 초대를 강조한다. 가톨릭교회는 거의 모든 본당에 소공동체 조직은 있지만 사람들이 스스로 성당에 오기를 기다리며 양 우리 안에 있는 신자들의 실제 삶이 어떤지 관심이 거의 없어 보인다. 그리고 대부분의 사제들은 미사와 성사 중심의 사목, 단체 운영 중심의 쉬운 사목을 하고 있다. 이것이 남미와 아프리카의 신자들이 오순절교회나 다른 종교로 이동하는 이유, 사목 방법에 대한 커다란 불만이 아닌가 싶다.

여의도순복음교회는 지적인 교육 중심의 구역예배이며 구역예배교재가 있으므로 객관적으로 볼 때 개인의 결정에 따라 꼭 구역예배에 참석을 안 하고 혼자서 교재를 사용하면서 신앙생활도 가능하다. 그러나 2009년부터 교역자들은 매주 '구역예배공과'를 가지고 설교한 동영상을 교회 홈페이지에 올려 성도들의 구역예배를 돕고 있다. 더 나아가 화상 구역예배 시스템을 구축함으로 구역예배와 구역원들 간의 교제가 원활히 이루어지도록 최선을 다하고 있다. 그들은 2022년 현재 1:2 구역예배 방식을 활용하고 있다. 이는 코로나19로 인해 함께 모여서 예배드리기 어려운 상황에서 좋은 돌파구라고 여기면서 실행하고 있는 것이다. 이처럼 신자들의 생활 방식과 예배 환경의 변화에 대처하면서 구역예배의 활성화를 위해 다양한 방법으로 노력하고 있다. 양들을 돌보기 위한 여의도순복음교회의 고유한 노력은 목회의 좋은 자세라고 평가할 수 있다. 동시대의 사회적 상황을 살아가고 있는 가톨릭교회도 양 우리 안의 양들과 아직 양 우리에 들어오지 않은 양들을 돌보기 위한 고유한 사목적 쇄신 방안을 마련하길 기대한다.

셀 그룹 시스템을 실현시키는 많은 방법이 있지만, 목회자의 사목 정신과 자세는 사목의 긍정적 결과 여부를 좌우하는 열쇠이다. 여의도순복음교회의 셀 그룹 시스템 운영은 다른 교회들에게 좋은 모델이라고 말할 수 있다. 실제로 외국인들을 위해 특별히 마련되는 연중 프로그램에 많은 이들이 참여하여 배우고 있다. 여의도순복음교회는 '오산리금식기도원'[24]을 잘 활용하고 있다. 누구나 기도원 프로그램

---

[24] 오산리금식기도원은 1973년에 세워졌다. 대성전에는 10,000명이 예배에 참여할 수 있고 11개의 다른 예배실이 있다. 그러므로 20,000명이 동시에 오산리금식기도원에서 예배에 참여할 수 있다. 324개의 아주 작은 개인 기도소가 있다. 금식철야기도를 통해 많은 이들이 방언과 치유를 체험한다. 상담과 매일 기도를 통한 치유의 기회가 있고, 신도들의 편리를 위해 여의도순복음교회는 서울에서 매일 오산리금식기도원과 서울에 있는 여의도순복음교회 간의 버스를 운행한다. 다른 교파의 많은 신자들도 그곳에서 기도하기 위해 간다. 즉, 장로교(40%), 순복음(36%), 감리교, 침례교, 성결교와 다른 교파(24%) 신도들이 찾는데, 특별히 해마다 10,000명 이상의 외국인들이 기도원을 방

에 참여할 수 있고 자유롭게 개인적으로 기도하고, 한(恨)을 치유할 수 있는 기회를 가질 수 있기 때문이다. 더욱이 오산리금식기도원은 가난한 이들이 자신의 집처럼 기도할 수 있고, 기도를 통해 삶의 힘을 되찾을 수 있는 좋은 환경을 제공한다. 그들은 오순절교회의 고유한 방법들을 활용하면서 치유를 위해 활동하고 있고, 많은 긍정적인 결실을 얻는다. 더 나아가 여의도순복음교회는 사목 연구를 위해 많은 전문가들과 학자들로 구성된 여러 개의 전문 기구를 가지고 있다. 천주교서울대교구는 사목 연구 기구 마련에는 상대적으로 아주 많이 부족하다.

문한다. 여의도순복음교회, 오산리금식기도원, 인터넷(2020. 4.): http://prayer.fgtv.com.

나가는 말
: 가톨릭교회의 사목적 쇄신을 위한 제안 사항들

이 책을 쓰게 된 동기는 서론에서 언급했듯이 남미와 아프리카의 가톨릭 세례를 받은 많은 신자들이 오순절운동을 하는 교회들이나 다른 종교로 이동하고 있는 현실과 한국천주교에서는 쉬는 교우들이 지속적으로 증가한다는 문제이다. 이것은 가톨릭교회의 교리가 아닌 사목 방법의 부족함 때문이었기에 국내외적인 오순절운동에서 빼놓을 수 없는 조용기 목사의 신학과 목회를 정리하면서 어떤 면들이 사람들의 마음을 움직여 세계에서 가장 큰 개별 교회를 이루었는가를 짚어보았다. 그리스도교의 교파마다 신학적 해석의 차이가 있듯이 조용기 목사의 신학에도 고유한 특징이 있고, 그의 신학에 한계성이 있는 것은 사실이다. 그러나 그가 만났던 가난한 이들에게 희망과 용기를 주는 목회를 위해 피나는 노력을 해온 끊임없는 사목적 열정은 인정하고 배워야 한다고 생각한다. 이 점은 특별히 탈종교화 시대, 빈부의 차이가 더욱 커가고 있는 시대의 그리스도교 영적 인도자들에게 요구되는 자세이기 때문이다. 가톨릭교회의 또 다른 어려움은 교회에 나오는 청년들이 급감하는 것이다. 청년미사에 극히 소수의 청년들이 참여하는 것은 아주 흔한 일이다. 몇 년 전에 천주교 미사와 개신교 예배를 연구하면서 개신교 청년들의 주일예배에 참석한 적이 있었다. 같은 서울에서 동시대에 살고 있는 청년들인데도 불구하고 그 교회는 청년들로 가득했다. 그들 안에 분명히 영적 목마름이 있었다. 그들이 설교에 경청하는 모습과 마음을 다해 찬양과 기도하는 모습을 보고 크게 자극을 받았다. 이것 또한 사목 방법의 차이라고 생각한다. 전통적 교회와 셀 교회의 사목 방법의 패러다임이 다르듯이 지금까지의 청년 사목과 미래의 청년 사목 패러다임의 변화가 절실히 요구된다.

사목 방법의 변화는 교구 차원에서의 큰 그림과 함께 개별 본당에서의 작은 변화들이 모이면 서로의 시너지 효과를 통해 전체 교구가 변화하는데 마중물 역할을 할 것이라 기대한다. 교구에서 아무리 좋은 것을 제시해도 각 본당이 그 가치를 인정하고 실행하지 않으면 결실이 적기 때문이다. 그러므로 교구와 본당 차원에서의 변화를 희망하면서 사목 활동, 식별, 가난한 이들의 특별한 자리, 과학만능주의 시대의 젊은이들 사목에 관련된 내용들을 제안하고자 한다.

1. 사목 활동

천주교서울대교구는 2012년 7월에 『본당 사목 활성화를 위한 기초자료 수집 설문조사 보고서』를 출판하였다. 이 자료에서 서울대교구의 복음화 현황을 검토한 결과 비록 새 신자 수는 꾸준히 증가하고 있지만 쉬는 교우들의 수가 해마다 증가한 것을 볼 수 있다. 따라서 당시 서울대교구 본당 신자들의 주일미사 참례 비율은 27.5%에 지나지 않았다. 그러므로 오용석 신부는 "예수님은 잃어버린 양 한 마리를 찾아 나섰는데 서울대교구 본당들은 70마리가 넘는 양이 우리 안으로 되돌아오지 않은 채로 있는 '비어가는 양의 우리' 상태를 그대로 두고 보고만 있을 수 없지 않겠는가!"라고 말한다.[1] 또한 보고서에 의하면 신자들이 직접 선교하여 입교시킨 교우 수는 극히 적었다.[2]

오용석 신부는 본당들에게 지금 시급한 일은 '외적 선교'보다 '내적 선교', 즉 '자기 자신의 복음화'이며 세상에 희망을 주는 교회상을 보여 주어야 한다고 주장한다. 선교 일선에 있는 본당들이 교회의 질적 성장을 동반하지 않고 '외적 복음화'에만 머문다면, 그것은 율법 학자나 바리사이파 같은 '외면적 신앙인' 또는 '겉만 신자' 양성에 머물고 마는 것이기 때문이다. 그리고 '겉만 신자'들이 교회의 주류를 이룬다면 그리스도교는 결국 희망을 잃을 것이다. 오 신부는 오늘날 세계 곳곳에서 무신론과 종교적 무관심이 증가하는 것은 세계 문명을 지배해온 그리스도교가 희망을 잃은 종교로 전락했기 때문이라고 본다. 이것은 특히 청소년들에게 설득력을 가지므로 가톨릭교회는 이점을 겸허히 받아들여야 한다. 그러므로 오용석 신부는 세상에 참 희망을 주는 교회상의 정립이야말로 서울대교구의 본당들이 마땅히 이루어 내어야 할 시대의 징표이자 소명이라고 말한다.[3]

---

1 오용석, "'새로운 복음화' 시대의 성공적 본당 사목 방향," 『서울대교구 본당사목 활성화를 위한 기초자료 수집 설문조사 보고서』, 천주교서울대교구, 2012, 225.
2 천주교서울대교구, 『서울대교구 본당사목 활성화를 위한 기초자료 수집 설문조사 보고서』, 천주교서울대교구, 2012, 28.

조성풍 신부는 사목의 활성화를 위한 몇 가지 제안을 한다. 우선 쉬는 교우들을 위한 구체적이고 실질적인 연구, 둘째로 본당 사제와 관련된 구체적이고 실질적인 연구(사제의 리더십, 구성원과의 관계, 사목 활동 등에 대한 연구), 셋째로 본당 진단을 위한 보다 구체적인 지표개발, 넷째로 각종 교육 프로그램과 진단지표의 개발과 실행을 위한 연구 및 실행 팀의 운영 등이다.[4]

교회의 질적인 성장과 신자들의 마음에 주님의 현존이 좀 더 깊이 스며들어 그분과의 친교를 성장시키기 위해 전례의 활성화와 그리스도인 소공동체, 그리고 영적 성장과 영혼 돌봄에 관해 살펴보겠다.

전례의 활성화

가톨릭교회에서는 미사 때마다 성찬의 전례를 통해 예수님의 성체를 모시는 아주 좋은 면이 있다. 그러나 가톨릭교회의 전례 쇄신 및 신자들의 형식적이고 수동적인 면의 극복을 생각하면서 전례음악에 다양한 악기 사용을 제안하고 싶다. 그리고 성가를 통한 기도 시간을 좀 더 적극적으로 보낼 수 있는 환경 조성을 제안한다. 개신교의 예배는 잘 준비된 설교와 찬송가들 중심이다. 어떤 교회들은 찬양 시간에 하느님께 가까이 다가가는데 적합한 환경 조성을 위해 예배 중에 다양한 악기를 사용한다. 즉, 오르간, 피아노, 드럼, 오케스트라,

---

3 '선교 입교자'의 수를 묻는 질문에 '없다'고 대답한 신자의 비율이 77.4%이며, 이것은 서울대교구 본당의 거의 대부분 신자들은 직접 선교, 즉 '외적 복음화'의 실천에 나서지 않고 있다는 말이다. 오용석, "'새로운 복음화' 시대의 성공적 본당 사목 방향," 226-227.
4 조성풍, "서울대교구 기초조사에 대한 사목적 제언,"『서울대교구 본당사목 활성화를 위한 기초자료 수집 설문조사 보고서』, 천주교서울대교구, 2012, 221.

전자 악기 등이 있다. 그러므로 신자들은 각자의 취향에 따라 예배 환경을 선택할 수 있다. 반면에 가톨릭교회의 미사는 말씀의 전례와 성찬의 전례가 있는데 성가 반주는 오르간이 주로 한다. 개신교의 예배에서는 찬양을 할 때 성가곡이 1절부터 4절까지 있다면 모두 부르면서 많은 은혜를 받는다고 한다. 그러나 가톨릭교회의 미사에서는 입당 성가와 마침 성가는 대부분 1절 또는 2절까지만 부른다. 그러므로 개신교의 찬양 시간처럼 4절까지 마음을 다해 부르는 기도 시간을 가지도록 해줌이 필요하다. 오래전에 크로아티아에서 주일 11시 미사에 갔었다. 다양한 악기 반주에 맞추어 가사 하나하나의 뜻을 새기며 정성을 다해 부르는 청년 성가대와 신자들 모두가 하나 되어 주님을 찬양했던 시간은 참으로 아름답고 거룩한 추억으로 남아있다. 코로나19로 인해 대면 예배가 제한적이며 성가를 마음껏 부를 수 없는 어려움이 큰 시기를 살고 있는 오늘의 신앙생활을 위해서는 좀 더 창의적인 방법 연구와 실행이 필요하다. 예를 들면 성가대와 함께 신자들이 성가를 못 부르더라도 누군가가 마이크에 대고 성가를 부르면서 신자들이 기도하도록 이끌어 주면 실제로 큰 도움이 되는 것을 체험하기도 한다. 그러므로 미사 중에 좀 더 은혜로운 찬양 시간이 되기를 기대한다.

그리스도인 소공동체

조용기 목사는 세계에서 처음으로 1964년에 셀 시스템을 시작했다고 주장한다. 그러나 그런 경험은 남미의 가톨릭교회가 1956년에 조용기 목사보다 먼저 시작했다. 한국의 많은 개신교에는 다양한 이름의 셀 시스템이 운영되고 있다. 한국 가톨릭교회는 '그리스도인 소공동체', '반 모임'이라는 이름을 주로 사용하지만, 여의도순복음교회처럼 소공동체를 통한 수량적 성장은 크지 않았다. 그러나 성경에 대한 인식의 변화 및 복음에 맛 들이고, 말씀 중심의 삶으로 살아가려는 모습이 보였으며, 평신도들이 교회 활동에 적극적으로 참여하게 되었다는 긍정적인 면이 눈에 띄었다.

조용기 목사는 그리스도인 소공동체 발전의 핵심은 본당 사제의 사목적인 사고방식에 달렸다고 강조하는데 이 점은 거의 틀리지 않다고 본다. 그리고 서울대교구의 두 사제들의 소공동체 모임 사례 연구에서도 보았듯이 소공동체가 잘 활성화될 때 교회 공동체의 영적인 성장과 함께 주일미사 참여도의 증가에도 큰 도움이 되고 있는 점을 확인했다.

교회 신자들의 증가도 중요하지만 교회의 본질적인 측면에 관해 집중함이 더 필요하다. 신자들의 수에 관심이 지나치면 교회의 규모와 돈 그리고 지도자의 개인적 이익만을 바라보는 위험이 있기 때문이다. 이는 한국의 개신교 특히 초대형교회에서 어렵지 않게 발견되는 모습이기도 하다.

신자들의 영적 성장을 위해 소공동체 기도 모임 중에 예수님을 인격적으로 체험하도록 예수님 중심의 성경 묵상을 널리 보급할 필요가 있다. 그러기 위해서는 무엇보다 본당 사제가 소공동체 모임에 직접 참여하여 현장 체험을 하면 소공동체 활성화에 실제적인 도움이 될 것이다. 즉, 본당 사제의 소공동체 모임 운영 방향과 모임 방법에 있어서 지역 특성에 맞는 구체적이고 지혜로운 변화를 가져올 수 있기 때문이다. 소공동체 모임을 직접 체험하지 않고 이론만으로 신자들을 인도하는 것은 현실감이 부족할 수 있다.

성경 묵상 모임의 질적인 향상을 위해 노력할 것을 제안하고 싶다. 다각적이며 지속적인 사회 변화 속에 살고 있는 오늘날 소공동체 모임이 어렵다는 것은 사실이다. 그렇지만 그때그때의 상황에 적응하면서 대면 만남이나 온라인 또는 대면과 온라인을 동시에 활용하는 복음 묵상 나눔은 가능하다. 자신에게 도움이 된다고 여기면 기꺼이 시간을 내는 것도 현대인들에게서 쉽게 찾아볼 수 있다. 건강을 위한 운동 시간을 마련하듯 성경 묵상 모임이 자신의 영적 삶과 내면의 근육 단련에 적합하다고 판단되면 자진해서 참여할 것이기 때문이다. 어떤 방식으로든 예수님을 인격적으로 만날 때 자신이 체험한 하느님을 기꺼이 전하려는 마음이 솟아오를 것이다. 이를 바탕으로 쉬는 교우들과 예비 신자를 교회에 초대하는 활동에도 더 적극적으로 임할 것이며, 더 나아가 선교 방법도 창의적으로 연구되고 실천될 것이다.

교황 프란치스코는 복음을 전하겠다는 결심을 불러일으키는 최선의 동기를 말한다. 이것은 복음을 사랑으로 관상하며 조금씩 찬찬히 마음으로 읽는 것이다. 이럴 때 복음의 아름다움에 놀라고 복음에 매료될 수 있게 되며, 결국은 그 기쁜 소식을 다른 이들과 나눌 수 있게 된다는 것이다.

복음을 전하겠다는 결심을 불러일으키는 최선의 동기는 복음을 사랑으로 관상하고 조금씩 찬찬히 마음으로 읽는 것입니다. 이러한 방식으로 복음을 가까이할 때, 우리는 복음의 아름다움에 놀라고, 복음을 읽을 때마다 거듭 매료됩니다. 그러므로 우리는 관상의 정신을 빨리 되찾아야 합니다. 관상은 날마다 우리에게 보화가 맡겨져 있다는 것을 새롭게 깨닫도록 해 줍니다.

이 보화는 우리를 더욱 인간답게 만들고 새로운 삶을 살도록 도와줍니다.[5]

영적 성장

물질적 풍요로움은 내면의 목마름을 채워주지 못한다. 가난한 이들은 단순히 물질적 만족을 찾기보다는 삶의 의미와 참된 희망을 제공하는 하느님 현존의 체험을 더 깊이 원한다. 오순절운동은 개인적인 하느님 체험을 도와준다. 특히 감성적이며 직접적인 체험을 주는 방언과 성령의 은사들을 통해서 그렇다. 하지만 하느님을 체험하는 것은 모든 그리스도인들에게 필연적일 뿐 아니라 방언을 하지 않아도 일상생활에서 성화된 삶을 살 수 있다.

그리스도교 전통에는 다양한 영성이 존재한다. 그러나 일반 신자들은 대부분 이것을 잘 모른다. 그 가운데 가르멜 수도원의 로렌스 수사가 제시하는 방법을 제안하고 싶다. 로렌스 수사는 일상생활에서 예수님과의 지속적인 친교, 하느님의 현존 연습 그리고 고통의 승화를 통해 하느님 체험을 하는 것을 말한다. 그는 만일 자신이 설교자나 영적 지도자라면 다른 어떤 것보다 하느님의 현존을 연습하도록 조언할 것이라고 확신한다. 그에 의하면 하느님은 우리가 생각하는 것보다 훨씬 더 가까이 계시며 하느님의 현존을 연습하는 일은 어렵지 않기 때문이다. 이것은 거룩하신 하느님께서 우리와 동행하심을 기뻐하면서 언제든지 겸손한 마음으로 하느님께 이야기하고 사랑하는 마음으로 하느님과 대화를 나누면 되는 것이다. 로렌스 수사는 하느

---

5 교황 프란치스코, 『복음의 기쁨』, 264항.

님께서는 우리가 얼마나 큰일을 하고 있는지보다는 그 일에 얼마나 큰 사랑을 품고 있는지를 바라보신다고 역설한다.

만약 제가 설교자라면 하느님의 현존 연습 이외에는 다른 어떤 것도 설교하지 않을 것입니다. 만약 제가 영적 지도자라면 모든 사람들에게 하느님의 현존을 연습하도록 조언할 것입니다. 하느님의 현존을 연습하는 일이야말로 너무나 절실하며, 동시에 그다지 어렵지 않다고 믿는 까닭입니다.[6] 하느님은 우리가 생각하는 것보다 훨씬 더 가까이 계십니다. 하느님과 동행한다고 하여 계속해서 예배당에 나가야 하는 것도 아닙니다. 오히려 우리 마음을 기도 골방으로 만들어 시시때때로 일상에서 물러나 따뜻하고 겸손하고 사랑스럽게 하느님과 대화를 나눌 수 있습니다.[7]

하느님의 현존을 연습한다는 것은 우리 영을 하느님께 집중하고, 하느님께서 우리와 함께 계신다는 사실을 생생하게 기억하는 것입니다. 우리는 상상이나 이해를 통해 하느님의 현존을 연습할 수 있습니다.[8] 하느님의 현존을 연습하는 것이란 신성한 하느님의 동행하심을 기뻐하면서 거기에 익숙해지는 것입니다. 언제든지, 매 순간 특히 시험, 고통, 영적인 황량함, 영적인 일에 대한 혐오감을 맛보는 시기에 그리고 심지어는 불신앙과 죄악을 저지르는 시기에도 겸손한 마음으로 하느님께 이야기하고 사랑하는 마음으로 하느님과 대화를 나누어야 합니다.[9]

이러한 고난이 하느님의 손길에서 비롯되는 것이며 하느님의 자비로 말미암

---

6 로렌스 형제, 『하나님의 임재연습』, 임종원 역(브나엘, 2012), 33-34.

7 같은 책, 39.

8 같은 책, 95.

9 같은 책, 86.

은 결과이며, 구원으로 인도하려고 하느님께서 사용하시는 수단이라고 생각하는 사람들은 거기에서 구체적으로 맛볼 수 있는 달콤함과 위로를 얻게 됩니다.[10] 우리 하느님을 사랑하는 마음으로 지극히 작은 일들을 감당하면서 결코 지쳐서는 안 된다고도 했습니다. 하느님께서는 우리가 얼마나 커다란 일을 하고 있는지를 주목하시기보다는 얼마나 그 일에 커다란 사랑을 품고 있는지를 바라보고 계신다는 것입니다.[11]

영적 성장에 관한 다른 수도승들의 이야기는 완덕의 길을 가는 법을 제시한다. 즉, 많은 수도승들이 영적 스승이 내어 준 지침을 몇 년 동안 열심히 따르면서 노력했다. 그러나 그들은 스승들이 요구하는 수준에 도저히 미칠 수 없었으며, 나중에는 매일매일의 싸움을 감당할 힘도 없었음을 고백했다. 완덕을 향한 산이 그들에게는 너무 높았고 고지에 오르기 위해 겪어야 할 것이 너무 많았다는 것이다. 결국 그들은 첫째 고지에서 포기할 수밖에 없었는데 이것은 참된 그리스도인으로 살기 위해 오직 인간의 의지를 단련시킴만으로는 멀리 갈 수 없다는 가르침이다. 성령의 능력을 믿으라는 것은 완덕의 산을 오르지 말라는 것이 아니다. 둘째에 자리하라는 것이다. 즉, 하느님께서 우리를 먼저 품에 안고 성화의 길을 오르시므로 우리는 그분의 품에 안기는 것을 먼저 해야 한다는 가르침이다.[12]

---

10 같은 책, 63.

11 같은 책, 129.

12 LEON-JOSEPH SUENENS, *Lo Spirito Santo nostra speranza: una nuova Pentecoste?* (Rome, Edizioni Paoline, 1975), 88.

영혼 돌봄

자코모 모란디(Giacomo Morandi)에 의하면 영혼 돌봄은 사람의 어느 한 부분만 돌보는 것이 아니라 그 사람 전체를 돌보는 것이다. 인간의 변모를 향한 그리스도인 성장에는 통합적인 방법이 필요하다. 그러므로 그는 사목적 돌봄을 위해서는 우선 사목자 자신을 돌보아야 하는데 특별히 자신과 그리스도와의 관계를 돌보는 것을 강조한다. 이것은 사도 바오로가 말했듯이 남들에게는 이기자고 외쳐놓고 그 자신이 실격자가 되지 않게 하기 위함이다(1고린 9, 27참조).[13]

베르나르도 성인은 수도관과 물동이의 차이점을 말한다. 수도관은 물을 받는 즉시 전달하지만, 물동이는 그릇이 찰 때까지 기다리며 그릇이 차고 넘치는 것을 전달한다는 것이다. 그러나 오늘의 교회에는 수도관들은 많이 있지만 물동이들은 매우 적으므로 먼저 자신이 영적으로 충만한 물동이가 될 것을 다음과 같이 충고한다.

이처럼, 여러분이 현명하다면, 여러분은 수도관이 아니라 물동이(그릇)를 보여줄 것입니다. 수도관은 받아서 거의 동시에 쏟아붓지만 물동이는 그릇이 찰 때까지 기다리며 차고 넘치는 것을 나눕니다. … 사실, 오늘날 교회 안에는 많은 수도관들이 있고 매우 적은 물동이들이 있습니다. 커다란 사랑으로 하늘의 샘을 우리에게 부어주고자 하는 이들이 있습니다. 그러나 그들은 우려내기 전에 말해야 하고 듣기보다는 말하기를 선호하며 배운 것을 가르칠

---

13 GIACOMO MORANDI, "Fondamenti Biblici della Cura d'anime," *La vita in Cristo Pastore: La cura d'anime ministero delle SJBP (Atti del Seminario)*, ed., Sisters of Jesus Good Shepherd(Pastorelle Sisters)(Rome, 2010), 43.

준비가 되어 있고 다른 이들을 지도할 때에 안내심이 부족합니다. 무엇보다 자신을 어떻게 다룰지를 모릅니다.[14]

2. 식별

그리스도교는 계시종교이다. 계시란 인간이 스스로 알 수 없는 종교적 진리를 하느님께서 인간에게 드러내 보이시는 것을 의미한다. 하느님께서 어떤 분이시고, 우리를 어떻게 사랑하시는지를 확실하게 알려면 하느님께서 직접 알려 주셔야만 가능하다.[15] 따라서 계시에 대한 올바른 해석이 무엇보다 필요한데 가톨릭교회를 포함한 모든 그리스도인의 참된 신앙생활을 위해 잊지 말아야 하는 것은 바로 식별이다.

오순절운동은 정통 오순절주의, 은사주의 그리고 제3물결로 크게 나누어진다. 이 운동에서는 성령의 활동과 여러 가지 신비 체험에 관해 교단이나 그룹마다 다양하게 해석을 하는 상황에도 불구하고 신비 체험 자체는 나름 중요한 자리를 차지한다. 특별히 제3물결의 신사도운동은 직통 계시와 예언 및 특이한 현상 체험을 강조한다. 그러나 가톨릭교회에서는 공적 계시와 사적 계시를 구분하면서 다음과 같이 설명한다. 우선 공적 계시는 이미 완결되었다는 것이다. 즉, 하느님께서 예전에는 예언자들을 시켜 여러 번 여러 가지 모양으로

---

14 SAN BERNARDO, "Sermoni sul Cantico dei Cantici," XVIII, 3, *Opere di st. Bernardo (V/I)*(Milano: Scriptorium Claravallense, Fondazione di Studi Cistercensi, 2006), 237.

15 한국천주교주교회의, 『한국천주교 예비신자 교리서』(CBCK, 2015), 21.

우리 조상들에게 말씀하셨다. 그다음에는 당신의 아들을 통해 모든 것을 말씀하셨다. 그러므로 가톨릭교회에 의하면 예수께서 다시 오시기 전에는 어떠한 새로운 공적 계시도 바라지 말아야 한다. 그러나 공적 계시는 완결되었어도 그 내용이 완전히 명백하게 드러난 것은 아니다. 그러므로 시대를 살아가면서 계시의 내용 전체를 점진적으로 파악해야 한다.

> "하느님께서 예전에는 예언자들을 시켜 여러 번 여러 가지 모양으로 우리 조상들에게 말씀하셨습니다. 그러나 이 마지막 시대에 와서는 당신의 아들을 시켜 우리에게 말씀하셨습니다."(히브 1, 1-2) 사람이 되신, 하느님의 아들 그리스도께서는 아버지의 완전하고 결정적인 유일한 '말씀'이시다. 성부께서는 모든 것을 그분 안에서 말씀하셨고, 그 말씀 외에 다른 말씀은 없다.[16] 우리 주 예수 그리스도께서 영광스럽게 나타나시기 전에는 어떠한 새로운 공적 계시도 바라지 말아야 한다. 그러나 계시가 완결되었다고는 해도, 그 내용이 완전히 명백하게 드러난 것은 아니다. 그러므로 그리스도교 신앙은 시대를 살아가며 계시의 내용 전체를 점진적으로 파악해 가야 할 것이다.[17]

가톨릭교회는 '사적' 계시들에 관해서도 설명한다. 즉, 교회 안에는 '사적' 계시들이 있었는데 그 가운데에는 교회의 권위가 인정한 것도 있다. 그러나 이것들은 계시에 따른 삶을 더욱 충만하게 살 수 있도록 돕는 것이다. 이것들은 신앙의 유산에 속하는 것이 아니다.

---

16 「가톨릭교회 교리서」, 65항.
17 같은 책, 66항.

그러므로 가톨릭교회는 사적 계시들을 교도권(教導權, magisterium)의 인도에 따라 식별하고 받아들일 것을 분명히 가르친다. 또한 그리스도께서는 계시의 완성이시므로 그리스도의 계시를 벗어나거나 수정하려는 다른 '계시들'을 받아들이지 않는다. 그리고 가톨릭교회는 그리스도교가 아닌 일부 종교들과 신흥 종파들은 이런 부류의 '계시들'에 근거하여 세워진 경우라고 평가한다.

세월이 흐르는 동안 이른바 '사적' 계시들이 있었고 그중의 어떤 것들은 교회의 권위에 의해 인정받기도 하였다. 그러나 이것들은 신앙의 유산에 속하는 것이 아니다. 이런 것들은 그리스도의 결정적 계시를 '개선'하거나 '보완'하는 것이 아니라, 역사의 한 시대에 계시에 따른 삶을 더욱 충만하게 살 수 있도록 돕는 데에 지나지 않는다. 교도권의 인도에 따라 신자들은 신앙 감각으로 이러한 계시들 가운데에서 그리스도나 성인들께서 교회에 하신 진정한 호소를 식별하고 받아들이게 된다.

그리스도께서는 계시의 완성이다. 그리스도교 신앙은 그리스도의 계시를 벗어나거나 수정하려고 시도하는 다른 '계시들'을 받아들일 수 없다. 그리스도교가 아닌 일부 종교들과 신흥 종파들은 바로 이런 부류의 '계시들'에 근거하여 세워진 경우이다.[18]

교황 프란치스코와 그가 속한 예수회의 창립자 로욜라의 이냐시오 성인이 말하는 식별에 관한 내용을 살펴보겠다. 교황 프란치스코는 교황의 권고 『기뻐하고 즐거워하여라』에서 식별이 무엇인가에

---

18 같은 책, 67항.

관해 설명한다. 교황에 의하면 식별은 어떤 것이 성령에게서 온 것인지 아니면 세속적 영이나 악마의 영에서 비롯된 것인지 구분할 수 있는 유일한 길이다. 또한 식별은 지성이나 상식 이상의 자질을 요구하며 성령께 간청해야 하는 은총이다. 교황은 식별이라는 영적 능력을 성장시키는 방법도 제시하는데 이것은 기도와 묵상, 독서와 좋은 상담이 도움이 된다고 한다.[19]

교황의 권고에 따르면 식별은 새로운 일이 생길 때 더욱 중요하므로 하느님께서 보내 주신 새 포도주인지, 세속의 영이나 악마의 영이 만들어 낸 허상인지 식별해야 한다. 때로는 반대에 처할 수 있다. 원래의 상태 그대로 두고 변화에 저항하도록 악마의 힘이 유혹하기 때문이다. 이는 성령의 활동을 차단하는 것이다. 그러므로 교황은 그리스도께서 우리 안에 있는 것, 즉 욕망, 걱정, 두려움, 의문과 우리 주위에 일어나는 모든 것, 즉 '시대의 표징'을 잘 살펴보고, 그래서 온전한 자유에 이르는 길을 깨닫도록 권한다.

식별은 우리 삶에 새로운 일이 생길 때 더욱더 중요합니다. 이러한 때에 우리는 그것이 하느님께서 보내 주신 새 포도주인지, 세속의 영이나 악마의 영이 만들어 낸 허상인지 식별해야 합니다. 어떤 때에는 반대의 경우가 발생할 수 있습니다. 우리가 변하지 않도록, 원래 상태로 그대로 두도록, 변화에 완고하게 저항하도록 악마의 힘이 우리를 유혹할 때가 그러합니다. 그러나 이는 성령의 활동을 차단하는 것입니다. 그리스도의 자유로 우리는 자유롭습니다. 그렇지만 그리스도께서는 우리에게 욕망, 걱정, 두려움, 의문과 같이

---

19 교황 프란치스코, 『기뻐하고 즐거워하여라』(*Gaudete et Exsultate*), 166항.

우리 안에 있는 것과 우리 주위에 일어나는 모든 것, 곧 '시대의 표징'을 잘 살펴보고 그래서 온전한 자유로 이르는 길을 깨닫도록 요청하십니다. "모든 것을 분별하여, 좋은 것은 간직하여라"(1테살 5, 21).[20]

교황 프란치스코에 의하면 식별은 주님을 더욱 충실히 따르도록 도와주는 영적 투쟁의 도구이며 중요해 보이지 않는 미소한 것들 안에서 이루어진다. 위대한 것은 단순한 일상 현실에서 드러나기 때문이다. 그리고 식별은 위대한 것, 가장 좋은 것, 가장 아름다운 것에 한계를 정하지 않으면서도 작은 것, 오늘의 일에 온 정성을 쏟는 문제이다. 그러므로 교황은 모든 그리스도인이 날마다 주님과 대화하면서 진실한 '양심 성찰'을 할 것을 권한다.

식별은 우리가 주님을 더욱 충실히 따르도록 도와주는 영적 투쟁의 도구입니다. 우리는 언제나 식별이 필요합니다. 우리가 하느님의 때와 그분의 은총을 깨달을 수 있으려면, 주님의 감도를 놓치지 않으려면 또한 성장하라는 주님의 초대를 흘려버리지 않으려면 식별이 필요합니다. 식별은 흔히 중요해 보이지 않는 미소한 것들 안에서 이루어집니다. 위대한 것은 단순한 일상 현실에서 드러나기 때문입니다. 식별은 위대한 것, 가장 좋은 것, 가장 아름다운 것에 한계를 정하지 않으면서도 이와 동시에 작은 것, 오늘의 일에 온 정성을 쏟는 문제입니다. 이러한 이유로 저는 모든 그리스도인에게 날마다, 우리를 사랑하시는 주님과 대화하면서 진실한 '양심 성찰'을 거르지 않도록 부탁합니다.[21]

---

20 같은 책, 168항.

교황은 영적 식별은 인문학에서 비롯된 실존적, 심리적, 사회적, 도덕적 식견을 배제하지 않으며, 동시에 이러한 식견들을 초월한다고 표현한다. 무엇보다 영적 식별은 나의 현재 행복, 유용한 무언가를 성취하는 자기 만족 또는 심지어 마음의 평화에 대한 나의 소망만을 의미하지 않는다고 명시한다. 그것은 하느님 아버지 앞에서 내 삶의 의미와 그 누구보다도 하느님께서 잘 알고 계시는 내 삶의 진정한 목적과 관련되기 때문이다. 그리고 궁극적으로 식별은 영원한 생명의 원천으로 이끌기 때문이라는 것이다.

> 확실히, 영적 식별은 인문학에서 비롯된 실존적, 심리적, 사회적, 도덕적 식견을 배제하지 않습니다. 그러나 동시에 영적 식별은 이러한 식견들을 초월합니다. 교회의 올바른 규범만으로 충분하지 않습니다. 식별은 은총이라는 것을 언제나 기억해야 합니다. 비록 영적 식별이 이성과 예지를 포함할지라도, 그것들을 뛰어넘습니다. … 영적 식별은 나의 현세 행복, 유용한 무언가를 성취하는 자기 만족 또는 심지어 마음의 평화에 대한 나의 소망만을 의미하지 않습니다. 그것은 나를 아시고 사랑하시는 하느님 아버지 앞에서 내 삶의 의미와 그 누구보다 하느님께서 잘 알고 계시는 내 삶의 진정한 목적과 관련된 것입니다. 궁극적으로 식별은 영원한 생명의 원천으로 이끕니다. … 식별은 어떤 특별한 능력이나 더 뛰어난 지력이나 교육을 필요로 하지 않습니다.[22]

교황의 권고는 식별을 하면서 긴 침묵의 기도의 중요성을 강조한

---

21 같은 책, 169항.
22 같은 책, 170항.

다. 주님께서는 다양한 방식으로 모든 순간마다 우리에게 말씀하시는데 침묵의 기도는 하느님의 언어를 더 잘 깨닫고 하느님의 빛으로 우리 존재 전체를 새롭게 보도록 하기 때문이다.

주님께서는 다양한 방식으로 일터에서 다른 사람들을 통하여 모든 순간마다 우리에게 말씀하십니다. 그러나 우리는 긴 침묵의 기도 없이는 알 수 없습니다. 이러한 기도는 하느님의 언어를 더 잘 깨닫고, 우리가 받았다고 믿는 영적 감도의 진정한 의미를 이해하며, 우리의 걱정을 잠재우고, 하느님의 빛으로 우리 존재 전체를 새롭게 보도록 합니다. 이렇게 하여, 우리는 성령으로 감도된 삶에서 비롯되는 새로운 통합을 이루어 낼 수 있게 됩니다.[23]

교황에 의하면 기도를 통한 식별의 출발점은 경청의 자세이다. 이것은 언제나 우리에게 도전하는 현실 그 자체를 경청하는 것이다. 교황이 볼 때 경청할 준비가 되어 있을 때에만 자신의 편파적이거나 부족한 생각, 평상시 습관과 사물을 보는 방식에서 벗어날 자유를 가질 수 있기 때문이다. 그리고 더 좋은 삶으로 이끄는 부르심을 열린 자세로 받아들일 수 있기 때문이다.

기도를 통한 식별은 주님과 다른 이들 그리고 새로운 방식으로 언제나 우리에게 도전하는 현실 그 자체를 경청하려는 자세에서 출발해야 한다는 것을 기억해야 합니다. 우리가 경청할 준비가 되어 있을 때에만 우리는 우리 자신의 편파적이거나 부족한 생각, 평상시 습관과 사물을 보는 방식에서 벗어날

---

23 같은 책, 171항.

자유를 가질 수 있습니다. 이렇게 하여, 우리의 안전을 깨뜨릴 수 있지만 우리를 더 좋은 삶으로 이끄는 부르심을 참으로 열린 자세로 받아들일 수 있게 됩니다.[24]

교황 프란치스코는 경청의 자세에서 궁극적 기준이 되는 복음에 대한 순종을 언급하면서 개신교와는 달리 교도권의 가르침에 대한 순종을 강조한다. 동일한 해결책이 모든 상황에 유효하지는 않으며, 부활하신 주님의 영원한 '오늘' 앞에서 완고함의 자리는 없기 때문이다.

당연히, 이러한 경청의 자세는 궁극적 기준이 되는 복음에 대한 순종을 의미합니다. 또한 경청의 자세는, 복음을 수호하면서 교회의 보화 안에서 구원의 '오늘'에 가장 유익한 모든 것을 찾고자 하는 교도권의 가르침에 대한 순종을 의미합니다. … 동일한 해결책이 모든 상황에 유효하지는 않습니다. … 부활하신 주님의 영원한 '오늘' 앞에서 완고함의 자리는 없습니다.[25]

교황의 권고에 따르면 식별을 증진하는 핵심 조건은 하느님의 인내심과 그분의 때에 대한 이해를 증진하는 것이다. 그리고 식별은 이 삶에서 더 많이 얻어낼 수 있는 무언가를 발견하는 것이 아니라 세례 때에 우리에게 맡겨진 사명을 더 잘 수행할 수 있는 법을 깨닫는 것이다.

---

24 같은 책, 172항.
25 같은 책, 173항.

식별을 증진하는 핵심 조건은, 결코 우리에게는 없는, 하느님의 인내심과 그분의 때에 대한 이해를 증진하는 것입니다. ⋯ 식별은 우리가 이 삶에서 더 많이 얻어낼 수 있는 무언가를 발견하는 것이 아니라 세례 때에 우리에게 맡겨진 사명을 우리가 더 잘 수행할 수 있는 법을 깨닫는 것입니다. 이는 심지어 모든 것을 희생할지라도 기꺼이 희생할 자세를 포함합니다. 행복은 역설이기 때문입니다. 우리는 이 세상의 것이 아닌 신비로운 논리를 받아들일 때 이것을 가장 크게 체험합니다.[26]

교황은 식별이란 유아기적인 자기 분석이나 개인주의적 자기 성찰의 형태가 아니라 자기 자신으로부터 참으로 벗어나 하느님 신비를 향하여 나아가는 과정이라고 말한다.[27]

로욜라의 이냐시오 성인은 악한 영이 "본질적으로 별 볼일 없이 약하다"는 점을 강조한다. 이는 유혹에 빠질까봐 걱정하는 모든 이에게 희망을 주는 메시지이다. 그는 신앙인이 "겁을 먹고 기가 꺾이지" 않고 악한 영의 유혹에 "정반대의 행동"을 한다면, 악한 영은 "기력을 잃어 유혹을 거두며 도망"간다고 말한다. 그리고 잊지 말아야 할 점은 악한 영의 유혹에 저항하는 전략에서 '가장 중요한 순간'은 이 유혹이 '처음 시작되는 순간'이라고 알려준다. '유혹이 시작될 때' 단호히 저항하면 유혹은 힘을 키우지 못하게 되고, 유혹받는 사람들을 지배하는 힘을 더 이상 키우지 못한다는 것이다. 하지만 유혹받는 사람이 우유부단하게 반응하면서 유혹들을 내버려 둘수록 나중에 그 유혹에

---

26 같은 책, 174항.
27 같은 책, 175항.

저항하기가 점점 더 힘들어질 것이라고 강조한다.[28]

악한 영의 특징을 이냐시오 성인은 다음과 같이 말한다. 악한 영은 하느님을 사랑하고 하느님을 섬기기 시작하는 사람들이 잘못에 빠지도록 이끌어 가는데, 그가 사용하는 첫 번째 무기는 바로 장애물들을 설치하는 것이다. 즉, 다양한 이유를 가지고 그 일에 목숨 걸지 말고 인생을 길게 보라고 유혹한다는 것이다.

> 악한 영은 당신이 잘못에 빠지도록 당신을 이끌어갑니다. … 그러나 아무리 해도 하느님에게서 당신을 떨어뜨려 죄에 빠지게 할 수는 없습니다. 악한 영은 당신을 화나게 하고 하느님을 섬기는 것을 '방해하여 마음의 평화'를 깨려고 괴롭힐 뿐입니다.[29]

> 악한 영은 마치 법칙처럼 이 과정을 따릅니다. 그는 주님이신 하느님을 사랑하고 하느님을 섬기기 시작하는 사람들의 길에 장애물들을 설치합니다. 그리고 이것은 악한 영이 그들을 해치기 위해 사용하는 첫 번째 무기입니다. 예를 들면 악한 영은 이렇게 의심을 부채질합니다. "너는 다른 것들을 다 포기하고 그렇게 고행만 내리 할 수 있어? 친구들, 친척들, 재산 다 없어도 돼? 그토록 쉴 새 없는 외로움을 어떻게 견디려고? 네 영혼을 구하는 길은 그것 말고도 많아." 악한 영은 그가 놓아 둔 많은 시련이 닥치리라는 이유와 아무도 가지 않은 길은 굳이 갈 필요가 없다는 이유를 대면서, 그 일에 목숨 걸지 말고

---

28 티모시 갤러허, 『영의 식별 — 성 이냐시오가 안내하는 매일의 삶』, 김두진 역(이냐시오 영성연구소, 2020), 324-326.

29 William Young, *Letters of Saint Ignatius of Loyola* (Chicago: Loyola University Press, 1959), 19; 티모시 갤러허, 『영의 식별』, 105.

인생을 길게 보라고 유혹합니다.[30]

티모시 갤러허는 식별에 관해 이냐시오 성인이 말하는 것을 이렇게 정리한다. 악한 영은 하느님께로 나아가는 움직임을 약화시키며, 선한 영은 하느님께로 나아가는 움직임을 강화시킨다. 선한 영이 주는 영감은 '선행에서 진보'하는 길을 선명하게 보여주며 독실한 이들의 마음에 평화와 힘을 주는 고요함을 안겨 준다. 그리고 걱정을 진정시키고 주님 안에서 평화를 준다. 반면에 악한 영은 거짓 이유들을 통해 독실한 이들의 마음을 불안하게 만든다.[31] 여기에 한 예가 있다.

어떤 독실한 여성은 그녀가 바라는 방식대로 하느님께 더 가까이 다가갈 수 있는지에 대해 의심하기 시작했다. 그녀는 노력했지만 되풀이해서 같은 식으로 실패했다. 그녀가 원하는 성장은 불가능한 것처럼 보인다. 그러던 어느 날 아침, 그녀 아이의 웃음을 계기로, 그녀는 하느님의 신실한 사랑을 새롭게 보게 된다. 같은 날 조금 시간이 지난 후 기도 중에 기쁨의 순간이 다가와, 하느님께서 다시 한번 힘차게 그녀를 도와주시리라는 확신이 생긴다. 앞에 놓인 장애물을 넘기 힘들 것이라는 생각은 이제 사라지고 "하느님께는 모든 것이 가능"(마태 19, 26)함을 느낀다.[32]

교황 프란치스코에 의하면 영적 식별은 나의 현재 행복, 유용한 무언가를 성취하는 자기 만족 또는 심지어 마음의 평화에 대한 나의

---

30 티모시 갤러허, 『영의 식별』, 107.
31 같은 책, 103-115.
32 같은 책, 116.

소망만을 의미하지 않는다. 식별은 하느님 아버지 앞에 있는 내 삶의 의미와 내 삶의 진정한 목적과 관련되며, 나를 영원한 생명의 원천으로 이끌기 때문이다. 그러므로 앞에서 우리가 "무엇을 위한 교회 성장인가?"라고 질문했듯이 한국 개신교의 대형교회 안에서 보는 교회의 세습 문제는 "무엇을 위한 교회 세습인가?"라고 질문할 필요가 있다. 또한 신비 체험과 계시 그리고 식별에 관한 숙고 후에 "무엇을 위한 신비 체험이며 예언인가?"를 질문할 필요가 있다. "신비 체험을 하는 그리스도인들의 삶에서 과연 사랑의 열매, 성령의 열매를 볼 수 있는가?" 4차산업 시대를 살아가고 있는 오늘날의 그리스도인들에게 꼭 필요한 것 하나는 자주하는 양심 성찰을 통해 선한 영의 흐름과 악한 영의 흐름을 식별하면서 한 걸음 한 걸음 진보하는 영적 삶이다.

3. 가난한 이들의 특별한 자리

교황 프란치스코는 가난한 이들을 위한 가난한 교회가 될 것을 권한다. 그에 의하면 우리는 가난한 이들 안에 계신 그리스도를 알아 뵙고, 그들의 요구에 우리의 목소리를 실어 주도록 부름 받고 있다. 또한 교황은 그들의 친구가 되고, 그들에게 귀를 기울이며, 그들을 이해하고, 하느님께서 그들을 통하여 우리에게 전달하고자 하신 그 신비로운 지혜를 받아들이도록 부름 받고 있음을 강조한다.[33] 가난한 교회가 되기 위해서는 우선 가난의 영역을 짚어야 한다.

---

33 교황 프란치스코, 『복음의 기쁨』(*Evangelii Gaudium*), 198항.

즉, 가난은 물질적 가난은 물론 영적 가난, 육체적 가난, 정신적 가난, 사회적 가난, 심리적 가난 등 여러 측면에서의 가난을 염두에 둘 필요가 있다. 비록 물질적으로는 가난해도 정신적이나 영적으로는 부유할 수 있고, 물질적 풍요를 크게 누리고 있지만 다른 면에서는 극도의 가난을 체험하고 있을 수 있기 때문이다. 예수께서는 이렇게 다양한 측면에서의 가난한 이들과 함께하셨다.

교회의 영적 성장과 가난한 이들에게 우선권을 두기 위해 구체적이고 효과적인 사목적 돌봄의 실천이 필요하다. 그러므로 본당 사제들과 본당의 리더들은 선한 목자 예수님의 측은지심을 가지고 신자들뿐 아니라 지역주민들의 현실, 특히 가난한 이들의 현실을 함께 바라보아야 할 것이다. 이것은 소공동체 멤버들이 사랑을 실천할 기회를 주며 가난한 이들, 특별히 사각지대에 있는 이들을 발견하여 그들에게 실제적인 돌봄의 손길을 내밀 수 있는 기회를 주기 때문이다.

가톨릭교회는 자선 기구를 통해 사회 곳곳에 있는 가난한 이들을 향한 사회복지사업에 아주 활동적이다. 이것은 아주 필요하며 고통받는 이들에게 직접 다가갈 수 있는 장점이 있다. 한편 가난한 이들은 경제적인 도움을 받는 것도 필요하지만, 때로는 자신의 말을 들어주고 위로받으며 존중받는 것을 더 기대할 수도 있다. 만일 다른 이들의 도움을 받은 적이 있거나 자신이 힘들 때에 마음 깊은 곳에서 우러나오는 이야기를 누군가가 있는 그대로 받아주며 경청해주었다는 체험을 가진 사람들은 그와 비슷한 환경에 놓인 이들에게 더 효과적인 도움을 줄 수 있다.

영혼을 돌봄에 있어 어려운 순간을 극복할 수 있도록 받아주며 용기와 희망을 주는 경청의 자세로 품어주는 것이 필연적이다. 그러므로 이런 기회 마련을 위한 몇 가지 제안을 하고 싶다. 우선 교구 차원이나 교구를 초월하여 본당 사제들과 수녀들을 동반해주는 영적 인도자들을 마련하는 것이다. 그리고 사제들과 수녀들 대상으로 경청하는 기술 교육을 제공한다. 또한 은퇴 사제들과 이 분야에서 활동할 수 있는 수녀들의 협력으로 신자들이나 비신자들을 경청해주는 기회를 마련한다. 특히 정신적 고통 중에 있는 이들에게 교구 차원에서 기도와 자연을 돌보는 정원이나 농지를 마련하면 좋을 것 같다. 이러한 사례는 이탈리아에서 창립되어 현재 여러 나라에 보급된 체나콜로 공동체(Community Cenacolo)에서 쉽게 찾아볼 수 있다. 알코올 중독이나 마약으로 빗나간 젊은이들이 기도와 단순한 육체노동을 통해 자연을 접하면서 치유되고 있다.

교황 프란치스코는 하느님께서 친히 "가난하게 되실"(2코린 8, 9) 정도로 하느님의 마음속에는 가난한 이들을 위한 특별한 자리가 있으며, 이 모든 이에게 베푸는 자비가 천국의 열쇠라고 강조한다.[34]

너희는 내가 굶주렸을 때에 먹을 것을 주었고 목말랐을 때에 마실 것을 주었으며 나그네 되었을 때에 따뜻하게 맞이하였다. 또 헐벗었을 때에 입을 것을 주었으며 병들었을 때에 돌보아 주었고 감옥에 갇혔을 때에 찾아주었다(마태 25, 35-36).

교황은 또한 새로운 형태의 빈곤과 취약성에 관심을 기울이는 것을 권한다. 우리는 그들 안에서 고통 받는 그리스도를 알아 뵙도록

---

34 같은 책, 197항.

부름 받고 있기 때문이다. 그는 노숙자, 중독자, 난민, 토착민, 점점 더 소외되고 버림받는 노인들과 그 밖의 많은 이들을 생각한다.[35] 그리고 교황은 낙태에 관해 언급한다. 교회가 특별한 사랑과 관심으로 돌보고자 하는 힘없는 이들 가운데는 자신을 방어할 힘이 전혀 없고, 무죄한 태아가 있기 때문이다. 인간은 그 자체로 목적이지 다른 문제들을 해결하기 위한 수단이 결코 아님을 주장하면서 낙태를 부추기는 법을 통과시키는 등 태아의 인간 존엄성을 부인하는 시도들은 창조주에 대한 범죄라고 강력히 반대한다.[36]

현재 천주교서울대교구에서는 한마음한몸운동 활동으로 국내를 비롯한 지구촌 50여 개국을 대상으로 각종 나눔 운동과 자살 예방 및 자살 유가족 돌봄과 다양한 생명 운동을 실천하고 있다. 그리고 1962년에 시작된 빈첸시오회 역시 본당과 교구 안에서 나눔과 돌봄이 필요한 대상을 찾고 사회 사목의 일원으로 활동하면서 선교를 하고 있다.

코로나19로 여러 면에서의 가난하고 어려운 시기를 보내고 있는 현대인들이 고립의 시대를 함께 잘 극복하는 노력이 필요하다. 이에 관해 노리나 허츠는 외로운 세기의 해독제는 궁극적으로 우리가 서로를 위해 있어 주는 것일 수밖에 없다고 말한다. 우선 마음가짐의 변화를 권한다. 즉, 받는 사람에서 주는 사람으로, 무심한 관찰자에서 적극적인 참여자로 배역을 바꾸는 것이다. 예를 들어 한 번도 말을 걸지 않았던 이웃, 길 잃은 낯선 사람 그리고 외로워 보이는 누군가에게

---

35 같은 책, 210항.
36 같은 책, 213항.

먼저 말을 건네는 시도이다. 또한 아픈 환자의 팔을 쓰다듬거나 힘든 시간을 보내는 친구와 통화하거나 이웃을 향해 미소를 건네는 일 등이다.[37]

격려의 말씀 운동

이 책을 마무리하면서 본인은 모든 그리스도인들이 하나 되어 '격려의 말씀 운동'이 펼쳐지길 제안하고 싶다. 예수께서 말씀하신 이웃 사랑의 실천을 위함이다. 너무나 빠른 속도로 변화하고 있는 AI 시대와 포스트모더니즘 시대 그리고 코로나19로 인해 말할 수 없는 고통 속에 있는 이웃들, 우리 곁에 아주 가까이 있는 이웃들을 향한 격려의 말을 건네는 것이다.

김이경은 최고의 격려는 자기 격려라고 하면서 칭찬과 격려의 비슷하면서도 다른 면을 다음과 같이 설명한다. 즉, 칭찬은 잘한 일을 평가하는 일종의 보상이다. 격려는 어떤 일을 하기 전이나 실패했을 때도 할 수 있다. 칭찬과 격려는 모두 동기 유발을 시킨다. 그러나 칭찬의 기저에는 남과 비교하는 때가 많다. 격려는 결과보다 과정이나 노력, 변화에 초점을 맞추기에 비교의 함정에 빠질 위험이 적다. 그러므로 격려 받는 주인공뿐 아니라 다른 사람도 격려 받는 느낌이 든다. 칭찬은 달콤하지만 짧고, 격려는 은근하지만 길다. 격려는 작고 사소한 것에서 눈에 띄는 장점이 있다면 구체적으로 즉시 행동을 읽어 주는 것이다. 격려의 말씀 운동을 실천하기 위해 그가 말하는 다음의

---

37 노리나 허츠/홍정인 역, 『고립의 시대』 (웅진지식하우스, 2021), 392-394.

예들을 참고로 하면 좋을 것 같다.

칭찬과 격려는 비슷하면서도 다르다. 칭찬은 잘한 일을 높이 평가하는 말로 일종의 보상이다. 격려는 결과가 나왔을 때만이 아니라 어떤 일을 하기 전이나 실패했을 때도 할 수 있다. 용기를 북돋기 위해 가장 강조하는 것이 '격려'이다.

칭찬과 격려는 모두 동기 유발을 시키고 자신감을 갖게 하는 말이다. 그러나 칭찬의 기저에는 남과 비교인 때가 많다. 비교는 칭찬의 주인공에게 자신감과 함께 우월감이나 자만심을 가지게 할 수도 있다. 다른 사람이 칭찬을 받을 때 어느 정도 경쟁심을 갖게 해서 열심히 하려는 동기를 만들지만, 그 친구를 시샘하거나 열등감을 느끼는 경우도 있다. 격려는 결과보다 과정이나 노력, 변화에 초점을 맞추기에 비교의 함정에 빠질 위험이 적다. 그러므로 격려 받는 주인공뿐 아니라 다른 아이도 격려 받는 느낌이 든다고 한다. "나도 노력하면 되겠구나."라는 식으로 생각할 수도 있다.

칭찬은 달콤하지만 짧고, 격려는 은근하지만 길다. 격려는 매일 꾸준히 할수록 더 힘을 발휘한다. 작고 사소한 것에서 눈에 띄는 장점이 있다면 즉시 격려해야 익숙해진다. 그리고 격려는 좀 더 구체적으로 행동을 읽어주는 것이다.

"점점 빨라지네."

"꼼꼼하게 하는구나."

"상자별로 장난감을 따로 정리했구나. 점점 정리 실력이 늘고 있네."

"함께 노는 모습이 보기 좋다."

"열심히 하는 모습을 보니 기분이 좋다."

"~할 거라고 믿어."

"이걸 해내다니 너 뿌듯하겠는데?"

(최고의 격려=자기 격려)"괜찮아, 내가 좀 더 노력하면 잘 해낼 수 있을 거야."

비언어적 격려 방법: 어깨나 등을 토닥여준다.

눈을 찡긋하며 엄지를 척 들어 올린다.[38]

4. 과학만능주의 시대의 젊은이들 사목

오늘날 종교 모임에서 젊은이들을 찾아보기 힘든 이유에는 여러 가지가 있다. 물리학자이며 가톨릭교회의 사제인 김도현 신부는 그들이 과학만능주의의 영향을 받고 있기 때문이라고 본다. 그러므로 젊은이들과의 대화를 위해서는 과학만능주의가 무엇인가 및 그의 제한성 그리고 가톨릭교회의 가르침과 신자들이 그 가르침을 얼마만큼 알고 있는가에 관해 짚어보는 것이 필요하다.

과학만능주의(과학주의, scientism)란 "과학이 이 세상의 모든 것들을 다 설명해 줄 수 있다"라는 신념(ideal)을 뜻한다. 김도현 신부에 의하면 젊은이들이 학교와 사회에서 자연스럽게 익힌 무신론적이고 유물론적인 과학만능주의의 영향을 강력하게 받고 있으며 더 이상 종교나 신앙을 필요로 하지 않는 경향이 증가하고 있다. 그는 과학에 대해 필요한 만큼 많이 그리고 자세히 알 필요가 있지만 과학만능주의라는 신념까지 무차별적으로 받아들여서는 안 된다고 말한다.[39]

---

38 김이경, "칭찬과 격려, 한 끗 차이가 만드는 결과," 「앙쥬」 7월호(2016).
39 김도현, 『과학과 신앙사이』(생활성서, 2022), 165.

김도현 신부는 과학이 이 세상의 모든 질문들과 현상들에 대한 답을 해 주지는 못한다는 점을 우리가 인정할 것을 강조한다. 예를 들면 과학은 "나는 왜 이 세상에 존재하는가?"라는 존재론적인 질문들 그리고 "나는 앞으로 어떻게 살아가야 하는가? 어떻게 살아가는 것이 옳은가?" 등 의미론적이나 윤리적인 질문들에 대한 답을 주지 못한다는 것이다.[40] 그는 또한 진화론의 부족함 세 가지를 지적한다. 우선 한 종으로부터 다른 종으로의 대진화 과정을 설명할 때 가장 중요한 근거로서 받아들여지는 '중간 화석'(intermediate fossi)이 기대만큼 많이 발견되지 않는다. 둘째, 대진화의 과정에 관해 권위 있게 설명하는 통합적 이론이 아직 존재하지 않기 때문에 다양한 이론들이 난립해 있는 상황이다. 셋째, 이보다 훨씬 심각한 대진화의 허점이 있다. 바로 생명체의 모든 진화 과정의 첫 출발점인 '(지구상의) 첫 생명체의 출현'이 어떤 방식을 통해 이루어졌는가에 대해 아직까지 제대로 이해하지 못한다는 것이다.[41] 그러나 그는 "현재와 같은 과학 시대에도 신앙이 의미가 있다"라고 주장한다. 신앙은 과학의 영역 바깥에 존재하는 질문들에 대한 답을 해 줄 수 있기 때문이다.[42] 또한 가톨릭교회에서 시성식을 위해 공식적으로 확인한 기적들은 과학만능주의를 무너뜨릴 확실한 도구라고 말한다. 기적들은 과학의 영역 밖에 있는 초자연적 사건들이 있다는 뜻이며 이는 하느님께서 정말 계시다는 뜻이기 때문이다.[43]

---

40 같은 책, 159.

41 같은 책, 129-131.

42 같은 책, 161.

43 같은 책, 152-154.

빅뱅과 진화론에 관한 가톨릭교회의 가르침은 다음과 같다. 과학 만능주의자들은 "어느 순간 '확률적으로 우연히' 우주가 빅뱅에 의해 탄생되었다. 그 후 우주가 팽창하면서 별과 행성, 은하계 등이 생겨나는 우주의 진화 과정을 거치게 된다. 그 후 '확률적으로 우연히' 생명체가 생존할 수 있는 적절한 조건(온도, 압력, 물과 공기 등)이 마침 지구에 형성되어 결국 생명체가 생겨나고 점차적으로 진화하게 된다"고 주장한다. 그러나 교황 프란치스코는 "오늘날 우주의 기원으로서 제안되고 있는 빅뱅 이론은 창조주 하느님의 개입과 모순되는 것이 아니라 창조주 하느님의 개입에 의존한다"고 설명한다. 그러면서 과학만능주의자들의 '우연히'라는 부분을 '창조주 하느님의 개입에 의해'라는 말로 바꾸어 설명한다.[44]

진화론은 만물이 진화의 산물임을 주장한다. 인간 역시 오랜 세월에 걸쳐 하등 동물에서 진화·발전되었다고 말한다. 가톨릭교회는 하느님께서 인간과 우주 만물을 창조하셨다는 기본 사실을 인정하는 한, 창조 이후의 인간과 사물에 대한 진화와 발전에 관련된 이론들을 배제하지 않는다. 그러나 교회는 '무신론적 진화론'이나 '근본주의적 창조론'은 받아들이지 않는다. '무신론적 진화론'에서는 인간 정신이라는 것도 물질의 합성으로 저절로 생겨난 것이지, 결코 하느님께서 창조하신 것이 아니라고 주장한다. '근본주의적 창조론'은 창세기 1-3장에 나오는 천지 창조 이야기를 글자 그대로 믿으면서 세상은 성경에 나와 있는 순서대로 창조되었다고 주장한다.[45]

---

44 같은 책, 140-142.
45 한국천주교주교회의, 『한국천주교 예비신자 교리서』(CBCK, 2015), 71.

1985년 4월 26일 로마에서 "그리스도교 신앙과 진화론"이란 주제로 열린 학술대회가 있었다. 여기에서 교황 요한 바오로 2세는 "올바르게 이해된 창조 신앙과 올바르게 이해된 진화론은 서로 각자 다른 길을 가지 않으며 오히려 신앙의 눈으로 보면 하느님께서 하늘과 땅의 창조주이심이 분명해진다"고 설명한다.

　　올바르게 이해된 창조 신앙과 올바르게 이해된 진화론은 서로 각자 다른 길을 가지 않는다. 진화는 창조를 전제로 한다. 그리고 진화의 빛으로 보면 창조는 '지속적인 창조'(creatio continua)로 곧 시간 안에서 계속되는 사건으로 드러난다. 신앙의 눈으로 보면, 하느님께서 '하늘과 땅의 창조주'이심이 분명해진다."[46]

　　크리스토프 쇤보른 추기경은 자연과학이 창조 신앙에 방해가 되지 않고 오히려 창조주에 대한 믿음을 강하게 해준다고 하면서 「가톨릭교회 교리서」에 제시된 창조신학의 네 가지 요소를 다음과 같이 요약한다. 첫째, 창조 교리는 '절대적인 시작'이 있음을 견지한다. "한처음에 하느님께서 하늘과 땅을 창조하셨다"(창세 1, 1)는 것이다. 이 '절대적인 시작'은 하느님께서 자유로이, 그 어떤 영향도 받지 않으시고 없음에서 존재를 있게 하셨음을 의미한다. 둘째, 창조 교리는 피조물 사이에 '구별'이 있음을 견지한다(창세 1, 21, 25참조). 셋째, 하느님께서는 당신이 창조하신 모든 것이 존재하도록 지탱하신다. 곧 신학은

---

46 크리스토프 쇤보른, 『쇤보른 추기경과 다윈의 유쾌한 대화』, 김혁태 역(생활성서, 2017), 44.

이를 가리켜 '지속적인 창조'라고 부른다. 넷째, 하느님께서는 당신이 만드신 것을 목적으로 이끌어 가신다. 그러므로 창조 교리는 하느님의 '섭리'에 대한 가르침도 창조 교리의 일부라고 본다.[47]

이러한 가톨릭교회의 가르침이 젊은이들에게 얼마나 잘 전달되었는지 다음의 질문들과 함께 평가해볼 필요가 있다. "성인 예비자 교리 시간, 첫영성체와 견진 교리 시간 또는 청년들 모임에서 신앙과 과학의 관계를 다루면서 토론을 했는가?" "그 토론하는 방법은 과학적이고 논리적이었는가?" "과학만능주의 특히 무신론적 과학만능주의 영향을 받고 있는 젊은이들을 신앙의 빛으로 인도하기 위해 교회는 어떤 노력을 했는가?"

청년 사목의 쇄신을 위해 과학 시대에 걸맞는 창조와 진화에 관한 시청각 교재를 교회 차원에서 보급해주길 제안하고 싶다. 그것들을 활용하여 과학과 신앙의 관계를 좀 더 논리적으로 정리된 교육을 한다면 창조주 하느님의 존재를 더욱 마음 깊이 인정하고 받아들일 것이다. 더 나아가 그분의 존재에 관한 믿음이 확고할 때에 이 믿음을 기초로 해서 구세주 예수 그리스도와 성령께 대한 가르침과 그리스도교의 믿음이 보다 자연스럽게 깊이 뿌리 내릴 수 있기 때문이다.

요즘 젊은이들이 쉽게 가까이하는 것들 중의 하나가 점보는 것이라고 한다. 과학만능주의에 물들어 모든 것이 과학이 증명해줄 것이라고 믿는 상황이고, 종교의 필요성을 못 느낀다면서 왜 점을 보는가? 창조주 하느님의 존재에 관한 믿음이 확고함에도 불구하고 그런 현상이 증가하고 있는가? 청년들이 점을 보는 것은 남미의 가톨릭 세례

---

47 같은 책, 54.

받은 이들이 오순절교회로 이동하고 있듯이 가톨릭교회의 사목 방법의 부족함이 아닌가 생각하게 한다. 지금까지 교회는 청년 사목을 왜 해왔으며 무엇을 중심으로 해왔는가? 오랜만에 교회를 찾은 청년들에게 교회는 그들의 필요에 응하기보다는 기존의 청년 활동을 위한 새로운 일군으로 환대하지는 않았는가? 예수님과의 친교를 심화시키기보다는 혹시 행사 중심은 아니었는가? 주일학교까지는 부모의 의사에 따라 교회에 잘 나오다가 차츰 교회와 멀리하는 이유를 조사하고 그 해결을 위해 어떤 구체적인 노력을 해왔는가? 그들의 고민에 귀를 기울이는 교회였는가?

　더 나은 청년 사목을 위해 제안하고 싶은 것들이 있다. 첫째, 각 본당의 청년들이 교회에 대해 가지고 있는 생각과 기대 그리고 그들의 현실에 관한 연구 조사팀을 만들어 청년 사목을 위한 새로운 패러다임을 만드는 것이다. 오랜 기간 전통 아닌 전통처럼 해오던 사목 방법을 깨고, 거시적인 안목에서 미래의 교회를 이끌어갈 그들의 현실에 응답하기 위함이다. 그리고 본당의 여건에 따라 구체적인 사목 쇄신을 실천하기 위함이다. 그리스도교의 진리는 같지만, 진리의 전달 방법과 운영은 시대의 요구에 적응함이 필요하다. 둘째, 교회의 사제와 수도자들은 과연 젊은이들이 볼 때에 "주님을 증거하는 삶을 잘 살고 있는가?"를 질문하면서 영적 인도자로서의 자질을 돌아보는 것이 필요하다. 셋째, 교회가 젊은이들 이야기를 그냥 들어주는 시간과 공간을 본당이나 교구 차원에서 마련하는 것이다. 로마의 성베드로대성당에 가면 언어별로 상설 고해소가 있는 것을 볼 수 있다. 그러나 여기서의 제안은 고해성사를 위한 것이 아니라 그들이 하고 싶은 이야기를 사제나 수도자가 그냥 들어주는 것이다. 무슨 해결책을 얻기보다 그들이 필요로 하는 것은 자신이 결코 혼자가 아니고 누군가가 그들의 말에 경청하는 이웃이다. 그들의 마음을 이해하며 격려의 말을 해주는 이웃 그리고 삶의 의미와 희망을 되찾도록 주님의 도구로서의 이웃이다.

세상은 참된 빛과 참된 소금으로서의 그리스도인들을 필요로 한다. 가톨릭교회와 개신교는 같은 그리스도인이지만 신학적 차이가 있는 것은 분명하다. 그러나 다종교 시대, 탈교회화 현상, 과학만능주의가 가속화되고 있는 시대에는 가톨릭교회뿐 아니라 모든 그리스도교의 영적 쇄신 특별히 사목적 쇄신이 필요한 것도 사실이다. 이를 위해서는 지금까지 살펴본 가난한 교회, 소공동체 운영, 성경 말씀을 통한 주님과의 인격적인 만남, 가난한 이들과의 나눔, 영적 식별, '격려의 말씀 운동'이 도움이 될 것을 기대하면서 이 점들에 관해 마무리하고 싶다.

물질적으로 가난한 교회

교회를 운영하는데 필요한 범위의 것을 남기고 나머지는 가난한 이들과의 나눔 실천이 요구된다. 이것은 물론 쉽지 않겠지만 물질적으로 풍부한 교회보다 참된 빛으로서의 가난한 교회가 희망을 주는 말씀 선포는 세상 사람들의 마음에 깊이 와 닿는 호소력이 있기 때문이다.

소공동체의 활성화

가톨릭교회의 경우 소공동체 운동이 남미에서 시작되었고 아프리카의 룸코 방식을 한국 가톨릭교회가 실시했다. 그러나 남미와 아프리카의 가톨릭 세례자들이 다른 교파로 이동하고 있고 한국에서는 쉬는 교우들이 증가하고 있다는 점은 짚어볼 사항이다. 그들이 증가하는 이유를 교구 차원과 본당 차원에서 구체적으로 연구 조사하는 것은 필수라고 생각한다. 사목 방법의 문제라고 할 때에 특별히 소공동체 운영의 방법과 내용을 재점검할 필요가 있다. 대형교회일수록 본당 사제의 여력이 제한되므로 소공동체 활용이 필요하기 때문이다. 과연 본당 사제가 소공동체의 필요성을 깊이 느끼고 실시를 해왔는데도 불구하고 쉬는 교우들이 증가하고 있는가? 표면상의 셀 교회 유지는 아닌가? 그리 많은 노력을 안 기울여도 양 우리에 스스로 모여오는 양들만을 돌보는 것을 사목이라고 만족하고 합리화하지는 않았는가? 양 우리에 있는 양들을 돌볼뿐 아니라 바오로 사도처럼 양들을 찾아나서는 창의적이고 능동적인 사목자들이 요구된다.

성경말씀을 통한 주님과의 인격적인 만남

교회에서 봉사활동을 아주 적극적으로 하던 젊은이들이나 어른들이 교회에서 받은 상처를 계기로 신앙생활을 완전히 포기하는 경우가 가끔 있다. 물론 개별적인 상황과 분명한 이유가 있겠지만 혹시 영적 성장이 함께하는 봉사라기보다 행사 위주의 활동가를 양산하는 교회 분위기 때문은 아닌가? 근본적으로 주님과의 인격적인 만남의 부족이 아닌가? 쉬는 교우들의 증가와 다른 종교로의 이동은 혹시 교회의 핵심 가르침과 함께 가슴으로 주님을 체험하고 그분과 대화하며 가까이 지내는 신앙생활을 하도록 영적 동반을 받지 못한 때문은 아닌가? 오랜 기간 교회에 안 나오다가 다시 찾아온 신자들을 환대하는 환경이 준비된 상태에서 그들이 돌아오길 기다리고 있는가? 그러므로 무엇보다 예수님과의 인격적인 만남을 위한 구체적인 환경 조성이 요구된다. 또한 신자재 교육에는 교리를 복습하는 것도 도움이 된다고 본다.

가난한 이들과의 나눔

물질적 도움이나 봉사활동을 하고 싶지만 방법을 몰라서 못 하는 신자들도 많이 있다. 그러나 실제로 개신교나 가톨릭교회에서나 국내외 차원에서 불우이웃 돕기 활동을 많이 하고 있다. 곳곳에서 사제와 수도자들이 소외된 이들과 손이 필요한 이들에게 돌봄을 살고 있다. 즉, 결손가정 자녀들, 무료 급식소, 가출 소녀 쉼터, 어려움 속에 처해 있는 청년들을 위한 공간, 독거노인들, 무료 진료소와 병원, 쪽방촌, 노숙자, 상호 문화 어린이 공부방, 이주노동자 돌봄 센터, 미혼모 돌봄 센터 외에도 아주 넓은 범위에서 사회의 빛과 소금의 역할을 실천하고 있다. 이러한 곳을 개인적으로 찾아가서 함께 할 수도 있겠다. 더 나아가 소공동체의 묵상 모임의 실천의 장으로 가까이 있는 이웃 가운데 사각지대에 있는 분들을 발견하여 종교를 초월해서 그분들을 동반하는 노력도 필요하다. 세상에 복음을 행동으로 선포하는 좋은 방편이라고 생각되기 때문이다. 그분들은 우리의 작은 마음들로 모아진 작은 정성으로 혼자가 아니라는 위로를 받는다. 그뿐 아니라 봉사자들은 작은 관심의 손길을 내어드림으로 그분들과 함께하시는 예수님을 느끼며 참된 내적 기쁨을 맛볼 수 있다.

가난한 이들과의 직접적인 나눔도 필수이지만 부유층과 사회 지도자들의 복음화도 중요하다. 단순히 세례 받은 신자로 인정하는 것으로 그치기보다 그들의 복음화를 위해 꾸준히 영적 동반을 해주는 것이다. 예를 들면 소공동체 모임 등을 통해 동반을 해주면, 그들은 가난하고 소외된 이들을 고려하는 사회변화에 영향력이 있는 하느님의 도구가 될 수 있기 때문이다.

영적 식별

유명한 독일의 신학자 칼 라너(Karl Rahner)는 그리스도교에는 교의(教義)의 역사뿐만 아니라 거룩함의 역사도 있다고 말한다. 그에 의하면 많은 성인들이 참된 그리스도인으로 살아가는 길을 몸소 보였는데 이냐시오 성인도 그중의 하나이다. 칼 라너는 아리스토텔레스를 통해 논리가 철학의 첫째 학문이 되었던 것처럼 이냐시오 성인을 통해 영의 식별이 성인들의 학문이 되었다고 주장한다.[48]

이냐시오 성인은 하느님께 가까이 가도록 하는 영과 방해하는 영의 구분을 중요시한다. 모든 그리스도인들은 생활 속에서의 크고 작은 유혹과 성화의 길로 초대하는 하느님의 말씀을 식별하는 은총을 구하며 기도 안에서 식별력의 증진을 위해 노력해야 하겠다.

---

48 티모시 갤러허, 『영의 식별』, 14.

격려의 말씀 운동

　일상에서 주고받는 어려움에는 관계의 문제가 자리한다. 무엇보다 나 자신과의 관계, 하느님과의 관계, 이웃과의 관계, 자연과의 관계라고 크게 말할 수 있다. 격려의 말씀은 이러한 관계에 생명력을 준다. 작은 관심과 사랑이 함께하는 격려의 말씀은 자신을 변화시키고, 교회를 변화시키며, 나아가 세상을 변화시킬 것이다. 또한 성령의 열매와 사랑의 열매를 사는 참된 하느님의 자녀들이 있는 교회 공동체를 건설할 것이다.

　격려의 말씀 운동은 지금 나부터 실천하면 되는 간단한 운동이며 동시에 어두운 세상에 희망을 주는 작은 촛불을 밝히는 운동이 될 것이다.

참고문헌

교회 문헌

「가톨릭교회교리서」. 한국천주교중앙협의회, 2004.

교황 바오로 6세. 교황권고 『현대의 복음 선교』(*Evangelii Nuntiandi*). 한국천주
　　　교중앙협의회, 2009.

교황 요한 바오로 2세. 교황회칙 『교회의 선교 사명』(*Redemptoris Missio*). 한국
　　　천주교주교회의, 2014.

교황 프란치스코, 『기뻐하고 즐거워하여라』(*Gaudete et Exsultate*): 현대 세계에
　　　서 성덕의 소명에 관한 교황 권고. 한국천주교주교회의, 2018.

_____. 『복음의 기쁨』(*Evangelii Gaudium*): 현대 세계의 복음 선포에 관한 교황
　　　권고. 한국천주교주교회의, 2015.

_____. 『찬미 받으소서』(*Laudato Si'*): 프란치스코 교황 회칙. 한국천주교주교
　　　회의, 2015.

라틴아메리카 주교단. 『메델린 문헌: 제2차 라틴아메리카 주교단 총회 최종결
　　　의』, 김수복·성염 역. 분도출판, 1989.

천주교서울대교구. "2000년대 복음화 본당 조직에 관하여." 천주교서울대교구
　　　공문, 1992. 4. 30, prot No. 92-19.

_____. "1997년 사제총회 조별토론 내용." 천주교서울대교구 복음화사무국,
　　　1997.

_____. "사목교서"(1991~1992).

_____. 『서울대교구 본당사목 활성화를 위한 기초자료 수집 설문조사 보고서』.
　　　천주교서울대교구, 2012.

_____. 『서울대교구 시노드: 성직자대상 설문조사 결과보고서』. 2002.

한국천주교주교회의. 『한국천주교 예비신자 교리서』. CBCK, 2015.

_____. "한국천주교회 통계 2009." CBCK, 2009.

한국천주교주교회의 전례위원회. 『병자성사 예식』. 한국천주교주교회의,
　　　2018.

사전류

BURGESS M. STANLEY. "Introduction," *The New International Dictionary of Pentecostal and Charismatic Movements* (revised and expanded edition). ed., BURGESS STANLEY M. Michigan: Zondervan, 2003.

KYDD R.A.N. "Healing in the Christian Church," *The New International Dictionary of Pentecostal and Charismatic Movements* (rivised and expanded edition), ed., BURGESS STANLEY M., Michigan: Zondervan, 2003.

LORA ERMINIO. ed. *Enchiridion Vaticanum*, vol. 19. Bologna: EDB, 2004.

_____. *Enchiridion Vaticanum*, vol. 7. Bologna: EDB, 1982,

_____. *Enchiridion Vaticanum*, vol. 4. Bologna: EDB, 1978.

LOVETT L. "Positive Confession Theology," *The New International Dictionary of Pentecostal and Charismatic Movements* (rivised and expanded edition). ed., BURGESS STANLEY M. Michigan: Zondervan, 2003.

RISS R. M. "Kenyon, Essek William," *The New International Dictionary of Pentecostal and Charismatic Movements* (rivised and expanded edition). ed., BURGESS STANLEY M. Michigan: Zondervan, 2003.

단행본

강우일. "격려사."『너븐드르 ᄒᄃᆙ모영』. 천주교 제주교구 노형본당, 2008.

갤러허 티모시/김두진 역.『영의 식별 — 성 이냐시오가 안내하는 매일의 삶』. 이냐시오영성연구소, 2020.

고병수. "소공동체 이해하기."『너븐드르 ᄒᄃᆙ모영』. 천주교 제주교구 노형본당, 2008.

국제신학연구원.『여의도순복음교회의 성령운동이해』. 서울말씀사, 2001.

_____.『여의도의 목회자』. 서울말씀사, 2010.

_____.『하나님의성회 교회사』. 서울말씀사, 2008.

김도현.『과학과 신앙사이』. 생활성서, 2022.

김동수. "해한의 신학으로서의 영산신학."『21세기 신학적 패러다임을 위한 조용기 목사의 신학』. 순복음신학연구소, 2003.

김홍근. "영산과 치유목회."『21세기 신학적 패러다임을 위한 조용기 목사의
　　　신학』. 순복음신학연구소, 2003.

노리나 허츠/홍정인 역.『고립의 시대』. 웅진지식하우스, 2021.

데이비드 핀넬/박영철 역.『셀 교회 평신도』. NCD, 2009.

도널드 W. 데이턴/조종남 역.『오순절운동이 신학적 뿌리』. 대한기독교서회,
　　　1993.

레오나르도 보프/김쾌상 역.『새롭게 탄생하는 교회』. 요셉, 1987.

로렌스 형제/임종원 역.『하나님의 임재연습』. 브나엘, 2012.

박준양.『종말론 — 영원한 생명을 향하여』. 생활성서, 2011.

박홍래.『셀그룹 셀교회』. 서로사랑, 2008.

심상태.『2000년대의 한국교회』(신학선서 15). 성 바오로, 1993.

양재철.『한국오순절교회의 신앙과 신학』. 하늘목장, 2005.

영산연구원.『오중복음과 삼중구원의 축복』. 서울말씀사, 1991.

이재을.『사랑방 교회와 모임운영』. 빛과 소금, 2009.

_____.『사랑방 말씀나누기』. 가톨릭출판사, 2009.

_____.『사랑방 소공동체』. 가톨릭출판사, 2008.

전원. "시노드 정신에 따른 교구 및 본당 구조."『시노드 실천을 위한 현안과
　　　과제』. 통합사목연구소, 2007.

정용섭.『속 빈 설교 꽉찬 설교』. 대한기독교서회, 2006.

정월기 · 전원.『말씀여행(마르코 복음)』. 한국통합사목센터, 2019.

조용기.『4차원의 영성』. 교회성장연구소, 2010.

_____.『4차원의 영성: 실천편』. 교회성장연구소, 2010.

_____.『4차원의 영적세계』. 서울말씀사, 2010.

_____.『교회성장의 비결』교회성장 제2집. 서울서적, 1985.

_____.『구역예배공과14』. 서울말씀사, 2017.

_____.『나는 이렇게 설교한다』. 서울말씀사, 2010.

_____.『나의교회성장이야기』. 서울말씀사, 2005.

_____.『나는 이렇게 설교한다』. 서울말씀사, 2010.

_____.『마음하늘』. 교회성장연구소, 2009.

_____.『설교는 나의 인생』. 서울말씀사, 2009.

_____.『순복음의 진리 (하)』. 서울말씀사, 1979.

_____.『신유론』. 서울말씀사, 2009.

_____.『오중복음과 삼중축복』. 서울말씀사, 2009.

_____.『희망목회 45년: 구역 소그룹 부흥이야기』. 교회성장연구소, 2006.·

최자실.『나는 할렐루야 아줌마였다』. 서울말씀사, 2010.

크리스토프 쉰보른/김혁태 역.『쉰보른 추기경과 다윈의 유쾌한 대화』. 생활성
        서, 2017.

통합사목연구소.『삼위일체 리더십』. 통합사목연구소, 2007.

하비 콕스/유지황.『영성 음악 여성: 21세기 종교와 성령운동』. 동연, 1998.

홍영기.『조용기 목사의 영성과 리더십』. 교회성장연구소, 2003.

논문 및 정기 간행물

노주현. "가톨릭교회의 '소공동체론' 연구." 서강대학교 신학석사학위논문,
        2001.

정월기. "한국천주교회 소공동체 사목발전과정." 가톨릭대학교, 석사학위논
        문, 2005.

김이경. "칭찬과 격려, 한 끗 차이가 만드는 결과."「앙쥬」7월호. 2016.

김판호. "오중복음과 삼중축복 사상에 나타난 하나님 나라." 제16회 영산국제신
        학 심포지엄(2008), 한세대학교 영산신학연구소, 2008.

김희성. "조용기 목사의 하나님의 나라." 제16회 영산국제신학 심포지엄(2008),
        한세대학교 영산신학연구소, 2008.

도날드 W. 데이턴. "조용기 목사의 '좋으신 하나님' 그리고 '축복이 신학'." 영산
        국제신학 심포지엄, 한세대학교 영산신학연구소, 2005.

류장현. "영산의 종말론에 관한 비판적 고찰."「영산신학저널」13권. 영산신학
        연구소, 2008.

마원석. "조용기 목사의 축복 신학: 새로운 신학적 근거와 방향." 영산국제신학
        심포지엄, 한세대학교 순복음신학연구소, 2003.

박원근. "예배에서의 기복신앙 무엇이 문제인가?"「회보」2011. 6., 한국기독교
        장로회.

배덕만. "치료하시는 예수님: 치료자 예수 그리스도를 통해 본 영산의 기독론
　　　연구." 「영산의 목회와 신학」 1권. 영산신학연구소, 2008.

빈슨 사이난. "영산 조용기 목사의 치유 신학의 뿌리." 영산국제신학심포지엄,
　　　한세대학교 영산신학연구소, 2006.

신문철. "4차원의 영성에 대한 신학적 고찰." 「영산신학저널」 13권. 한세대학교
　　　영산신학연구소, 2008.

＿＿＿. "영산의 성령론적 인간론." 「영산신학저널」 제4권. 한세대학교 영산신
　　　학연구소, 2007.

오용석. "'새로운 복음화' 시대의 성공적 본당 사목 방향." 「서울대교구 본당사목
　　　활성화를 위한 기초자료 수집 설문조사 보고서」. 천주교서울대교구,
　　　2012.

윤기석. "한국교회의 개혁(1)." 「회보」. 2012. 5., 한국기독교장로회.

이상복. "긍정심리학 관점에서 본 오순절 치유 신학: 영산 조용기 목사의 치유
　　　신학을 중심으로." 「오순절신학논단」 5권. 한국오순절신학회, 2007.

이해숙·도복늠. "호스피스 환자와 비호스피스 환자의 영적 안녕과 삶의 질."
　　　「성인간호학회지」 15권 제3호, 2003.

조귀삼. "영산의 4차원의 영적 세계와 교회성장." 「영산신학저널」 12권. 한세대
　　　학교 영산신학연구소, 2008.

＿＿＿. "영산의 구역예배를 통한 교회성장 연구." 「영산신학저널」 13권. 한세
　　　대학교 영산신학연구소, 2008.

조성풍. "서울대교구 기초조사에 대한 사목적 제언." 「서울대교구 본당사목 활
　　　성화를 위한 기초자료 수집 설문조사 보고서」. 천주교서울대교구,
　　　2012.

조영모. "영산 조용기 목사의 하나님 나라 이해: 신약을 중심으로." 「영산의 목회
　　　와 신학」(3권). 영산신학연구소, 2008.

최문홍. "영산 조용기 목사와 하나님의 나라." 「영산신학저널」 14권. 영산신학
　　　연구소, 2008.

＿＿＿. "영산의 구원이해: 그리스도의 십자가 중심의 삼중구원." 영산신학연구
　　　소 편. 「영산의 목회와 신학」 1권. 한세대학교말씀사, 2008.

한국천주교주교회의. "치유기도에 관한 훈령." 「가톨릭교회의 가르침」 18호.

2001.

홍록영. "영산 조용기 목사가 만난 치유하시는 '예수 그리스도.'「영산의 목회와 신학」1권. 영산신학연구소, 2008.

원서(단행본 및 잡지류)

CHO DAVID YONGGI. *Salvation, Healing & Prosperity.* Westmonte Drive: Creation House, 1987.

CHO DR. PAUL YONGGI. *The Fourth Dimension, vol. 1.* Seoul: Rhema Publication Ministry, 1979.

FABC. *Fifth Plenary Assembly, Final Statement: Journeying together toward the Third Millenium (#8.1.1).* July 17-27, 1990.

INTROVIGNE MASSIMO. *Pentecostali.* Torino: *Elledici*, 2004.

LEE YOUNG-HOON. *The Holy Spirit Movement in Korea: Its Historical and Theological Development.* Oxford: Regnum Books International, 2009.

MORANDI GIACOMO. "Fondamenti biblici della Cura d'anime," *La vita in Cristo Pastore: La cura d'anime ministero delle SJBP* (Atti del Seminario), ed., Sisters of Jesus Good Shepherd (Pastorelle Sisters). Rome, 2010.

NEUNER J., SJ & DUPUIS J., SJ. *La Fede Cristiana nei documenti dottrinali della Chiesa cattolica.* Milano: San Paolo, 2002, 29(#39.20).

SAN BERNARDO. "Sermoni sul Cantico dei Cantici, XVIII, 3," *Opere di st. Bernardo (V/I).* Milano: Scriptorum Claravallense, Fondazione di Studi Cistercensi, 2006.

STANLEY DAVID. "S. I. Salvation and Healing," *The Way,* 10 (1970).

_____. *Theological and Pastoral Orientations on the Catholic Charismatic Renewal.* Ann Arbor, Mich: Servant Books, 1974, VI-I.

SUENENS LEON-JOSEPH. *Lo Spirito Santo nostra speranza: una nuova Pentecoste?* Rome, Edizioni Paoline, 1975.

SUH N. D. "Toward a Theology of Han," Yong Bock Kim(ed). *Minjung Theology: People as the Subjects of History.* Singapore: The Christian Conference of Asia, 1981.

SULLIVAN FRANCIS A. *Carismi e Rinnovamento Carismatico*. Milano: Editrice
 Ancora, 1983.

VETRALI TECLE. *Verso Una lettura francescana dell'incontro con il Fratello pen-
 tecostale, in Studi Ecumenici*, 27. Venezia, ISE, 2009.

인터넷 자료

여의도순복음교회. "조용기 목사와 이영훈 목사의 주일설교(2012. 12. 9.)," 인터
 넷(2012. 12.): davidcho.fgtv.com.

조용기. "조용기 목사 주일 설교(2005. 9. 11.)," 인터넷 (2012. 9.):
 http://yfgc.fgtv.com.

전원. "두레 규칙," 천주교제기동성당, 서울, #6, Internet(2012. 9.):
 http://jksd.org.

가톨릭 신학자가 본
조용기 목사의 신학과 목회

초판 발행   2022년 10월 25일

지은이   손정명
펴낸이   김영호
편 집   박선주 김구 이희도 최성은
디자인   황경실 윤혜린

펴낸곳   도서출판 동연
등 록   제1-1383(1992. 6. 12.)
주 소   서울 마포구 월드컵로 163-3, 2층
전 화   02-335-2630
팩 스   02-335-2640
전자우편   yh4321@gmail.com

ISBN 978-89-6447-830-1 03200